A invenção da favela

Do mito de origem
a favela.com

Licia do Prado Valladares

A invenção da favela

Do mito de origem a favela.com

FGV
EDITORA

ISBN 85-225-0533-0

Direitos desta edição reservados à
EDITORA FGV
Rua Jornalista Orlando Dantas, 37
22231-010 — Rio de Janeiro, RJ — Brasil
Tels.: 0800-021-7777 — 21-3799-4427
Fax: 21-3799-4430
e-mail: editora@fgv.br — pedidoseditora@fgv.br
web site: www.fgv.br/editora

Impresso no Brasil / *Printed in Brazil*

Os conceitos emitidos neste livro são de inteira responsabilidade da autora.

1ª edição — 2005; 1ª e 2ª reimpressões — 2008; 3ª reimpressão — 2009; 4ª reimpressão — 2011; 5ª reimpressão — 2013; 6ª reimpressão — 2015; 7ª reimpressão — 2018; 8ª reimpressão — 2021.

Revisão: Aleidis de Beltran e Fatima Caroni

Capa: aspecto:design

Foto de capa: Augusto Malta, Morro da Favela (Acervo Arquivo Geral da Cidade do Rio de Janeiro).

Ficha catalográfica elaborada pela Biblioteca
Mario Henrique Simonsen/FGV

Valladares, Licia do Prado
    A invenção da favela: do mito de origem a favela.com / Licia do Prado Valladares — Rio de Janeiro : Editora FGV, 2005.
    204p.

    Inclui bibliografia.

    1. Favelas — Rio de Janeiro (RJ). I. Fundação Getulio Vargas. II. Título.

                                        CDD — 301.363098153

Sumário

Agradecimentos

Este livro representa muitos anos de trabalho e reflexão, tendo em sua origem a minha tese de HDR (Habilitation à Diriger de Recherches), defendida na França em 2001. No decorrer dos anos, a colaboração de amigos, colegas de trabalho, assistentes, bolsistas e bibliotecários tem sido enorme e fundamental. A lista é grande, quer no Brasil quer na França. Mas foram tantos os participantes dessa jornada e as pessoas mobilizadas que, certamente, alguns ficarão ausentes.

Quero começar pelos amigos de longa data que me viram crescer junto com eles no decorrer de todos estes anos de Rocinha: Ariete, Sandra e Igor; Grilo, Cristina, Leandro, Anderson e William; D. Geni e Eraldo; Auri, D. Miquelina e D. Maria Aparecida; Maria Helena e Luiz Kleber, com quem compartilho um grande interesse pelas favelas.

Adriane Macedo, Alberto Passos Guimarães Filho, Araci Moema Seljan, Carlos Alberto de Medina, Catherine Bruant, Celso Lamparelli, Diana Brown, Elisabeth Leeds, Gilberto Velho, Gizella do Prado Valladares, Henrique Miranda, Jane Souto de Oliveira, José Arthur Rios, Luiz Antonio Machado da Silva, Luiz Werneck Vianna, Margareth da Silva Pereira, Maria Coeli Tavares de Moura, Maria Hortência do Nascimento e Silva, Maria Lais Pereira da Silva, Maurício Abreu, Michel Marié, Nadia Peralva Abreu Teixeira, Nísia Trindade de Lima, Renato Boschi, Rogério Aroeira Neves, Suzana Pasternak Taschner e Wanda de Mattos Pimenta Pompéia concederam-me longas horas de entrevistas e depoimentos, além de conversas informais que ajudaram a clarificar múltiplas dúvidas.

Alzira Abreu, Angelina Peralva, Bianca Freire-Medeiros, Denise Stuckenbruck, Dominique Vidal, Elina Pessanha, Estella Abreu, Filippina Chinelli, Gilberto Hochman, Jean Pierre Gaudin, Luis Senna, Lucio Kowarick, Luiz Nogueira Barros, Magda Prates Coelho, Martha Aimée Rangel Batista, Marco Antonio da Silva Mello, Nair Telles, pelas mais variadas "dicas" e esclarecimentos.

Agradeço a Altidório Silva, o Silvinho, e ao pessoal de apoio do IUPERJ, pelo suporte operacional e a boa vontade com que sempre atenderam aos meus pedidos. Beatriz Garrido Guimarães e Simone de Oliveira Sampaio, da biblioteca do IUPERJ; Lia Riedel, da biblioteca do Convento dos Dominicanos, no Rio de Janeiro, e Maria Aparecida Rosário de O. Ferreira, do Centro de Documentação da Fundação Escola de Sociologia e Política de São Paulo, sempre responderam às minhas indagações bibliográficas, atendendo prontamente aos pedidos de textos.

Paulo Fernando Cavallieri, Gustavo Perez e Adriana Vial, do SABREN do Instituto Municipal de Urbanismo Pereira Passos, também atenderam gentilmente a todos os meus pedidos de dados recentes sobre favelas no Rio de Janeiro.

A equipe do URBANDATA-Brasil levantou os dados bibliográficos que serviram de base ao capítulo III (A favela das ciências sociais). Os bolsistas do CNPq, da FAPERJ e da

UERJ, Ana Lúcia Saraiva Ribeiro, Claudia Cruz, Luiz Kleber Farias, Márcia Farias, Mario Danner, Monique Batista Carvalho, Natalia Gaspar e Raíza Siqueira, mostraram-se sempre entusiasmados pela participação na coleta de informações.

Suelyemma Franco, assistente de pesquisa do URBANDATA-Brasil, organizou eficientemente a bibliografia geral deste livro e a lista de siglas. Rodrigo Farias de Sousa deu todo o apoio necessário em informática e consultas à internet.

As imagens aqui reproduzidas são provenientes de várias fontes: Eduardo Augusto de Brito Cunha cedeu gentilmente as caricaturas de J. Carlos; o Acervo Fundação Biblioteca Nacional permitiu a reprodução de três imagens contidas no livro *Habitações populares,* de Everardo Backheuser; ao Arquivo Histórico do Museu da República e ao Centro de Conservação e Preservação Fotográfica da FUNARTE, agradeço pelo acesso ao Acervo Flávio de Barros; o Departamento de Documentação da Casa de Oswaldo Cruz — Fundo Victor Tavares de Moura — permitiu-me a utilização de duas fotos; e a TV ROC cedeu a reprodução de uma antiga homepage sua, hoje fora do ar.

Na França contei também com a participação de Anita Joussemet, Isa Aldeghi, Françoise Imbert, Suzanna Magri, colegas do CSU/CNRS (Centre National de la Recherche Scientifique Cultures et Sociétés Urbaines) onde fui pesquisadora associada durante muitos anos. No IUP (Institut d'Urbanisme de Paris, Université de Paris XII), fui professora de 1998 a 2001 e pude beneficiar-me do apoio de colegas, entre os quais Jean-Pierre Frey, Michele Jolé e Anne Fournié, além da secretária do Laboratoire Vie Urbaine, Anita Becquerel. Isaac Joseph, da Universidade de Nanterre, foi sempre um colega e amigo com quem discuti muitas das idéias aqui apresentadas. Na École des Hautes Études en Sciences Sociales, Christian Topalov e Afrânio Garcia me convidaram para apresentar aos seus alunos, durante seus seminários, alguns capítulos de minha pesquisa. Mais recentemente, a cátedra Sergio Buarque de Holanda, da Maison des Sciences de l'Homme, possibilitou a continuação das minhas atividades acadêmicas na França, onde atualmente sou professora de sociologia na Universidade de Lille 1.

Não poderia deixar de mencionar as instituições que no Brasil sempre apoiaram o meu trabalho: o IUPERJ, onde lecionei durante 20 anos e pude contar com o estímulo intelectual de meus colegas e alunos; a Universidade Candido Mendes (UCAM), que manteve o URBANDATA-Brasil por algum tempo; e a CAPES, que me concedeu uma bolsa de pós-doutorado em 1997-1998. Como professora visitante no Programa de Pós-Graduação em Antropologia e Ciência Política da UFF, tive a oportunidade de dar o curso "Cem anos pensando a favela" enquanto preparava uma parte deste livro.

Finalmente, quero deixar registrado o meu agradecimento a Lidia Medeiros, pesquisadora do URBANDATA-Brasil, cuja eficiência e fidelidade vêm-se comprovando ao longo dos anos. Maria de Lourdes Menezes exerceu a função não apenas de tradutora, mas pacientemente trabalhou comigo na atualização e adaptação deste trabalho à língua portuguesa. Margareth da Silva Pereira atuou como verdadeira colaboradora, discutindo os vários capítulos do texto e se encarregando do acesso a quase todas as imagens aqui reproduzidas. Lena Lavinas, Anete Leal Ivo e Claudia Menezes contribuíram tanto com amizade quanto com apoio intelectual.

Diana do Prado Valladares, da Secretaria Municipal de Saúde da Prefeitura do Rio de Janeiro, apresentou-me a uma outra Rocinha. Meus filhos Leonardo e Paulo Valladares Pacheco de Oliveira suportaram as minhas ausências e vêm acompanhando, desde pequenos, meu trabalho de pesquisadora. Gizella do Prado Valladares deu-me apoio incondicional em todos os momentos.

Edmond Preteceille, meu companheiro, e Michele Ferrand, minha irmã francesa, têm sido uma fonte permanente de estímulo intelectual, no Brasil e na França. Na verdade, são eles parceiros meus nesta aventura.

Decifrando a favela

Este livro da Dra. Licia Valladares é, provavelmente, o trabalho mais amplo e sistemático já produzido sobre o fenômeno da favela. A pesquisadora vem se dedicando há quase 40 anos, desde jovem estudante universitária, a pesquisar a questão da habitação nas camadas populares brasileiras. A partir daí desenvolveu uma série de investigações e numerosos trabalhos que tornaram-se referência fundamental para toda a área de ciências sociais. Sociólogos, antropólogos, cientistas políticos, economistas, planejadores urbanos, arquitetos, assistentes sociais, jornalistas, entre outros, têm-se beneficiado e dialogado com essa obra de repercussão internacional.

A invenção da favela acompanha e analisa a construção da categoria *favela* enquanto problema social e do seu campo de estudos. Assim, desenvolve um trabalho que tem uma dimensão verdadeiramente histórica e arqueológica no devassamento de imagens, estereótipos, preconceitos, lugares-comuns, assim como a tentativa de superá-los por parte de diferentes atores. Trata-se, portanto, de um livro que faz um levantamento exaustivo e estimulante sobre mais de um século de denúncias, críticas, polêmicas e busca de soluções para essa dimensão dramática do processo de urbanização da sociedade brasileira. O Rio de Janeiro é o principal foco do trabalho, que tem, no entanto, uma abrangência voltada para a busca de compreensão de aspectos, particularmente dramáticos, da sociedade brasileira como um todo.

É de se salientar o esforço hercúleo da autora em abarcar tudo de mais relevante que já se escreveu sobre o assunto, tanto em termos mais acadêmicos, quanto no que toca às políticas públicas. Constitui-se, portanto, num precioso exercício de sociologia da sociologia, de história das idéias e de políticas sociais. Cabe destacar ainda a amplitude de suas referências acadêmicas tanto em termos teóricos, quanto em termos das pesquisas propriamente ditas. O livro trata não só dessas questões em termos mais gerais, mas apresenta, com extrema vivacidade, a atuação de instituições e a trajetória de indivíduos que tiveram um papel significativo nesse complexo processo de identificação, construção e análise de uma tensa e conflituosa área de investigação e de debate político.

Assim, este livro já é um marco na história das ciências sociais no Brasil. Como disse, a sua importância extrapola as nossas fronteiras, à medida que levanta questões de grande importância para a análise da vida urbana e de seus dilemas no mundo contemporâneo. Sem dúvida, há que se destacar a preciosa contribuição para o estudo das condições de vida das camadas populares e de suas relações com outras categorias sociais e instituições públicas e privadas. Saliente-se a sua dimensão crítica diante da grave e contínua crise social em que vive o nosso país há tantas décadas. Tudo isso é apresentado com um estilo claro e objetivo acessível aos mais variados segmentos do público leitor.

Gilberto Velho
Professor titular e decano do Departamento de Antropologia do
Museu Nacional/Universidade Federal do Rio de Janeiro.

Introdução

O título deste livro certamente surpreenderá o leitor. Inventaram a favela? Mas, como pode ser isto se, hoje, ela é mais do que concreta, o seu número já corresponde a 752 aglomerados,[1] e 18,7% da população do município do Rio de Janeiro residem nessas áreas, que crescem mais do que a cidade? Como é possível falar de *invenção da favela* diante das notícias diárias, transmitidas pelos jornais e pela TV, da violência associada aos seus moradores, do tráfico de drogas e dos conflitos com a polícia? Como é possível negar a segregação socioespacial na metrópole do Rio de Janeiro de que a favela é o símbolo-mor? Como é possível ignorar a concretude da favela se, no âmbito das políticas urbanas, ela recebe uma atenção especial das administrações e das agências públicas? Como falar, então, de uma favela *inventada*?

Sem nenhuma dúvida, devo uma explicação ao leitor, pois minha intenção *não é* analisar a evolução do fenômeno de favelização, suas causas e conseqüências, nem a multiplicação dos números e a comparação de indicadores, nem, tampouco, a suposta "ameaça" que tais áreas representariam para a cidade. O que pretendo apresentar e discutir neste texto são as representações sociais suscitadas ao longo dos últimos 100 anos pela favela no Rio de Janeiro. Meu objetivo é indicar a maneira como ocorreu historicamente essa construção das representações sociais, discorrendo em vários capítulos sobre as "descobertas" da favela pelos mais variados atores sociais, analisando ainda a mudança constatada na evolução das categorias "favela" e "favelado" e das noções por elas expressadas, além de seus sinônimos, associações e oposições. Pretendo dar à favela das ciências sociais e à agenda acadêmica uma atenção especial, tendo em vista o seu peso no conjunto da produção científica e na divulgação dos paradigmas da pobreza urbana no Brasil.

Na construção das representações sociais a biografia do autor tem o seu lugar, assim como as idéias e os discursos implícitos e explícitos no contexto de sua época. O pensamento de um determinado autor só pode ser compreendido quando se leva em conta o seu tempo, origens de classe, características sociais, políticas e religiosas, além do contexto intelectual em que circulava e se inseria.

---

[1] Cf. dados do SABREN (Sistema Multimídia sobre os Assentamentos de Baixa Renda do Município do Rio de Janeiro) do Instituto Pereira Passos, Município do Rio de Janeiro. Em 2000, o IBGE publicou a existência de 681 favelas. As 752 favelas cadastradas pelo SABREN correspondem ao acréscimo de 71 já existentes mas não cadastradas em 2000 e, por isso mesmo, dadas pela imprensa como novas em 2002.

Assim, minha própria trajetória tem uma relação com a minha "invenção" da favela. Esta é a razão básica de oferecer ao leitor, à guisa de "aperitivo", a história das idas e vindas em busca de minha própria construção.

Em 1966 coloquei pela primeira vez os pés numa favela do Rio de Janeiro. Tinha então 20 anos e cursava sociologia e ciência política na PUC do Rio de Janeiro. Nascida em Salvador, morei na Bahia até concluir meus estudos secundários, mudando-me para o Rio de Janeiro com a finalidade de ingressar na universidade. Filha de classe média baiana, segundo os critérios do IBGE, eu era uma migrante.

Cheguei ao Rio em 1964, ano do golpe militar. O Governador Carlos Lacerda, do recém-criado Estado da Guanabara, virava a cidade de cabeça para baixo, no intuito de mostrar que a Cidade Maravilhosa, apesar de haver perdido o posto de capital federal, não deveria deixar de se modernizar, nem de assumir ares de grande metrópole.[2] As obras do Aterro do Flamengo causavam terríveis engarrafamentos, e nos meus primeiros meses de PUC, no trajeto diário do Bairro de Fátima até a Gávea, assisti durante vários dias à Favela do Pasmado sendo removida, imagens que me marcariam para sempre. Tratores avançando e destruindo os barracos enquanto famílias eram colocadas às pressas, em caminhões, ao mesmo tempo em que vigiavam seus poucos pertences. Os jornais da época apresentavam em manchete os acontecimentos. Questionando as decisões do governador, a FAFEG (Federação das Associações de Favelas do Estado da Guanabara) tentava reagir sem sucesso às remoções para as longínquas Vila Kennedy e Vila Aliança. Denominações estas que não foram escolhidas por acaso. Na medida em que conseguiu recursos para pôr em prática suas velhas idéias antifavela,[3] através da Aliança para o Progresso (acordo USAID), Lacerda resolveu homenagear, ao mesmo tempo, o presidente americano e o programa de financiamento internacional.

Eram tempos de muita discussão mas, também, de muito medo, pois o regime militar e a ditadura impuseram-se de 1964 até 1978. A PUC, no entanto, por seu caráter privado e não-público, de algum modo conseguiu se preservar durante esse período, mantendo um certo grau de autonomia quanto à formação acadêmica de seus alunos. Foi assim que obtive uma formação sociológica clássica, na qual, além de Emile Durkheim e Max Weber, também havia um lugar reservado para Karl Marx, ao mesmo tempo em que a sociologia americana se fazia presente através de Talcot Parsons e Robert Merton.

Desde sempre me senti atraída pelo trabalho de campo, e foi pensando em tornar-me pesquisadora que optei pelos estudos de sociologia. No entanto, não era esta a ênfase da formação dada então pelo Curso de Sociologia e Ciência Política da PUC. O Curso de Métodos e Técnicas de Pesquisa era baseado no ensino de como efetuar um bom *survey,* e os cursos de Estatística, que faziam parte do nosso *curriculum,* reforçavam os métodos quantitativos, insistindo nos cálculos de amostragem. Nessa época não eram conhecidos no Rio de Janeiro os textos clássicos da Primeira Escola de Chicago, hoje amplamente divulgados nos cursos de Mestrado e Doutorado. Apenas o livro texto de Donald Pierson — *Teoria e pesquisa em sociologia,* reeditado a partir de 1945 — era recomendado em sala de aula.

No entanto, ao lado do prédio onde estudava, havia um verdadeiro laboratório social. Do terceiro andar, diariamente, era possível assistir ao vaivém dos moradores do Par-

---

[2] O Plano Doxiadis fazia parte do projeto de transformação do Rio de Janeiro.
[3] Em 1948, Lacerda havia liderado na imprensa carioca uma campanha conhecida como "Batalha do Rio".

que Proletário da Gávea, construído nos anos 1940 durante o período getulista, como solução provisória para o remanejamento dos moradores de algumas favelas. Mas, um contraste enorme separava o que era visto do que nos era ensinado e interessava. As discussões mais instigantes para nós tinham a ver com o momento histórico nacional e as tendências sociopolíticas da América Latina. O que importava em primeiro lugar era discutir e entender o Brasil, a chamada "realidade brasileira". De fato, em plena ditadura militar, a PUC era um lugar onde os estudantes podiam respirar e fugir da repressão que tanto oprimiu as universidades federais.

Em 1966, um centro de pesquisas que funcionava nas dependências da PUC anunciou aos alunos de sociologia que estava recrutando estagiários para um levantamento em três favelas — Brás de Pina, Mata Machado e Morro União.[4] Não pensei duas vezes e me candidatei. Foi nesta qualidade, e com um questionário pronto nas mãos, que pela primeira vez pisei numa favela. A instrução era bater na porta a cada 10 barracos e aplicar o questionário ao chefe da família. Estávamos realizando o levantamento socioeconômico encomendado à PUC pela Secretaria de Economia do Governo do Estado da Guanabara.

Poucas são as lembranças dessa minha primeira experiência, a não ser a dificuldade e, muitas vezes, a recusa por parte dos habitantes em receber jovens universitários à procura de informações sobre o número de moradores, a composição da família, renda, ocupação e nível educacional. Por sua própria natureza, o levantamento não permitia um contato mais próximo com a família selecionada pela amostra e, certamente, havia uma desconfiança quanto às nossas boas intenções em coletar informações.

Para mim, o resultado dessa primeira experiência foi frustrante. Na minha imaginação, desejava realizar um outro tipo de trabalho na favela, um trabalho capaz de me ajudar a entender aquela realidade intrigante que continuava desconhecida, mesmo depois desse primeiro contato. Na verdade, àquela época, muitos mitos povoavam minha cabeça. Em síntese, a favela representava o mundo popular, o lugar autêntico da vida carioca, das escolas de samba, da religiosidade popular, do jogo do bicho e da malandragem, no bom sentido do termo. Mundo diferente concentrado nos morros, a favela me parecia estranha, bastante diversa da minha realidade de classe média brasileira e do meu modo de vida.

Mas foi apenas no ano seguinte que iniciei efetivamente, através de um trabalho de campo, uma experiência que reuniu muitos acertos e erros, consolidando-se em uma observação participante realizada na Favela da Rocinha.[5] A oportunidade me foi oferecida, em 1967, pelo sociólogo Carlos Alberto de Medina, que conheci no CLAPCS (Centro Latino-Americano de Pesquisas em Ciências Sociais), órgão da UNESCO, sediado no Rio de Janeiro, onde eu fazia um estágio como bolsista, em seu Centro de Documentação. Medina funcionou nessa pesquisa como um verdadeiro orientador.[6]

---

[4] Estas favelas, pouco depois, fariam parte do programa da CODESCO de recuperação de favelas. A Companhia de Desenvolvimento de Comunidades foi criada pelo Governador Negrão de Lima, que sucedeu a Lacerda, "como uma satisfação aos seus antigos compromissos com os favelados, como uma saída honrosa para as imposições da política habitacional federal" (Santos, 1981:57).
[5] No livro *Passa-se uma casa* (Valladares, 1978), no capítulo "Origens e desenvolvimento da pesquisa", relato o percurso do meu trabalho de campo. Nessa época a população da Rocinha era estimada em 45 mil habitantes, a segunda maior favela do Estado da Guanabara.
[6] Ver relatório *Favela e religião: um estudo de caso* (Medina & Valladares, 1968).

Naquela época, eram poucos os estudos existentes e acessíveis sobre a favela carioca. Entre os raros textos disponíveis eu já havia lido: o diário de Carolina Maria de Jesus, *Quarto de despejo, best-seller* no Brasil e no mundo, publicado pela primeira vez em 1960, mas que se reportava a uma moradora de favela da cidade de São Paulo; o trabalho da SAGMACS, "Aspectos humanos da favela carioca", publicado pelo jornal *O Estado de S. Paulo*, levando o nome do Padre Joseph-Lebret em primeiro lugar, o de José Arthur Rios em segundo e o de Carlos Alberto Medina como um de seus autores; o livro, *A favela e o demagogo*, do próprio Medina, publicado em 1964; e o artigo do americano Andrew Pearse, *"Some characteristics of urbanization in the city of Rio de Janeiro"*, editado por Philip Hauser em 1961.

Por outro lado, até então, eu mesma pouco havia lido sobre trabalho de campo em áreas urbanas, muito embora existissem textos em inglês discutindo o assunto, sobretudo o apêndice metodológico de *Street Corner Society*, publicado na segunda edição americana de 1955. Foi assim que comecei a praticar minha *anthropology at home*, sem saber ainda as regras de como transformar o exótico em familiar e o familiar em exótico, nem ter lido sobre a alteridade ou sobre o trabalho de campo e seus desafios na cidade. Na época (estávamos em 1967) ainda não haviam sido publicados os artigos que hoje todo estudante de metodologia deve ler , "O ofício de etnólogo; ou como ter *anthropological blues*" de Roberto DaMatta e "Pesquisando o familiar" de Gilberto Velho, ambos só publicados em 1978. Quanto à literatura internacional eu ainda não havia sido apresentada ao "Artesanato intelectual" de Wright Mills, publicado em apêndice à *Imaginação sociológica,* nem aos textos clássicos da Primeira Escola de Chicago, nem tampouco conhecia *Le métier de sociologue* de Bourdieu, Chamboredon e Passeron, ao qual só tive acesso anos mais tarde.

Apesar de respaldada pelo meu orientador, hoje de fato percebo que estava despreparada para enfrentar a complexidade dessa experiência de observação participante. Ingênua, no início, acreditava em tudo que me diziam. Corajosa, sentia-me na pele de uma aventureira desbravando um mundo novo. Tenho a lembrança de despertar inveja na maioria dos meus colegas de universidade, que só conheciam os bairros de classe média, excetuando os que faziam trabalho de educação de base em algumas favelas cariocas. Demorei vários meses até encontrar o meu lugar de pesquisadora e observadora, e outros tantos para resolver um problema de "dívida" em relação aos residentes e mediadores que me informavam, ajudavam na pesquisa e na vida cotidiana, nada recebendo em troca a não ser — o que vim a descobrir depois — a amizade da jovem estudante universitária que se mudara para a Rocinha (mas era baiana) e o *status* trazido por essa amizade, frente aos outros moradores.

O estudo estava sendo feito para a CNBB (Conferência Nacional dos Bispos do Brasil) pelo CERIS (Centro de Estatística Religiosa e Investigações Sociais). O Vaticano estava preocupado com a perda de terreno da Igreja Católica junto aos seus fiéis e no Brasil a CNBB em seu plano qüinqüenal tinha um programa de pesquisas.[7]

Logo aprendi que era necessário deixar claro para os moradores o que me trouxera até ali, lembrando que naquela época era importante não levantar qualquer tipo de suspeita. Além da desconfiança devida aos anos de regime militar e à política acintosa contra as favelas do Rio iniciada por Carlos Lacerda (com a remoção para as vilas Kennedy e

---

[7] O programa de pesquisas da CNBB era financiado pela fundação alemã ADVENIAT.

Aliança, ainda muito recente), era também natural o estranhamento diante de pessoas de outra classe social que viam na favela um objeto de estudo.

A partir de um trabalho sobre religião na favela, acabei me interessando pela própria favela. Após uma longa fase de "imersão", acabei por ser aceita no meu papel de observadora e de "estrangeira". Não cabe aqui o relato de todas as minhas aventuras e desventuras ocorridas na Rocinha, mas vale ressaltar que foi em conversas com meu orientador, longe do campo, e sobretudo no convívio com outros pesquisadores, muitos dos quais jovens como eu, sobretudo antropólogos e arquitetos, que pude partilhar descobertas e angústias, ampliar meu conhecimento sobre as favelas cariocas, discutir teorias e interpretações sobre a pobreza e os *squatter settlements* na América Latina, em especial, através dos textos recém-publicados do arquiteto John Turner (1969) e do antropólogo William Mangin (1967) que todos nós líamos àquela época.

Havia pelo menos três pontos de encontro: a) o CLAPCS, freqüentado graças a sua excelente biblioteca e ao recém-criado (1968) Mestrado em Antropologia Social do Museu Nacional/UFRJ que ali funcionou inicialmente; b) o apartamento do antropólogo Anthony Leeds, que reunia, em seminários informais, aqueles que trabalhavam na época com e em favelas; e c) o escritório da Quadra, constituído pelos arquitetos que realizaram a experiência piloto de urbanização da Favela de Brás de Pina. Todos nós, eu inclusive, acabamos publicando o resultado de nossas pesquisas: Lucien Parisse, dominicano francês que fazia sua tese de doutorado para a Universidade de Strasburgo; Jean-Pierre Bombart, que estava no Brasil pela Cooperação Técnica Francesa; Anthony Leeds e o grupo de voluntários do *Peace Corps*, entre os quais Elizabeth Leeds e Paul Silverstein; Lawrence Salmen, Diana Brown e Janice Perlman, que faziam suas teses de PhD em diferentes universidades americanas; e um grupo de brasileiros, entre os quais o sociólogo Luiz Antonio Machado da Silva, engajado em diversos levantamentos em favelas, e os arquitetos Carlos Nelson Ferreira dos Santos e Rogério Aroeira Neves.

Naquela época todos se conheciam, compartilhando em grandes linhas as mesmas idéias: a) que a atribuição de marginalidade às favelas não fazia sentido, pois além de crescerem junto com a cidade e apresentarem um grande dinamismo econômico, reuniam uma população que integrava o sistema político, econômico e social dominante, ainda que essa participação fosse parcial e assumisse características próprias; b) que as favelas representavam um segmento muito importante do mercado habitacional-popular, mercado que tinha suas próprias regras, diferentes do mercado habitacional regular e constituído à revelia do poder público; c) que os moradores das favelas eram contrários à remoção e favoráveis à urbanização e extensão dos serviços públicos aos seus espaços de moradia, sendo o mutirão a prova dessa colaboração dos moradores com os esforços já realizados por algumas instituições; e d) que só através do trabalho de campo, de tipo antropológico, ou do trabalho de assessoria aos moradores era possível conhecer as favelas, seus moradores, e o funcionamento de suas organizações e redes.

Já bastante distanciada da temática religiosa, cada vez mais fui me interessando pelo fenômeno das próprias favelas, sua organização interna, espacial e social, seus diferentes atores políticos e sociais, fossem eles locais ou não. Na favela onde pesquisava, voltei meu olhar e interesse para os elementos estruturantes desse espaço social e outras instituições que não a Igreja Católica, com a intenção de melhor entender a estruturação da localidade. Em meu artigo "Associações voluntárias na favela" (Valladares, 1977), faço uma análise do papel das inúmeras associações existentes em 1969 na Rocinha e da disputa por clientela em uma localidade dividida e heterogênea. Esse trabalho questiona a idéia da favela enquanto comunidade, noção contra a qual Medina (1969) e Leeds (Leeds e Leeds, 1978) também se opuseram.

O período em que residi na Rocinha coincidiu com a política de remoção de favelas do governo Negrão de Lima. O que havia sido, primeiramente, a iniciativa de um governo local (Lacerda), com a ajuda norte-americana, transformou-se em uma política federal comandada pela CHISAM (Coordenação de Habitação de Interesse Social da Área Metropolitana do Grande Rio) e financiada pelo recém-criado Banco Nacional da Habitação (BNH), produto do governo militar. Preparava-se uma operação de "limpeza" da Zona Sul do Rio de Janeiro, com a eliminação prevista de suas favelas. No entanto, apesar de sua distância da Lagoa Rodrigo de Freitas, foco prioritário da intervenção, a Rocinha acabou sendo parcialmente atingida pela construção do Túnel Dois Irmãos, capaz de garantir a expansão da Zona Sul da cidade do Rio de Janeiro, rumo à Barra da Tijuca.

Para uma observadora interessada em entender os mecanismos da política urbana e habitacional, e ao mesmo tempo envolvida com o cotidiano da favela, a remoção parcial da Rocinha apresentou-se como uma realidade impossível de ignorar. Comecei a registrar em meu diário de campo tudo o que via, ouvia e percebia, destacando a mobilização dos assistentes sociais e dos técnicos do governo no preparo do que viria a acontecer. Anotei especificamente todas as relações informais desenvolvidas a partir do anúncio da intervenção na área, incluindo a associação de moradores, os grupos locais importantes, e os "favelados de última hora" que se instalaram na favela com a finalidade única de serem incluídos no programa de remanejamento. O rebuliço causado pela intervenção externa chamou a minha atenção, assim como as relações informais e os diferentes interesses que atingiam diretamente o mercado habitacional local.

No livro *Passa-se uma casa* (Valladares, 1978a), descrevo e analiso em detalhes a remoção de uma favela, a instalação no conjunto habitacional, a inserção no sistema financeiro da habitação e a volta à favela. Resultado de uma tese de doutorado defendida na França em 1974, a partir deste trabalho ampliei meus horizontes e pude experimentar o sentido do distanciamento. Uma longa estada na Europa representou para mim uma introdução a um novo conjunto de autores, bem como à reflexão crítica desses autores, referente à cidade, à questão da habitação e ao papel do Estado nas políticas urbanas (Raymond Ledrut, Henri Lefebvre, Manuel Castells, Jean Lojkine, Christian Topalov, Francis Godard e Edmond Preteceille). Com Ruth Glass entrei no universo da pobreza e da filantropia na Inglaterra vitoriana, descobrindo a importância dessa filantropia para entender a assistência à pobreza.

O conjunto de todas essas experiências acabou alterando a minha trajetória e, ao mesmo tempo, modificando a forma de trabalhar o meu objeto. De um interesse inicialmente calcado em um estudo de caso e no entendimento do que é uma favela (os aspectos conceituais ligados à natureza dessa realidade, a estrutura e as relações com o mundo exterior), seguiu-se uma preocupação com a favela enquanto objeto de políticas urbanas. Estas últimas, ao longo de conjunturas diversas, tanto sofreram alterações quanto a instrumentos e propósitos, como aos seus atores sociais (Valladares, 1976, 1977, 1978b, 1981). Na verdade, tais políticas que, à primeira vista, pareciam locais, para serem entendidas e bem contextualizadas necessitavam de uma visão comparativa, além de pensadas em relação às tendências internacionais (Valladares, 1985).

Durante os anos 1980, tendo a Rocinha como eixo de reflexão, passei a estudar fenômenos considerados relevantes, para a sociologia brasileira: os movimentos sociais urbanos (Boschi & Valladares, 1982, 1983), que no período final da ditadura militar eram entendidos como uma forma de luta pela cidadania. E voltei à Rocinha em 1988 para estudar a socialização das crianças frente à violência (Valladares, 1990a), tema que vem ocupando espaço importante na literatura sobre pobreza urbana no Brasil. Além disto, em oposição a uma visão dominante de que pobreza leva, necessariamente, à delinqüência e de que o pobre no Rio de Janeiro tem a "carreira" de bandido como principal alternativa ao mundo do trabalho, levantei a hipótese de uma outra via possível, através da ética do trabalho transmitida e incutida, principalmente, pelas mães.

A partir daí, foi ficando cada vez mais claro, para mim, que a questão urbana não devia nem podia ser dissociada da questão social global. Análises realizadas em vários países sobre a habitação "espontânea", a mobilização popular em suas diversas formas e o impacto da vida associativa dos bairros mostravam que uma análise mais ampla deveria necessariamente levar em conta os efeitos da pobreza, das desigualdades sociais e das políticas públicas.

A importância das representações sociais, da história das idéias, de sua circulação e da formação de um conhecimento erudito passou também a ter influência sobre a minha reflexão. O contato freqüente com colegas europeus abriu novas perspectivas de aprofundamento, ressaltando a necessidade de recorrer tanto à gênese e à historia do pensamento sobre os fenômenos sociais, quanto à constituição dos campos temáticos e do movimento de circulação das idéias (Depaule & Topalov, 1996; Topalov, 1999). Deste modo, após ter analisado as matrizes (discursos e chaves de leitura), da reflexão sobre a pobreza urbana no Brasil, sua relação com as diversas etapas do processo de urbanização, e suas formas espaciais correspondentes (Valladares, 1991), fui levada a repensar a favela. Mais precisamente, o seu campo de estudos, as razões da constituição desse campo, os diversos atores que contribuíram ao longo do tempo para esse processo de reflexão, ou seja, a favela antes e depois das ciências sociais. E, assim, resolvi fazer uma sociologia da sociologia da favela.

No IUPERJ, onde ensinava, pude realizar um estudo sobre as tendências da pesquisa urbana no Brasil graças ao URBANDATA, base bibliográfica sobre o Brasil urbano. Através de uma leitura crítica da produção intelectual, em textos publicados nas áreas de sociologia, antropologia, geografia, história e planejamento urbano, foi possível delimitar o campo de estudos urbanos, perceber suas origens e seus paradigmas constitutivos a partir de uma multiplicidade de estudos e análises. Foi também possível mostrar de que forma se institucionalizou um campo de pesquisas urbanas no Brasil, impulsionado por órgãos públicos e privados. Finalmente estudou-se o papel representado pela universidade brasileira no desenvolvimento do campo e a imposição de certas temáticas em detrimento de outras (Valladares & Coelho, 1995).

Durante os anos 1990 o tema da favela entrou na moda, sendo cada vez maior o número de alunos de pós-graduação interessados pelo assunto. Chamou a minha atenção o número de novas pesquisas acadêmicas sobre esses aglomerados. Uma grande parte de tais trabalhos era financiada por agências governamentais: o Programa Favela-Bairro, lançado pela prefeitura, a partir de 1993, acentuou a produção desses estudos, com o financiamento dado pela FINEP (Financiadora de Estudos e Projetos) para avaliar o programa a ser implementado pela Secretaria Municipal de Habitação.

Mas, será que este súbito interesse pelas favelas, tanto da parte dos alunos de pós-graduação e pesquisadores, quanto das instituições governamentais e não-governamentais, poderia ser explicado pelo surgimento do Programa Favela-Bairro? Ou viria tal interesse de uma reflexão "independente", frente ao processo de favelização, que apresentava um intenso desenvolvimento no Rio, com a multiplicação não apenas do número de favelas, mas, sobretudo, com o aumento da densidade desses aglomerados? De fato, o peso da população favelada tendia a tornar-se cada vez maior: 16% em l991, 18,7% em 2000.

Frente a esse renovado interesse, surpreendente ainda era o desconhecimento ou o esquecimento dos trabalhos anteriores sobre esse tema, sobretudo entre as novas gerações, que me procuravam em busca de orientação. De maneira recorrente, encontrei numerosos estudantes e pesquisadores que priorizavam indicadores "objetivos", como se estes não fossem, por eles mesmos, produções sociais historicamente datadas, sempre elaboradas em contextos específicos. Além disto, pareciam ser os próprios "descobridores" da presença das favelas em meio à cidade, como se nada tivesse sido publicado nas décadas anteriores.

Todas as contribuições dos autores que, no passado, haviam dissecado amplamente o assunto, questionando a própria definição daquilo que se chamava "favela", comparando seu espaço com outros tipos de habitação popular, descrevendo seu mercado habitacional, analisando as experiências anteriores de urbanização e as relações entre moradores, representantes das associações e dos poderes públicos, toda essa produção anterior havia sido esquecida. Salvo exceções, os novos autores faziam tábula rasa da história das pesquisas sobre a favela, lembrando apenas a história da favela, segundo a conjuntura política e dentro da perspectiva restrita de ressituar as políticas atuais com relação às políticas do passado.

Paralelamente, a partir dos anos 1980, relatos e reportagens, mostrando a violência, o tráfico de drogas, a criminalidade nas favelas e em torno delas, passaram a ocupar as primeiras páginas das mídias brasileiras, até transformá-las em uma especificidade carioca. Fato que, sem dúvida, contribuiu para um renovado interesse por parte dos pesquisadores. A associação, quase sistemática, entre pobreza e criminalidade violenta fez da favela sinônimo de espaço fora da lei, onde bandidos e policiais estão constantemente em luta. Mas, será que esse desenvolvimento de um interesse novo pela favela poderia ser explicado apenas pela escalada de violência? Ou será que violência e favela já não estavam, há muito tempo, sistematicamente associadas?

Parece que a temática da favela também poderia ter sido reativada pela importância das questões referentes à segregação socioespacial. Dentro de uma metrópole em que o espaço geográfico é tão particular (mar e morros), a presença de favelas em meio aos bairros de classe média e alta oferece um violento contraste entre o modo de vida dos pobres e o modo de vida dos ricos. Tanto mais que o aumento da violência reforça o medo dos habitantes da cidade formal frente à população dos morros, acentuando uma visão dualista, rapidamente reduzida a formulações lapidares, tais como a "cidade partida" (Ventura, 1994), ou a metáfora de "guerra" (Leite, 2000). As favelas passam então a ser percebidas como a "outra metade da cidade", aparecendo, antes de tudo, como o território da violência e da pobreza, da ilegalidade frente à cidade "legal".

Ora, essa representação da favela como território da violência, como lugar de todas as ilegalidades, como bolsão de pobreza e de exclusão social pareceu-me uma generalização prematura, contrária às minhas observações de longa data e a certos dados do recenseamento de 1991. Não que as favelas não tenham moradores pobres, nem que ali não exista violência. Mas, uma grande parte da população pobre do Rio de Janeiro também se concentra nos subúrbios, e em loteamentos periféricos e clandestinos, sem falar nos moradores de rua que se encontram abaixo da linha da pobreza. Além disto, também existe violência em muitos outros bairros, da mesma forma que existe tráfico de drogas fora das favelas.

Ao longo dos meus 30 anos de freqüência regular à Rocinha acompanhei, sobretudo, o desenvolvimento de uma grande diversidade, tão visível nas diferenças espaciais quanto nas diferenças sociais. Dentro da mesma Rocinha havia várias "Rocinhas". A expansão dos espaços construídos, a multiplicação das lajes, a verticalização das construções — chegando a alcançar seis andares — testemunham um intenso dinamismo do mercado de moradia. Processo acompanhado pelo desenvolvimento do comércio e de serviços especializados, propostos por profissionais de dentro e de fora, pelas inúmeras ONGs nacionais e estrangeiras, que lado a lado com as associações de moradores tentam mobilizar a população local. Sem falar nas tecnologias mais modernas, amplamente difundidas, como a TV a cabo e a internet.

Esse contraste levou-me a retomar meu trabalho de campo de maneira mais sistemática, para aprofundar observações que me faziam duvidar das representações dominantes. Em julho de 1997, passei uma nova temporada de 10 dias sem sair da Rocinha, hospedada em casa de uma antiga vizinha que ao longo dos anos se havia tornado uma amiga. Não apenas as mudanças que eu já vinha observando ao longo do tempo foram confirmadas, como também muitas outras, até então não percebidas, indicaram-me laços positivos com a globalização que me pareceram bastante surpreendentes (Valladares, 2001 e 2002b).

Considerei, então, que as razões e modalidades da produção e da persistência dos estereótipos ligados às imagens da favela deveriam constituir um motivo de reflexão. Para melhor compreender de que maneira a produção erudita foi capaz de manter essas concepções, organizei, com a ajuda da equipe do URBANDATA-Brasil, uma bibliografia analítica (Valladares & Medeiros, 2003) mostrando o que já se sabe sobre a favela carioca. Material precioso, revelador de uma produção volumosa e bastante heterogênea, sugerindo consistência histórica às diferentes representações das favelas.

O mergulho nessa produção levou-me a deslocar minhas interrogações: da favela para a maneira pela qual a favela havia sido percebida e imaginada nos vários contextos históricos e políticos; da sociologia da favela à sócio-história dos pensadores da favela.

Este procedimento parte da idéia de que a categoria de favela utilizada hoje, tanto nas produções eruditas quanto nas representações da mídia, é o resultado mais ou menos cumulativo, mais ou menos contraditório, de representações sociais sucessivas, originárias das construções dos atores sociais que se mobilizaram em relação a esse objeto social e urbano. Em aparência, essa favela tão evidente é, de certo modo, uma favela "inventada". É este processo de invenção que eu pretendo esclarecer e analisar neste livro, seguindo no decorrer do século XX os discursos, imagens, representações e análises que acompanharam os 100 anos de existência concreta das favelas do Rio de Janeiro.

Capítulo I

A gênese da favela carioca: do campo à cidade, da rejeição ao controle[8]

Introdução

Percebidas atualmente como um fenômeno tipicamente urbano, as favelas foram consideradas durante a primeira metade do século XX um verdadeiro "mundo rural na cidade". Este capítulo tem por objeto de análise as primeiras representações desses espaços no Rio de Janeiro,[9] que já contam mais de 100 anos.

Defenderemos a hipótese de que as representações da favela, dominantes na segunda metade do século XX, são amplamente tributárias daquelas desenvolvidas durante as décadas iniciais do referido século, que podem ser consideradas organizadoras de um mito fundador da representação social da favela.

Através de uma literatura *não* específica sobre o tema, costuramos registros e informações que confirmam sua crescente importância no imaginário social, no discurso erudito e na prática urbana, indicando a maneira como ocorreu essa *construção social das representações da favela*. Isto, numa época em que conhecimento e ação eram inseparáveis, e as preocupações da intelectualidade — tanto carioca quanto nacional — estavam centradas no futuro da jovem República, na saúde da sociedade, no saneamento do país e no embelezamento da cidade do Rio de Janeiro.

Esta multiplicidade de interpretações e olhares — legado de jornalistas, médicos, engenheiros e urbanistas, que escreveram antes mesmo de as ciências sociais entrarem em cena — atestam representações, associações, imagens e vocabulário, utilizados em tempos diversos por atores sociais diferentes.

Em seu conjunto, a bibliografia de textos sobre a favela carioca sugere uma periodização amplamente difundida das relações entre o Estado e a favela, e entre esta última e os diversos regimes políticos particulares a cada período. Evolução que pode variar con-

---

[8] Este capítulo é uma versão bastante ampliada do artigo: "A gênese da favela carioca. A produção anterior às ciências sociais" (Valladares, 2000b).

[9] Neste capítulo, que trata do final do século XIX e da primeira metade do século XX, a cidade do Rio de Janeiro é a capital do Brasil, e seus limites institucionais têm os limites do Distrito Federal. As citações incluídas obedecem à grafia original.

forme os autores,[10] obedecendo, no entanto, as seguintes etapas: 1ª) anos 1930 — início do processo de favelização do Rio de Janeiro e reconhecimento da existência da favela pelo Código de Obras de 1937; 2ª) anos 1940 — a primeira proposta de intervenção pública corresponde à criação dos parques proletários durante o período Vargas; 3ª) anos 1950 e início dos anos 1960 — expansão descontrolada das favelas sob a égide do populismo; 4ª) de meados dos anos 1960 até o final dos anos 1970 — eliminação das favelas e sua remoção durante o regime autoritário; 5ª) anos 1980 — urbanização das favelas pelo BNH (Banco Nacional da Habitação) e pelas agências de serviço público após o retorno à democracia; 6ª) anos 1990 — urbanização das favelas pela política municipal da cidade do Rio de Janeiro, com o Programa Favela-Bairro.

Nosso intuito é reconstituir a evolução das representações sobre esse espaço social, a partir de marcos e momentos que fogem à periodização em geral utilizada. Em outras palavras, a história da reflexão sobre a favela — a sua história intelectual — não deve ser confundida com a sua história propriamente dita, baseada em datas, eventos e conjunturas, além de marcada pelas diferentes ações/intervenções implementadas pelo poder público em distintos momentos político-administrativos.

A partir de uma leitura que não segue a historiografia consagrada, propomos um rompimento com a periodização tradicional, mas sem descartá-la totalmente. Para isto pretendemos construir uma sociologia da sociologia da favela, na qual vamos examinar as origens e a constituição de um pensamento erudito sobre esse fenômeno social, privilegiando seus atores, vinculações, interesses, representações e ações.

A história da reflexão sobre a favela segue aqui uma outra lógica, e sua periodização é constituída a partir de um mito de origem: a imagem do povoado de Canudos descrita por Euclides da Cunha em *Os sertões* (1902). Imagem que também corresponde àquela vislumbrada pelos primeiros visitantes da favela do Rio, quando transpuseram em suas descrições a dualidade "litoral *versus* sertão" para a dualidade "cidade *versus* favela".

A esse período de descoberta, sucede um segundo momento de transformação da favela em problema social e urbanístico, seguido de um terceiro em que o projeto de um tratamento administrativo para o problema assume a forma de medidas e políticas concretas. Um quarto período corresponde à produção de dados oficiais, através da realização do recenseamento de 1948, específico para as favelas do Distrito Federal, e do Recenseamento Geral de 1950 que generaliza a definição desse tipo de aglomerado urbano.

Com a entrada em cena das ciências sociais outros períodos se sucedem, mas neste capítulo pretendemos apenas considerar os quatro primeiros, com a finalidade de apontar as representações que inspiraram as ciências sociais ou, nem sempre conscientemente, foram herdadas por elas.

Uma herança mal conhecida: o cortiço, semente da favela e do Morro da Favella[11]

Nem na Europa nem no Brasil as ciências sociais estiveram na origem da "descoberta" da pobreza (Leclerc, 1979; Himmelfarb, 1984; Bresciani, 1984, Barret-Ducrocq,1991; Valladares, 1991). No século XIX, quando a pobreza urbana se tornou uma preocupação

---

[10] Cf. Parisse (1969a); Leeds & Leeds (1978); Valla (1986); e Burgos (1998).

[11] A ortografia inicial da palavra favela era *favella*, tendo o segundo "l" desaparecido por ocasião da Reforma Ortográfica de 1940 em Portugal, e de 1942 no Brasil. Neste livro conservamos a ortografia de origem no caso dos textos escritos até 1942.

para as elites européias, foram os profissionais ligados à imprensa, literatura, engenharia, medicina, direito e filantropia que passaram a descrever e propor medidas de combate à pobreza e à miséria. O conhecimento estava submetido a uma finalidade prática: conhecer para denunciar e agir, conhecer para propor soluções, para melhor administrar e gerir a pobreza e seus personagens; e a ciência se pôs a serviço da racionalidade, da ordem urbana e da saúde da população de suas cidades.

No Rio de Janeiro, assim como na Europa, os primeiros interessados em detalhar minuciosamente a cena urbana e seus personagens populares voltaram seus olhos para o cortiço. Considerado o *locus* da pobreza, no século XIX era local de moradia tanto para trabalhadores quanto para vagabundos e malandros, todos pertencentes à chamada "classe perigosa". Definido como um verdadeiro "inferno social", o cortiço carioca era visto como antro da vagabundagem e do crime, além de lugar propício às epidemias, constituindo ameaça à ordem social e moral. Percebido como espaço propagador da doença e do vício, era denunciado e condenado através do discurso médico e higienista, levando à adoção de medidas administrativas pelos governos das cidades.[12]

Na figura 1, uma caricatura de J. Carlos confirma essa imagem negativa do mundo popular, já presente no Rio de Janeiro desde a virada do século.

No Rio de Janeiro foram promulgadas leis para impedir a construção de novos cortiços,[13] começando por posturas municipais. No final do século XIX, uma verdadeira "guerra" foi desencadeada, levando à destruição do mais importante deles, o Cabeça de Porco. Mais tarde, Pereira Passos, prefeito do Rio entre 1902 e 1906, e conhecido como o "*Haussmann* tropical",[14] foi o principal autor de uma grande reforma urbana, com o objetivo, entre outros, de sanear e civilizar a cidade erradicando um sem-número de habitações populares.

Estudos sobre os cortiços do Rio de Janeiro demonstram que esse tipo de hábitat pode ser considerado o "germe" da favela. Segundo pesquisa realizada por Vaz (1994:591), o célebre cortiço Cabeça de Porco, destruído pelo Prefeito Barata Ribeiro em 1893, possuía barracos e habitações precárias do mesmo tipo identificado em seguida no Morro da Providência. Outros autores também estabeleceram uma ligação direta entre as demolições dos cortiços do Centro da cidade e a ocupação ilegal dos morros no início do século XX (Rocha, 1986; Carvalho, 1986; Benchimol, 1990).

---

[12] Esta visão dos cortiços do Rio de Janeiro parece bastante próxima do diagnóstico feito para as cidades industriais européias, especialmente a propósito dos *slums* das cidades inglesas (Engels, 1969; Barret-Ducrocq, 1991; Carré & Révauger, 1995).

[13] Cf. Backheuser (1906:105-106), o cortiço era definido pelo regulamento municipal como: "Construcção prohibida pela Prefeitura. É uma habitação collectiva, geralmente constituída por pequenos quartos de madeira ou construcção ligeira, algumas vezes installados nos fundos de prédios e outras vezes uns sobre os outros; com varandas e escadas de difficil accesso; sem cozinha, existindo ou não pequeno pateo, área ou corredor, com apparelho sanitário e lavanderia commum. Também se considera cortiço um prédio de construcção antiga, onde clandestinamente são construídas divisões de madeira (construcção prohibida pela Prefeitura), formando quartos ou cubículos, sem mobília, que muitas vezes se extendem aos sótãos, forros, porões, cozinhas, despensas, banheiros, etc e habitados geralmente por individuos de classe pobre e com o nome de casa de alugar commodos, sem direcção, onde tambem há lavanderia e apparelhos sanitários internos ou externos, em numero insufficiente não havendo banheiros e cozinhas".

[14] Benchimol (1990).

Figura 1

Personagens típicas do mundo dos pobres ociosos

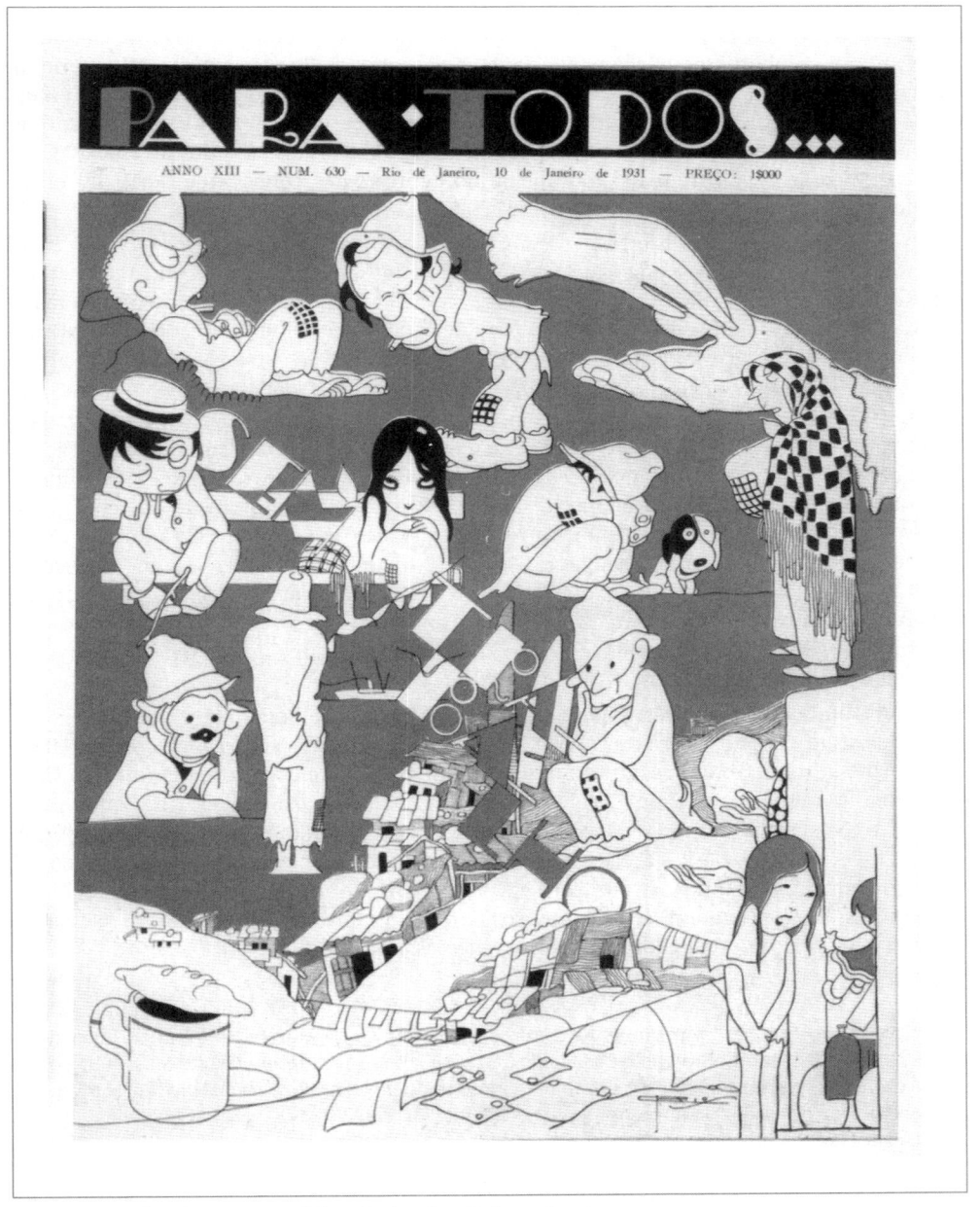

Fonte: Acervo Eduardo Augusto de Brito e Cunha. *Para Todos*, n. 630, jan. 1931.

Mas só após essa ferrenha campanha contra o cortiço foi despertado o interesse pela favela, um novo espaço geográfico e social que despontava pouco a pouco como o mais recente território da pobreza. De início, tal interesse voltou-se para uma determinada favela que catalisa todas as atenções. É o Morro da Favela, já existente com o nome de Morro da Providência, que entra para a história através de sua ligação com a guerra de Canudos, cujos antigos combatentes ali se instalaram com a finalidade de pressionar o Ministério da Guerra a pagar seus soldos atrasados. O Morro da Favela, pouco a pouco, passou a estender sua denominação a qualquer conjunto de barracos aglomerados sem traçado de ruas nem acesso aos serviços públicos, sobre terrenos públicos ou privados invadidos. Conjuntos que então começaram a se multiplicar no Centro e nas Zonas Sul e Norte da cidade do Rio de Janeiro.

Segundo Abreu (1994b:35) — em pesquisa realizada no jornal *Correio da Manhã* entre 1901 e 1930 —, foi apenas durante a segunda década do século XX que a palavra favela se tornou um substantivo genérico não mais referido, exclusivamente, ao Morro da Favela.[15] Surge, assim, uma categoria nova para designar um hábitat pobre, de ocupação ilegal e irregular, sem respeito às normas e geralmente sobre encostas.

É importante ressaltar o fenômeno da existência das favelas como claramente anterior ao aparecimento da categoria favela. A ocupação do Morro da Providência data de 1897. Em 1898, o Morro de Santo Antônio também atesta um processo semelhante de favelização: de acordo com Abreu & Vaz (1991), soldados de um outro batalhão, de volta da mesma campanha de Canudos, construíram barracos — com autorização dos chefes militares — no Morro de Santo Antônio, entre as ruas Evaristo da Veiga e Lavradio. Em 1898, um membro de uma comissão de higiene assinalava o inquietante desenvolvimento de barracos em uma zona já ocupada, enquanto a imprensa denunciava, em 1901, "o desenvolvimento de um bairro absolutamente novo, construído sem a permissão das autoridades municipais e sobre terrenos pertencentes ao Estado [...] Ele reúne um total de 150 barracos [...] e cerca de 623 habitantes" (Abreu, 1994b:37).

A Quinta do Caju, a Mangueira[16] e a Serra Morena também datam do século XIX e são todas anteriores ao Morro da Favela. O povoamento de tais zonas começou em 1881, nada provando que tenha resultado de uma ocupação ilegal. Tanto na Quinta do Caju quanto na Mangueira, os primeiros habitantes não parecem originários do mundo rural brasileiro, pois eram imigrantes portugueses, espanhóis e italianos, permitindo supor que o seu estabelecimento nessas áreas tenha sido autorizado.[17] No entanto, foi o Morro da Favela que entrou para a história. Já em 1900 o *Jornal do Brasil* proclamava ser aquele um lugar "infestado de vagabundos e criminosos que são o sobressalto das famílias". Segundo Bretas (1997:75), um delegado em seu relatório assinala:

---

[15] Artigo de M. Abreu que traz um mapa com indicação das favelas surgidas no Rio de Janeiro entre 1891 e 1930. O autor optou pelo *Correio da Manhã* por ser este o periódico que mais atenção dava às chamadas "causas populares". Complementado também com informações provenientes de arquivos e de outros órgãos da imprensa (Abreu, 1994b:35).

[16] Esta Mangueira não corresponde à conhecida Favela da Mangueira e ficava na encosta do Túnel Velho, do lado de Botafogo.

[17] Cf. o Cadastro de Favelas do Instituto Pereira Passos, oficialmente chamado Sistema Multimídia sobre os Assentamentos de Baixa Renda do Município do Rio de Janeiro (SABREN), e o artigo de Bernardes (1958) sobre a Ponta do Caju.

"Se bem que não haja famílias no local designado, é ali impossível ser feito o policiamento porquanto nesse local, foco de desertores, ladrões e praças do exército, não há ruas, os casebres são construídos de madeira e cobertos de zinco, e não existe em todo o morro um só bico de gás."

Fotografado já na primeira década do século, o Morro da Favella não apenas concentra todas as atenções, como suscita iniciativas por parte das autoridades, como a campanha de saneamento de 1907, sob a direção de Oswaldo Cruz,[18] ilustrada por importantes caricaturas publicadas pela imprensa.[19]

Figura 2
Oswaldo Cruz saneando o Morro da Favella

Fonte: Oswaldo Cruz Monumenta Histórica, tomo 1, CLXXXVIII.

---

[18] Oswaldo Cruz, médico sanitarista, foi o principal responsável pela Campanha Sanitarista durante o governo de Pereira Passos. A respeito da revolta da vacina, ver, sobretudo, Carvalho (1987) e Sevcenko (1984). Sobre Oswaldo Cruz, ver Fundação Oswaldo Cruz (2003).

[19] Várias caricaturas apareceram nos jornais e periódicos da época. Neste livro está reproduzida, apenas, a mais divulgada. Ver também "Saneamento dos morros", publicada no *Jornal do Brasil* em 14 abr. 1907.

Uma caricatura, publicada na revista *O Malho* (figura 2), mostra Oswaldo Cruz bem vestido, calçado e penteado, ostentando uma braçadeira com a cruz vermelha no braço esquerdo, enquanto o direito arranca a população do Morro da Favella com um pente em que se lê "Delegacia de Hygiene". O Morro da Favella é representado pela cabeça de um homem mal encarado, com aspecto de malfeitor. A sugestão da imagem é de serem os habitantes da favela como piolhos que precisam ser extirpados. Acompanha a caricatura um curto texto: "Uma limpeza indispensável; a Hygiene vai limpar o Morro da Favella, ao lado da Estrada de Ferro Central. Para isso intimou os moradores a se mudarem em dez dias".

Nas primeiras décadas do século XX, jornalistas, engenheiros, médicos e homens públicos ligados à gestão da capital — inclusive os chefes da polícia — deixam, pouco a pouco, de se interessar pelo cortiço, que se torna uma "coisa do passado", de importância menor para o higienismo. Os cortiços sobrevivem apenas em uma existência residual.

A favela passa, então, a ocupar o primeiro lugar nos debates sobre o futuro da capital e do próprio Brasil, tornando-se alvo do discurso de médicos higienistas que condenam as moradias insalubres. Para ela se transfere o postulado ecológico do meio como condicionador do comportamento humano, persistindo a percepção das camadas pobres como responsáveis pelo seu próprio destino e pelos males da cidade,[20] dando a perceber que o debate sobre a pobreza e o hábitat popular — já desde o século XIX agitando as elites cariocas e nacionais — fará emergir um pensamento específico sobre a favela do Rio.

A descoberta da favela e seu mito de origem: Euclides da Cunha, Canudos e a favela do Rio de Janeiro

A gênese do processo de construção das representações sociais da favela remonta às descrições e imagens que nos foram legadas por escritores, jornalistas e reformadores sociais do início do século XX. Amplamente divulgados naquela época, seus escritos permitiram o desenvolvimento de um imaginário coletivo sobre o microcosmo da favela e seus moradores, ao mesmo tempo em que opunham favela e cidade.

Esses escritores e intelectuais, apesar de pertencerem a diferentes tendências ideológicas e políticas, ou perseguirem distintos objetivos em suas visitas aos morros, percebiam da mesma forma o que representavam tais áreas e seus habitantes no contexto da capital federal e da jovem República. Seus pontos de vista remetiam a um mesmo conjunto de concepções, a um mesmo mundo de valores e idéias. Suas representações convergiam para o estabelecimento de um arquétipo da favela, um mundo diferente que emergia na paisagem carioca em contracorrente à ordem urbana e social estabelecida.

No entanto, consideramos fundamental atentar para uma série de questões no sentido de melhor entender esse processo. Qual foi a origem comum desse modo de entendimento? Por que uma determinada visão acabou se tornando consensual? E por que tal

---

[20] Debate sobre a pobreza e a habitação popular na virada do século, analisado por Carvalho (1987); Valladares (1991); e Chaloub (1996).

construção social se prende a um mito, referido praticamente por todos os autores que falam da favela no início do século XX — o mito de Canudos?[21]

De fato, a leitura de textos escritos no início do século leva a associar o Morro da Providência, no Rio de Janeiro, ao povoado de Canudos, no sertão baiano. Na verdade, as duas histórias se sobrepõem, pois foram antigos combatentes da guerra de Canudos que se estabeleceram no Morro da Providência, a partir daí denominado Morro da Favella. A maior parte dos comentaristas apresenta duas razões para essa mudança de nome: 1ª) a planta favela,[22] que dera seu nome ao Morro da Favella — situado no município de Monte Santo no Estado da Bahia — ser também encontrada na vegetação que recobria o Morro da Providência; e 2ª) a feroz resistência dos combatentes entrincheirados nesse morro baiano da Favella, durante a guerra de Canudos, ter retardado a vitória final do exército da República, e a tomada dessa posição representando uma virada decisiva da batalha.

Se a primeira explicação diz respeito apenas a uma similitude, a segunda tem uma forte conotação simbólica que remete à resistência, à luta dos oprimidos contra um adversário poderoso e dominador. No Rio de Janeiro, os soldados desmobilizados da guerra de Canudos e instalados sobre o Morro da Providência, ao mesmo tempo em que se colocavam numa posição estratégica em relação ao Ministério da Guerra, permaneciam submetidos a ele, na expectativa de receber seus soldos atrasados.

A marca de Canudos sobre esse momento fundador é bastante evidente. No entanto, o que pretendemos demonstrar não é ser o mito de origem da favela carioca resultado apenas da referência geográfica ao povoado de Canudos, nem da referência histórica à batalha final. Mas, de ter essa marca se apoiado, de fato, no relato desses acontecimentos feito por Euclides da Cunha em sua obra clássica *Os sertões*.

---

[21] Devo lembrar que no início do século XX e nas três décadas seguintes *Os sertões*, de Euclides da Cunha, teve um papel fundamental no pensamento social e político brasileiro. Publicado pela primeira vez em 1902 e centrado ao mesmo tempo sobre o espaço hostil do sertão e sobre o sertanejo, esse livro representou um sinal de alerta para a elite política brasileira, até então voltada para o litoral e a "civilização" que ali florescia sob a influência européia, especialmente no Rio e em São Paulo. Verdadeira epopéia dos tempos modernos, a obra narra a guerra de Canudos (1896-1897) e analisa seu personagem central e misterioso, Antonio Conselheiro. Líder religioso e carismático, responsável pela feroz resistência da população de Canudos que derrotou quatro exércitos enviados pelo governo da República, recém-constituída e ameaçada por esses "selvagens". Canudos, povoado perdido e desconhecido no agreste do Estado da Bahia, alcançou as manchetes dos jornais da época. Após a publicação de *Os sertões*, transformou-se em lenda.

[22] No *Novo Aurélio*, o dicionário da língua portuguesa (1999), lê-se: "Favela-branca s.f. árvore pequena da família das leguminosas (*enterolobium ellipticum*), de flores sésseis alvo-amareladas de corola monopétala, dispostas em capítulos, e cujo fruto é vagem coriácea, curvada, com várias sementes. Fornece madeira dura, pesada e bonita, própria para marcenaria. [Sin: *angico-de-minas, angico-vermelho-do-campo, brinco-se-sagui, orelha-de-negro*]. Cunha (2001:121) assim define a planta favela: "As favelas, anônimas ainda na ciência — ignoradas dos sábios, conhecidas demais pelos tabaréus — talvez um futuro gênero *cauterium* das leguminosas, têm, nas folhas de células alongadas em vilosidades, notáveis aprestos de condensação, absorção e defesa. Por um lado, a sua epiderme ao esfriar-se, à noite, muito abaixo da temperatura do ar, provoca, a despeito da secura deste, breves precipitações de orvalho; por outro, a mão, que a toca, toca uma chapa incandescente de ardência inaturável".

Tido como o livro "número um" do Brasil (Abreu, 1998), com mais de 30 edições em português — a primeira em 1902, a segunda em 1903 e a terceira em 1905 pelas Edições Laemmert — *Os sertões* foi lido por todos os intelectuais da época, tornando a guerra de Canudos muito presente na memória coletiva. Zilly (1998:14) observa que, sem Euclides da Cunha e seu livro seminal, essa epopéia dos sertões da Bahia, ocorrida nos últimos anos do século XIX, não teria hoje a importância que lhe foi atribuída na história da Primeira República. Repercussão considerável que pode ser medida através do número de escritos suscitados pela obra, recenseados nas bibliografias de Reis (1971) e de Garcia & Furstenau (1995), às quais podemos acrescentar publicações recentes sobre o papel de Euclides da Cunha no pensamento social brasileiro e sua influência passada e presente (Lima, 1999; Abreu, 1998; Fundação Oswaldo Cruz, 1998).

O livro de Euclides da Cunha é posterior (1902) ao momento em que o Morro da Providência foi rebatizado como Morro da Favela (1887), mas tal acontecimento teria passado despercebido, e essa palavra não teria alcançado a posteridade que conheceu, sem as imagens fortes e marcantes transmitidas através de *Os sertões*. Imagens capazes de permitir aos intelectuais brasileiros compreender e interpretar a favela emergente. Isto é o que pretendemos deixar bem claro durante a seqüência deste trabalho.

A título de exemplo, tomemos o conhecido artigo de João do Rio, cronista da *flânerie*, publicado na *Gazeta de Notícias* em 1908 e republicado no livro *Vida vertiginosa* em 1911 sob o título "Os livres acampamentos da miséria" (Martins, 1971). Esse artigo relata a visita do autor, por ocasião de uma festa musical, ao Morro de Santo Antônio, que havia sido favelizado, assim como o Morro da Providência, durante os últimos anos do século XIX.

> "Eu tinha do morro de Santo Antônio a idéia de um lugar onde pobres operários se aglomeravam à espera de habitações, e a tentação veio de acompanhar a seresta. [...] O morro era como outro qualquer morro. Um caminho amplo e mal tratado, descobrindo de um lado, em planos que mais e mais se alargavam, a iluminação da cidade. [...] Acompanhei-os e dei num outro mundo. A iluminação desaparecera. *Estávamos da roça, no sertão, longe da cidade*. O caminho que serpeava descendo era ora estreito, ora largo, mas cheio de depressões e de buracos. De um lado e de outro casinhas estreitas, feitas de tábuas de caixão, com cercados indicando quintais. A descida tornava-se difícil [...]" (Martins, 1971:51, 52 e 53; grifo meu).

E o nosso *flâneur* continua:

> "Como se criou ali aquela curiosa vila de miséria indolente? O certo é que hoje há, talvez, mais de mil e quinhentas pessoas abrigadas lá por cima. As casas não se alugam, vendem-se. [...] o preço de uma casa regula de 40 a 70 mil réis. Todas são feitas sobre o chão, sem importar as depressões do terreno, com caixões de madeira, folhas-de-flandres, taquaras. [...] *Tinha-se, na treva luminosa da noite estrelada, a impressão lida da entrada do arraial de Canudos* ou a funambulesca idéia de um vasto galinheiro multiforme" (Martins, 1971:54-55; grifo meu).

O que se tornaria o modelo da favela já estava, portanto, bastante presente no espírito desses intelectuais do Rio de Janeiro, que descobriam tais espaços novos na cidade através do olhar de Euclides da Cunha sobre Canudos. A fonte inspiradora está bastante evidente, não só na geografia como também na forma de representar as suas populações.

Figura 3
Casa de Canudos: foto de Flávio de Barros, fotógrafo do exército

Uma casa de Jagunços.

Fonte: Arquivo Histórico do Museu da República; Centro de Conservação e Preservação Fotográfica — FUNARTE.

Nos relatos das visitas de jornalistas, os morros são descritos como espaços dotados de uma geografia particular. Benjamin Costallat (1995) descreve, na crônica "A favela que eu vi", originalmente publicada em 1924, as suas dificuldades para chegar ao cume do Morro da Favella no Rio em virtude da sua topografia irregular.

> "É um caminho de cabras. Não se anda, gravita-se. Os pés perdem a função normal de andar, transformam-se em garras. [...] Falavam-me sempre no perigo de subir à Favella [...] O maior perigo que eu encontrei na Favella foi o risco, a cada passo, de despencar-me de lá de cima pela pedreira ou pelo morro abaixo" (1995:34).

No Rio, como em Canudos, o morro oferece uma posição estratégica. Por sua posição privilegiada ele se debruça sobre a cidade e, isolado, oculta de quem observa de baixo aquilo que se passa no alto. Todos aqueles que chegam à sua parte mais elevada, como em Canudos, experimentam uma sensação de medo misturada a uma espécie de fascinação. Euclides da Cunha dizia:

"[...], inesperado quadro esperava o viandante que subia, depois desta travessia em que supõe pisar escombros de terremotos, as ondulações mais próximas de Canudos" (Galvão, 1985:108).[...] "E no primeiro momento, antes que o olhar pudesse acomodar-se àquele montão de casebres, presos em rede inextricável de becos estreitíssimos e dizendo em parte para a grande praça onde se fronteavam as igrejas, o observador tinha a impressão exata, de topar, inesperadamente, uma cidade vasta" (Galvão, 1985:347). [...] "O General Artur Oscar, a cavalo junto aos canhões, observou pela primeira vez, em baixo, esbatido no clarão do luar deslumbrante, a misteriosa cidade sertaneja [...]" (Galvão, 1985:399). "E contavam: uma, duas, três, quatro mil, cinco mil casas! Cinco mil casas ou mais! Seis mil casas, talvez! Quinze ou vinte mil almas — encafurnadas naquela tapera babilônica... E invisíveis" (Galvão, 1985:436).

Os jornalistas cariocas igualmente se surpreendiam com o quadro apresentado por aquele montão de casebres, com aquelas cidadelas da miséria. Luiz Edmundo, autor de vários volumes sobre a vida política e cultural durante a *Belle Époque* carioca, não era menos explícito em sua percepção da favela como lembrança de Canudos na cidade. Ele visita, como já o fizera João do Rio, o Morro de Santo Antônio e escreve no livro *O Rio de Janeiro do meu tempo* (1957), originalmente publicado em 1938:

> "...*as moradas são, em grande maioria, feitas de improviso, de sobras e de farrapos, andrajosas e tristes como os seus moradores.*
>
> Por elas vivem mendigos, os autênticos, quando não se vão instalar pelas hospedarias da rua da Misericórdia, capoeiras, malandros, vagabundos de tôda sorte: mulheres sem arrimo de parentes, velhos dos que já não podem mais trabalhar, crianças, enjeitados em meio à gente válida, porém o que é pior, sem ajuda de trabalho, verdadeiros desprezados da sorte, esquecidos de Deus..." (Edmundo, 1957:246-247; grifo meu).

O jornalista prossegue no relato de sua visita:

> "Alcançamos, enfim, uma parte do povoado mais ou menos plana *e onde se desenrola a cidadela miseranda.* O chão é rugoso e áspero, o arvoredo pobre de fôlhas, baixo, tapêtes de tiririca ou de capim surgindo pelos caminhos mal traçados e tortos. Perspectivas medíocres. Todo um conjunto desmantelado e tôrvo de habitações sem linha e sem valor [...]. Construções em geral de madeira servida, tábuas imprestáveis das que se arrancam a caixotes que serviram ao transporte de banha ou bacalhau, mal fixadas, remendadas, de côres e qualidades diferentes, umas saltando aqui, outras entortando acolá, apodrecidas, estilhaçadas ou negras. Coberturas de zinco velho, raramente, ondulado, lataria que se aproveita ao vasilhame servido, feitas em folha-de-flandres. Tudo entrelaçando toscamente, sem ordem e sem capricho" (Edmundo, 1957, v. 2, p. 251-252; grifo meu).

Mais uma vez é possível observar a analogia existente: tanto no Rio quanto em Canudos, chegávamos ao alto da favela após uma longa marcha na qual era necessário sobreviver às tiriricas, planta que provoca coceira da mesma forma que as folhas do arbusto conhecido como favela, e atravessar vários espaços áridos para finalmente ter acesso a esse local afastado e desconhecido. A favela descrita por Luiz Edmundo aproxima as duas "cidadelas da miséria", o reduto de fanáticos no sertão e o enclave dos pobres na grande cidade do litoral. Esses cronistas, quando descreviam os novos bairros miseráveis da capital da República, queriam mostrar que o sertão estava presente neles. Aliás, o médico Afrânio Peixoto também afirmou em 1918: "não nos iludamos, o 'nosso sertão' começa para os lados da Avenida"[23] (apud Hochman, 1998b:218).

Tais exemplos, que são inúmeros, demonstram a profunda influência do livro de Euclides da Cunha sobre os primeiros observadores da favela. Para melhor compreender os elementos do mito fundador da favela carioca, constituído através dessa transposição, vale a pena lembrar as principais características de Canudos percebidas pelo seu autor:

a) especificidade de um processo de crescimento urbano (ainda que fosse um povoado em área rural) rápido, desordenado e precário. "O arraial crescia vertiginosamente, coalhando as colinas. A edificação rudimentar permitia à multidão sem lares fazer até doze casas por dia..." (Galvão, 1985:232);

b) topografia de uma região de morros que faz dela um verdadeiro bastião, de acesso muito difícil:

> "Porque a cidade selvagem, desde o principio, tinha em torno, acompanhando-a no crescimento rápido, um círculo formidável de trincheiras cavadas em todos os pendores, enfiando todas as veredas, planos de fogo volvidos, rasantes com o chão, para todos os rumos. Veladas por touceiras inextricáveis de macambiras ou lascas de pedra, não se revelavam a distância. Vindo do levante, o viajor que as abeirasse, ao divisar, esparsas sobre os cerros, as choupanas exíguas, à maneira de guaritas, acreditaria topar uma rancharia esparsa de vaqueiros inofensivos. Atingia, de repente, a casaria compacta, surpreso, como se caísse numa tocaia" (Galvão, 1985:235-236).

No Rio existe uma associação entre os termos "favela" e "morro" desde o início do século XX, época do surgimento das primeiras favelas. As duas denominações são portanto utilizadas como sinônimos há muito tempo. Na literatura, em autores como Lima Barreto e Olavo Bilac (Zaluar & Alvito, 1998:11-12), e em textos de sambas dos anos 1928 a 1994 (Oliveira & Marcier, 1998:110-114),[24] favela é morro, no sentido geográfico. Já no sentido metafórico, ela aparece como um bastião, da mesma forma que Canudos. Segundo Costallat, originalmente publicado em 1924: "Falavam-me sempre no perigo de subir à Favela. Nos seus terríveis valentes. Nos seus malandros que assaltam com a mesma facilidade com que se dá bom-dia" (1995:34).

c) ausência de propriedade privada do solo, substituída pela propriedade coletiva da terra. "Nada queriam desta vida. Por isso a propriedade tornou-se-lhes uma forma exa-

---

[23] Avenida que corresponde à avenida Central, atual Rio Branco, construída por Pereira Passos durante a reforma urbana do Rio de Janeiro, entre 1903 e 1906.
[24] O texto "A palavra é: favela" contém a relação de 125 músicas, inspiradas pelo tema. As autoras sugerem em sua análise que, paralelamente à configuração como espaço do pobre, a favela também se constituiu como espaço do samba. Na representação musical aparece igualmente a sua imagem como não-cidade, como *locus* da marginalidade urbana e também, a partir de 1960, como questão social.

gerada do coletivismo tribal dos beduínos: apropriação pessoal apenas de objetos móveis e das casas, comunidade absoluta da terra, das pastagens, dos rebanhos e dos escassos produtos das culturas [...]" (Galvão, 1985:237);

"A terra não é de ninguém, ela é de todos" também observa Costallat a propósito da favela visitada por ele no Rio de Janeiro (Costallat, 1995:35).

d) ausência do domínio do Estado e das instituições públicas (leis, polícia, municipalidades etc.) nesse território rebelado contra a República (Galvão, 1985:265-267). Quanto a Antônio Conselheiro, o próprio Euclides é enfático: "Pregava contra a República; é certo" (Galvão, 1985:248);

e) ordem política específica marcada pelo domínio do chefe, Antônio Conselheiro, líder carismático que desviou o povo de suas obrigações (Galvão, 1985:217-230), pregando abertamente a insurreição contra as leis;

Como em Canudos, a favela também tinha um chefe que controlava a cidadela onde as instituições públicas não eram respeitadas. Vejamos o que diz o jornalista Costallat (1995:37):

"Um dia chegou à favela um homem — Zé da Barra. Vinha da Barra do Piraí. Já trazia grande fama. Suas proezas eram conhecidas. Era um valente, mas um grande coração. E Zé da Barra chegou e dominou a favela [...] E a favela que não conhece polícia, não conhece impostos, não conhece autoridades, conheceu Zé da Barra e a ele teve que obedecer. E Zé da Barra ficou sendo o chefe incontestável da Favela."

Guardadas as devidas proporções, é a mesma história do estrangeiro que chega, impõe sua ordem, dirige e administra um espaço de onde são excluídos o reconhecimento das autoridades constituídas e a obediência às leis nacionais, acabando por dominar a população local. Convém lembrar que Antônio Conselheiro iniciou a sua luta contra as autoridades locais no interior do Estado da Bahia, questionando a autonomia recém-decretada em favor dos municípios e, em seguida, tomou o rumo dos confins do sertão, onde poderia fazer prevalecer suas próprias leis e regras.

f) espaço capaz de condicionar o comportamento dos indivíduos, integrando os recém-chegados à identidade coletiva, homogênea e uniforme do grupo:

"O sertanejo simples transmudava-se [...]. Absorvia-o a psicose coletiva. [...] do crente fervoroso abdicando de si todas as comodidades da vida noutras paragens, ao bandido solto, que lá chegava [...] se fez a comunidade homogênea e uniforme, massa inconsciente e bruta, crescendo sem evolver, sem órgãos e sem funções especializadas, pela só justaposição mecânica de levas sucessivas, à maneira de um polipeiro humano" (Galvão, 1985:237).

A idéia de comunidade, tão presente no campo analisado por Euclides da Cunha, acabou por ser igualmente associada à favela carioca, servindo de modelo para os primeiros observadores que tentaram caracterizar a organização social dos novos territórios da pobreza urbana.

Da mesma forma que Euclides, em sua descrição, percebe o povoado de Canudos como uma comunidade de miseráveis marcada por uma identidade comum, Luiz Edmundo (1957:255-259) em "peregrinação pela favela angustiosa" narra suas impressões e conversas com lavadeiras, mães solteiras, analfabetas, vivendo em condições de extrema precariedade, mas aceitando sua sorte com fatalismo: "Nhô já viu pobre sê feliz? A gente vai empurrando a sua vida com a graça de Deus" (Edmundo, 1957:257).

g) comportamento moral revoltante para o observador, marcado pelo deboche, pela promiscuidade e ausência de trabalho, uma economia fundamentada no roubo e nas pilhagens:

> "Não é para admirar que se esboçasse logo, em Canudos, a promiscuidade de um hetarismo infrene. Os filhos espúrios não tinham à fronte o labéu indelével da origem" [...] "o dominador, se não estimulava, tolerava o amor livre" (Galvão, 1985:238). "Os desordeiros volviam cheios de despojos para o arraial, onde ninguém lhes tomava conta dos desmandos" (Galvão, 1985:240). "Toda a sorte de tropelias eram permitidas, desde que aumentassem o patrimônio da grei" [...] "Em dilatado raio em torno de Canudos, talavam-se fazendas, saqueavam-se lugarejos, conquistavam-se cidades!" (Galvão, 1985:240).

João do Rio e Luiz Edmundo, testemunhas já citadas anteriormente, referindo-se ao Rio, falam dos personagens do morro, em especial malandros, lavadeiras, feiticeiras e seresteiros, que têm um modo de vida particular do qual o trabalho assalariado parece ausente. João do Rio se pergunta: "Aquela gente era operária? Não" (p. 55), e percebe a favela como o espaço da "miséria indolente" (p. 54). Luiz Edmundo descreve o Morro de Santo Antônio como "um verdadeiro arraial de infortúnio, chaga cruciante da miséria humana. Santo Antonio dos desgraçados!" (p. 249).

h) um perigo para a ordem social de toda a região, inclusive de todo o sertão, um considerável risco de contágio: "O ambiente moral dos sertões favorecia o contágio e o alastramento da nevrose. A desordem, local ainda, podia ser núcleo de uma conflagração em todo o interior do Norte" (Galvão, 1985:283).

No início do século XX, período em que as favelas ainda constituem espaços pouco numerosos e pouco importantes na cidade, a questão do contágio não é tão evidente, mas ele já existe, conforme demonstra a caricatura da figura 2, onde Oswaldo Cruz aparece arrancando os piolhos de uma cabeça que representa o Morro da Favella. Muito embora o tema do contágio não esteja explícito nos relatos dos primeiros observadores, ele será retomado e amplificado durante o período seguinte, quando as favelas se tornam um problema a ser resolvido.

i) para Euclides da Cunha, o arraial de Canudos representava a liberdade: quanto ao uso da terra, ao trabalho, aos costumes, em relação às práticas sociais e ao pagamento de imposto. Mas, ainda que ele criticasse o atraso e os perigos de contágio, era capaz também de reconhecer ali a força de seus habitantes e a valorização atribuída por eles a tal espaço de liberdade.

Na visão dos primeiros observadores da favela do Rio de Janeiro, morar nesses locais também se apresentava como uma escolha, assim como ir para Canudos dependia da vontade individual de cada um. Os habitantes da favela são ligados à sua comunidade e não desejam deixá-la (Costallat, 1995). Dimensão de uma identidade dos favelados que já fora percebida pelos seus primeiros analistas e, bem mais tarde, fortemente valorizada pelas ciências sociais, conforme demonstrarei no capítulo III.

Nessa analogia, as respectivas representações aparecem fortemente estruturadas pelas preocupações políticas relativas à consolidação da jovem República, saúde da sociedade e entrada na modernidade. A favela pertence ao mundo antigo, bárbaro, do qual é preciso distanciar-se para alcançar a civilização. Observadores de uma viagem bem mais próxima do que aos sertões baianos, os jornalistas visitantes dos morros do Rio de Janeiro nas primeiras décadas do século XX também se portam como testemunhas, da mesma forma que Euclides da Cunha o fizera. Como foi possível observar, a dualidade sertão *versus* litoral — presente no discurso do autor de *Os sertões* — pode ser reencontrada, nas primeiras imagens, transposta para a oposição favela *versus* cidade.

A imagem matriz da favela já estava, portanto, construída e dada a partir do olhar arguto e curioso do jornalista/observador. "Um outro mundo", muito mais próximo da roça, do sertão, "longe da cidade", onde só se poderia chegar através da "ponte" construída pelo repórter ou cronista, levando o leitor até o alto do morro que ele, membro da classe média ou da elite, não ousava subir.[25] Universo exótico, em meio a uma pobreza originalmente concentrada no Centro da cidade, em cortiços e outras modalidades de habitações coletivas, prolongava-se agora, morro acima, ameaçando o restante da cidade.

Estava descoberta a favela... e lançadas as bases necessárias para sua transformação em problema.

A transformação da favela em problema

A descoberta da favela foi logo seguida por sua designação como problema a ser resolvido. Aos escritos de jornalistas vêm juntar-se vozes de médicos e engenheiros, preocupados com o futuro da cidade e sua população. O que fazer da favela? Debate estabelecido a partir do início do século, que já nos anos 1920 desencadeia a primeira grande campanha de denúncia contra a "lepra da esthetica" (Pimenta, 1926), retomada nos anos 1930 através do Plano Agache para remodelação e embelezamento da cidade do Rio, seguido pelo Código da Construção em 1937.

No início do século, o hábitat popular tornou-se um tema central sobre o devir da capital da República. Tema fortemente estruturado pelo discurso médico-higienista, também retomado pelos engenheiros. Conforme assinala Ribeiro, o período 1890-1906 corresponde ao início de uma forte crise de moradia: a população do Rio aumentava a uma taxa geométrica anual de 2,8%; as construções prediais cresciam a um ritmo de 3,4%, mas esses imóveis destinavam-se sobretudo às atividades econômicas; e quanto ao total de moradias, ele só aumentava à taxa de 1% ao ano. Descompasso entre construção de moradias e cres-

---

[25] Machado de Assis em seu romance *Esaú e Jacó* relata, no capítulo I, a subida ao Morro de Santo Antônio das personagens Natividade e Perpétua, que para lá se dirigiam em busca de uma adivinha conhecida como "cabocla".

cimento populacional, que corresponde a um sensível aumento da densidade domiciliar, passando de 7,3 para 9,8 pessoas por moradia (Ribeiro, 1997:173).[26]

Durante o ano de 1905, em plena reforma Pereira Passos, o ministro da Justiça e Negócios Interiores, J. J. Seabra, criou uma comissão encarregada de dar um parecer sobre o problema das habitações populares, escolhendo para tratar do seu aspecto "técnico-sanitário" o engenheiro civil Everardo Backheuser, que já havia desempenhado as funções de engenheiro municipal. Segundo este:

> "As mil demolições para alargamentos de umas tantas ruas, para abertura de algumas, para derrocar velhas choças ruinosas, mas que ainda davam agasalho a famílias, para fechar outras que por insalubres, radicalmente insalubres, não podiam ser saneadas, tudo isto veio dar à moléstia endemica do Rio — a má habitação — um caracter agudo, angustiante, formidável" (Backheuser, 1906:3-4).[27]

Em especial, foram as habitações coletivas insalubres que chamaram a atenção do engenheiro, pois, em matéria de hábitat, ele já conhecia as leis e as experiências internacionais. Preocupado com as questões de insalubridade, epidemias e contágio, Backheuser realizou um estudo minucioso dos cortiços, casas de cômodos, avenidas, estalagens, albergues e hospedarias, indicando as diferentes legislações que regulamentavam a construção e o uso dessas diferentes formas de moradia no Brasil.[28]

Ainda que ocupasse um lugar de menor importância na paisagem urbana, a favela não escapou ao olho clínico do engenheiro-observador. Em seu relatório pioneiro, consagrou-lhe uma menção específica que pode ser considerada o primeiro registro oficial de sua existência. E, mais uma vez, foi o Morro da Favella que chamou a atenção "pela originalidade e pelo inesperado" (Backheuser, 1906:111). Três fotos ajudam o leitor a visualizar a favela de longe, em visão panorâmica e, de perto, em escala menor, onde vemos seus casebres e habitantes, que parecem posar para o fotógrafo diante de suas moradias.[29]

Nesse documento ilustrado, são evocados inicialmente o aspecto físico do lugar e suas casas pobres:

> "O Morro da Favella é íngreme e escarpado; as suas encostas em ribanceiras marchetam-se, porém, de pequenos casebres sem hygiene, sem luz, sem nada.
>
> Imagine-se, de facto, *casas* (!) tão altas como um homem, de chão batido, tendo para paredes trançados de ripas, tomadas as malhas com porções de barro a sopapo, latas de kerosene abertas e juxtapondo-se, taboas de caixões; tendo para telhado essa mesma mixtura de materiaes presos á ossatura da coberta por blocos de pedras, de modo a que os ventos não as descubram; divisões internas mal acabadas, como que paradas a meio com o proposito unico de subdividir o solo para auferir proventos

---

[26] Sobre a crise habitacional, notadamente nas últimas décadas do século XIX, ver Damazio (1996), que apresenta um retrato social do Rio na virada dos séculos XIX-XX.

[27] Relatório disponível na Biblioteca Nacional. Valladares & Medeiros (2003), em sua bibliografia analítica, mostram que esse trabalho inaugura a reflexão sobre as favelas do Rio de Janeiro.

[28] Legislação e trabalhos de Backheuser estudados sobretudo por Carvalho (1986).

[29] Sem dúvida, as primeiras fotos publicadas do Morro da Favella. As mais conhecidas, do fotógrafo Malta, datam dos anos 1920 e estão reproduzidas em Zylberberg (1992).

maiores. É isto pallida idea do que sejam estas furnas onde, ao mais completo desprendimento por comesinhas noções de asseio, se allia uma falta de agua, quasi absoluta, mesmo para beber e cosinhar" (Backheuser, 1906:111).

Figura 4

Vista panorâmica do Morro da Favella

Fonte: Acervo Fundação Biblioteca Nacional — Brasil (Backheuser, 1906).

Backheuser era um observador suficientemente atento da realidade social da favela para, já naquela época, ter uma percepção distanciada das representações correntes sobre a sua população.

> "Para alli vão os mais pobres, os mais necessitados, aquelles que, pagando duramente alguns palmos de terreno, adquirem o *direito* de escavar as encostas do morro e fincar com quatro moirões os quatro pilares do seu *palacete*. Os casebres, espalham-se por todo o morro; mais unidos na base, espaçam-se em se subindo pela rua (!) da Igreja ou pela rua (!) do Mirante, euphemismos pelos quaes se dão a conhecer uns caminhos estreitos e sinuosos que dão difficil acesso á chapada do morro.

> Alli não moram apenas os desordeiros e os facinoras como a legenda (que já a tem a Favella) espalhou; alli moram tambem operarios laboriosos que a falta ou a carestia dos cômodos atira para esses logares altos, onde se goza de uma barateza relativa e de uma suave viração que sopra continuamente, dulcificando a rudeza da habitação" (Backheuser, 1906:111).

Figura 5

Casas e habitantes do Morro da Favella

CASEBRES NO MORRO DA FAVELLA

Fonte: Acervo Fundação Biblioteca Nacional — Brasil (Backheuser 1906).

A inclusão da favela no rol das habitações anti-higiênicas fora portanto sinalizada no relatório de Backhauser. O poder municipal, e seu impetuoso reformador, Pereira Passos, estavam prestes a intervir. Conforme escreve Backheuser: "O illustre Dr. Passos, activo e intelligente prefeito da cidade, já tem as suas vistas de arguto administrador voltadas para a Favella e em breve providências serão dadas, de accôrdo com as leis municipaes, para acabar com esses casebres" (Backheuser, 1906:111).

Desta maneira a "problematização" precedeu a extensão do fenômeno ao conjunto da cidade e ocorreu enquanto o processo de favelização *ainda não* se havia generalizado na capital federal. Conforme já assinalamos, essa problematização contou com o forte respaldo do diagnóstico higienista aplicado à pobreza e ao cortiço, servindo este como uma das matrizes das primeiras representações das favelas.

Assim como na Europa (Topalov, 1999), também no Rio de Janeiro outros engenheiros reformadores apresentavam uma concepção positivista da ciência e de seu papel social. Não se interessavam apenas pelos problemas de ordem técnica, mas eram igualmente impulsionados pelo desejo de compreender o mundo e encontrar uma explicação para os problemas sociais. Traziam em si a vocação altruísta de servir ao desenvolvimento material do país, à modernização e ao lema de "ordem e progresso".[30]

Desde o Império, engenheiros e médicos já ocupavam um lugar importante na política municipal: o Código de Posturas Municipais do Rio se apoiava em sugestões dos médicos, contidas nos relatórios da Comissão de Salubridade da Sociedade de Medicina e Cirurgia; o Clube de Engenharia, fundado em 1880, tanto forneceu nomes para compor os quadros do funcionalismo, quanto propostas para solucionar os problemas de urbanização da cidade;[31] e, na virada do século, foi instituída no Distrito Federal a Comissão de Saneamento do Rio de Janeiro, composta por engenheiros e médicos. A partir da Proclamação da República em 1889, e durante todo o tempo em que o Rio de Janeiro permaneceu como Distrito Federal, ou seja, até 1959, engenheiros e médicos governaram a capital.[32]

Para tais profissionais, a cidade do Rio de Janeiro constituía um espaço privilegiado de elevado valor simbólico, para elaborar e fazer a demonstração de um projeto nacional. Seus membros também demonstravam:

> "a firme disposição em ultrapassar as fronteiras internas de seus campos profissionais e dirigir-se ao conjunto da sociedade, visando persuadi-la a tomar como legitimos e necessários os princípios por eles idealizados como fundamentais para a constituição de uma sociedade moderna" (Herschmann, Kropf & Nunes, 1966:8-9).

Eles acreditavam, especialmente os engenheiros, que para resolver os problemas de uma cidade era preciso uma administração competente, inacessível às injunções políticas e baseada no princípio da submissão da política à técnica, "descompromissados com interesses pessoais ou partidários, e moralmente voltados para a defesa do bem comum da nação" (Kropf, 1996:148).

Esses princípios de ação orientaram médicos e engenheiros em seus procedimentos para elaborar o problema das favelas. O diagnóstico a propósito dos cortiços e do Morro da Favela foi generalizado ao universo das favelas em expansão durante os anos 1920. Os médicos higienistas, em seus estudos sobre os agentes desencadeadores de epidemias, atribuíram a contaminação do meio urbano aos miasmas da cidade. Pareceu, então, natural a representação da favela retomar a idéia de doença, mal contagioso, patologia social a ser

---

[30] Cf. Herschmann & Pereira (1994:45): "Estes intelectuais, portadores de um saber técnico e especializado, reivindicavam a responsabilidade pela organização social e seus discursos foram se constituindo nas diretrizes básicas da sociedade brasileira".

[31] A propósito do poder de médicos e engenheiros no Rio de Janeiro, ver o livro de Herschmann, Kropf & Nunes (1996), centrado no período 1870-1937. Stuckenbruck (1996) também mostra como a preocupação social que permeia o discurso da engenharia encontra ampla ressonância no urbanismo que se afirma no Brasil a partir dos anos 1920. Sobre o Clube de Engenharia, ver Carvalho (1994).

[32] Vale lembrar: os engenheiros Pereira Passos (1903-1906), Paulo de Frontin (de janeiro a julho de 1919), Carlos Sampaio (1920-1922) e Alaor Prata (1922-1926). A exceção é Antonio Prado Junior (1926-1930), industrial paulista. Sobre estes prefeitos e suas respectivas gestões ver Stuckenbruck (1966). Entre os prefeitos médicos do Distrito Federal constam: Barata Ribeiro (1892-1893), Francisco Furquim Werneck de Almeida (1895-1897), Pedro Ernesto (1931-1935) e Henrique Dodsworth (1937-1945), os dois últimos nomeados por Getúlio Vargas.

combatida. Para isso, as moradias deveriam ser salubres, submetidas com rigor às regras de higiene, circulação de luz e ar para poder usufruir de uma atmosfera sadia.

Engenheiros e médicos, considerando o meio ambiente como fonte direta dos males físicos e morais dos seres humanos, estabeleceram propostas técnicas para o tratamento desses males urbanos. E quando se aplicavam em identificar, de maneira precisa e científica, as causas dos principais problemas, em definir soluções técnicas capazes de garantir um bom funcionamento à cidade, estavam, na verdade, insistindo quanto à necessidade de organizar, de maneira racional e controlada, o conjunto dos elementos urbanos: a "cidade, como manifestação visível do todo social, era recorrentemente concebida como uma máquina, um mecanismo cujas engrenagens deveriam ser dispostas e manipuladas devidamente sob a mesma direção" (Kropf, 1996:108). Dentro dessa lógica particular, as favelas seriam elementos que tanto se opunham à racionalidade técnica quanto à regulação do conjunto da cidade. Acabar com elas seria, então, uma conseqüência "natural".

Augusto de Mattos Pimenta, membro ilustre do Rotary Club[33] e grande viajante, articulou esses dois discursos e deles fez uma boa síntese em seus escritos, publicados sobretudo na imprensa do então Distrito Federal. Apresentado às vezes como médico especialista em questões sanitárias, às vezes como engenheiro e jornalista, personagem importante no meio dos negócios no Rio ao final dos anos 1920, é, no entanto, mal conhecido e pouco citado entre os autores contemporâneos.[34] Sua ficha no Rotary Club, a que se afiliou em 1925, indica que era construtor imobiliário e corretor de imóveis.[35] Fundou em 1937 o Sindicato dos Corretores de Imóveis, do qual seria presidente até 1946. Além disto, o *Dicionário histórico-biográfico brasileiro,* em sua última edição (Abreu & Beloch, 2001), também ressalta a sua atividade de jornalista engajado durante as revoluções de 1930 e 1932.

De qualquer maneira, ainda que Mattos Pimenta tenha atuado em áreas bastante diversificadas, a sua atividade no decorrer dos anos 1926 e 1927 tem uma relação direta com a favela. Naquele momento, com o apoio da imprensa carioca e dos poderes públicos, ele empreendeu a primeira grande campanha contra a favela, inscrita em um projeto mais am-

---

[33] O Rotary Club do Rio de Janeiro, criado em 1922, inspirado no Rotary Club de Chicago, foi o primeiro do Brasil. Cf. Reis & Aragão (1993:7), que redigiram um histórico do clube por ocasião da comemoração de seus 70 anos, além de desenvolver atividades filantrópicas voltadas sobretudo para a educação (bibliotecas etc.), o Rotary Rio também funcionou como local de debates e grupo de pressão dos meios econômicos sobre os problemas urbanos da cidade, tais como inundações, fornecimento de água, renovação urbana, preservação de monumentos históricos. Pereira (1996b) escreveu sobre a difusão do modelo norte-americano no discurso urbanístico brasileiro, ressaltando o papel do Rotary Club do Rio de Janeiro.

[34] Só encontramos referências a Mattos Pimenta em Abreu (1994b), Pechman (1996), Silva (1996) e Stuckenbruck (1996). Somente Abreu escreve especificamente sobre Mattos Pimenta e a favela. Os demais autores falam dele sobretudo em relação à contratação do urbanista Alfred Agache para realizar o Plano de Extensão-Remodelação-Embelezamento do Rio de Janeiro. Os principais autores que reconstituíram a história da política governamental direcionada à favela curiosamente não se depararam com tal personagem (Parisse, 1969a; Leeds, 1969; e Valla, 1986). Tampouco no estudo da SAGMACS (1960) existe qualquer menção a Mattos Pimenta.

[35] Esta ficha, encontrada durante pesquisa realizada no próprio Rotary Club do Rio de Janeiro, acabou com a dúvida quanto a sua ocupação principal. Realizei também uma entrevista com sua filha, Wanda de Mattos Pimenta Pompéia, que confirmou ter sido o pai ligado ao mercado imobiliário, e um dos mais importantes corretores da época.

plo de modernização e embelezamento do Rio de Janeiro. Mais do que qualquer outro personagem do seu tempo, Mattos Pimenta contribuiu para a transformação da favela em problema, combinando o discurso médico-higienista com o reformismo progressista e os princípios de um urbanismo ainda mais ambicioso que o de Pereira Passos.

Durante dois anos essa campanha, muito bem organizada, ocupou as páginas dos principais jornais do Rio — *O Globo, A Notícia, Jornal do Commercio, O Jornal, Correio da Manhã* e *Jornal do Brasil* —, apresentando a imagem da favela como "lepra da estética". Esta analogia sintetiza perfeitamente a maneira pela qual Mattos Pimenta denunciava a pobreza. A lepra era considerada na Idade Média a doença dos malditos e, ainda nos anos 1920, constava como uma das piores doenças contagiosas, desfigurando e levando à segregação os doentes por ela infectados. Para Mattos Pimenta a favela exigia medidas de igual rigor:

> "[...] antes mesmo de sua adopção [do plano de remodelamento do Rio de Janeiro] é mister se ponha um paradeiro immediato, se levante uma barreira prophilactica contra a infestação avassaladora das lindas montanhas do Rio de Janeiro pelo flagello das "favellas" — lepra da esthetica, que surgiu ali no morro, entre a Estrada de Ferro Central do Brasil e a Avenida do Cáes do Porto e foi se derramando por toda a parte, enchendo de sujeira e de miséria preferentemente os bairros mais novos e onde a natureza foi mais pródiga de belleza" (Pimenta, 1926:7-8).[36]

Mattos Pimenta projeta sobre a favela as suas preocupações reformistas e sanitárias, mas também manifesta cuidados estéticos e preocupações arquitetônicas por "essa obra-prima da natureza que é o Rio de Janeiro". Outros já haviam denunciado a favela como espaço anti-higiênico, insalubre, local de concentração de pobres perigosos e área sem lei. Mattos Pimenta retoma esse discurso:

> "Desprovidas de qualquer espécie de policiamento, construídas livremente de latas e frangalhos em terrenos gratuitos do Patrimônio Nacional, libertadas de todos os impostos, alheias a toda ação fiscal, são excellente estímulo à indolência, attraente chamariz de vagabundos, reducto de capoeiras, valhacoito de larapios que levam a insegurança e a intranquilidade aos quatro cantos da cidade pela multiplicação dos assaltos e dos furtos" (Pimenta, 1926:7-8).

Mas, conforme já foi observado, ele introduziu um tema novo, o tema da estética, da preocupação com a beleza da cidade tomada em seu conjunto. Para defender o Rio de Janeiro, Mattos Pimenta ressalta a necessidade de "cuidar de sua esthetica, de sua higiene e de sua ordem social com o mesmo cuidado que Deus dedicou aos seus encantos".

De acordo com Pechman (1996:354), durante os anos 1920, começa a ser expressa uma nova concepção de urbanismo que se opõe à simples ação pontual proposta pelo higienismo e pelos trabalhos de embelezamento. A visão puramente técnica dos problemas

---

[36] Discurso pronunciado em almoço no Rotary Club do Rio de Janeiro em 12 de novembro de 1926, levando o título de "As Favellas", e reproduzido no *Correio da Manhã* e *O Jornal*, ambos de 18 de novembro de 1926. Este discurso, na sua integra, encontra-se em Pimenta (1926).

urbanos — moradia, saneamento, circulação — dá lugar a uma concepção mais sistêmica da cidade que se torna objeto de uma nova disciplina com ambições científicas: o urbanismo. Mattos Pimenta havia passado muitos anos na Europa, particularmente em Paris, onde acompanhara o desenvolvimento dessa nova disciplina, conhecia muito bem o seu prestígio e havia apreciado a amplitude das transformações empreendidas em Paris pela reforma de Hausmann.[37]

A campanha contra a favela parece ter sido conduzida com sucesso, e sustentada pelo Rotary Club do Rio, que atuava como uma das associações profissionais do mundo carioca dos negócios. A campanha também inovou quanto aos modos de comunicação, pois uma parte da estratégia de Mattos Pimenta consistia em atacar em várias frentes. Chegou, inclusive, a realizar com o patrocínio do Rotary, um filme de 10 minutos denominado *As Favellas*, mostrando "o espetáculo dantesco que presenciei na perambulação pelas novas favellas do Rio".[38] Mattos Pimenta sabia que, naquela época, eram poucos os visitantes capazes de subir os morros para ver de perto — e por dentro — uma favela. O Dr. Castro Barreto, médico especializado em questões sanitárias e também membro do Rotary, foi o primeiro a fornecer fotos das favelas a Mattos Pimenta, sobretudo fotos de crianças.

O filme foi projetado várias vezes entre 1926 e 1927,[39] chegando a ser apresentado ao então Presidente da República, Washington Luiz, que teria manifestado o desejo de assisti-lo. Nada sabemos sobre o impacto provocado por esse filme, mas podemos imaginar que tenha contribuído notavelmente para a "cruzada contra a vergonha infamante das favelas".[40]

Após obter o apoio da imprensa para a divulgação de suas idéias, Mattos Pimenta procurou o apoio do Departamento Nacional de Saúde Pública, junto ao seu diretor, o médico Dr. Clementino Fraga, ao Prefeito Antonio Prado Junior e ao chefe de polícia. Mandou imprimir um prospecto distribuído gratuitamente e intitulado "Casas populares", no qual divulga uma proposta de solução para o problema das favelas e ressalta algumas medidas de "salvação pública"[41] necessárias: sustar imediatamente a construção de novos casebres, evitando assim a progressão das favelas atuais e a criação de novas; e como principal medida para impor essa parada, o estabelecimento de uma fiscalização realizada pelos funcionários da prefeitura e do Departamento Nacional de Saúde Pública para impedir cons-

---

[37] O grande conhecimento de Mattos Pimenta sobre as cidades européias e até mesmo sobre a legislação francesa transparece em vários de seus escritos. Ver, sobretudo, o discurso de 29 de outubro de 1926, pronunciado em almoço do Rotary Club do Rio de Janeiro e publicado nas *Notícias Rotarias*, de 12 nov. 1926, sob o título "O remodelamento do Rio de Janeiro".

[38] Ver discurso intitulado "As Favellas", op. cit.

[39] Segundo nossa pesquisa realizada em jornais da época (*O Globo*, 11 mar. 1927; *Jornal do Commercio*, 12 mar. 1927; *A Noticia*, 11 mar. 1927), a primeira exibição do filme parece ter ocorrido no Hotel Glória, em 12 de novembro de 1926, como parte da campanha em prol do Projeto de Remodelamento do Rio de Janeiro, levada adiante pelo adido comercial do Brasil na França, Sr. Francisco Guimarães. Foi também divulgada, pelos mesmos jornais, a notícia de ter sido o filme exibido para o Presidente da República no Theatro Capitólio de Petrópolis em 13 de março de 1927. Há também notícias de ter sido o filme exibido ainda no famoso Odeon (Stuckenbruck, 1996).

[40] Ver o artigo "Pela belleza e hygiene da nossa cidade; façam-se casas baratas ao alcance da bolsa da gente pobre! Uma voz de propaganda e de enthusiasmo. O que se deve ao Dr. Mattos Pimenta", *O Globo*, 15 ago. 1927.

[41] Ver discurso intitulado "As Favellas", op. cit.

truções clandestinas, construídas fora das leis existentes; além da elaboração de um programa de construção de casas para os proletários, asilos e colônias para os inválidos, velhos e crianças abandonadas.

As propostas do Programa de Casas Populares desenvolvidas de maneira bem detalhada por Mattos Pimenta demonstravam a familiaridade de seu autor com as práticas do mercado imobiliário. O Banco do Brasil e as construtoras deveriam subscrever um contrato de abertura de crédito com garantia hipotecária e obrigação de construir casas populares. O programa não deveria onerar o Tesouro Público nem promover descontos em folha de pagamento. Tratava-se de permitir o acesso à propriedade de uma moradia pelo valor de um aluguel mensal. Mattos Pimenta concebeu um plano com prédios de seis andares, cada um deles com 120 apartamentos: "As grandes construções com apartamentos e seu systema de vendas podem ser aplicadas no Rio com a vantagem de serem mais economicas e exigirem menores areas relativas que as habitações isoladas".[42] Tudo de acordo com os modernos princípios da higiene e do conforto.

Esse projeto almejava substituir as favelas por grandes conjuntos de prédios. Segundo o seu autor seria possível, em 15 anos, com juros de 9% ao ano, permitir aos habitantes das favelas alcançar a propriedade de uma moradia confortável de construção sólida, sem a imposição de novas despesas insuportáveis, pois "são raros, raríssimos, os casebres improvisados e ignóbeis onde não se paga aluguel".[43]

Relacionada diretamente ou não a esta primeira campanha antifavela, a verdade é que, logo depois, em 1928, em pleno Carnaval, assistiu-se à derrubada de várias centenas de barracos pelo Prefeito Antonio Prado Junior, obrigando seus moradores a buscar por conta própria outros locais de moradia (Conniff, 1981:33).[44] Em contrapartida, as propostas de Mattos Pimenta quanto à construção de casas populares para os moradores das favelas não foram implementadas.

É preciso lembrar que Mattos Pimenta não era um reformador como os outros médicos ou engenheiros. Muito embora os poucos autores que falam desse personagem tenham atribuído a ele o título de médico higienista, foi a sua condição de construtor imobiliário que lhe conferiu uma importância particular, representante do encontro entre dois segmentos da elite carioca: a intelectual e a econômica, ambas fortemente influenciadas pelas idéias européias.

Mattos Pimenta também personificava a emergência do capital imobiliário.[45] Além de importante ator do desenvolvimento urbano, também criou a Bolsa Imobiliária do Rio de Janeiro — no momento em que o crescimento urbano começava a se realizar através da expansão do parque imobiliário.[46]

---

[42] Uma cópia da proposta de contrato encontra-se em "As casas populares — um projeto do engenheiro Mattos Pimenta para resolver a crise de habitações", *O Jornal*, 9 dez. 1926.

[43] Id. ibid.

[44] Coincidentemente, a entrada da favela nas letras do cancioneiro popular ocorreu em 1928 (Oliveira & Marcier, 1998:65-66), numa referência explícita à derrubada de barracos.

[45] Mattos Pimenta abandonou a prática médica em 1918, ao regressar da França após a Primeira Guerra Mundial, onde trabalhou como capitão-médico. Foi também diretor da Companhia Construtora do Brasil, função que exerceu até 1926 (Abreu & Beloch, 2001).

[46] Ribeiro(1997:183-198) analisa a expansão do Distrito Federal no período 1920-1933.

Mas a sua ação não deve ser interpretada apenas como fruto do comprometimento moral e do desejo de modernizar demonstrado pelos reformadores sociais. Serve também como testemunho da mobilização desses novos atores econômicos em favor de uma nova maneira de ver o desenvolvimento da cidade, em que valorizar o seu capital equivaleria a valorizar a cidade em seu conjunto e não apenas construir novos bairros modernos.

Por conseguinte, as idéias de Mattos Pimenta relativas ao urbanismo, às favelas e moradias populares contribuíram bastante para dar forma às representações das elites. E suas propostas pioneiras não deixaram de influenciar os atores e as instituições que, em seguida, retomariam as bandeiras de luta por ele empunhadas contra a favela: o Plano Agache, o Código da Construção e o Banco Nacional da Habitação (BNH).

Imediatamente após Mattos Pimenta, o novo ator importante que surge no cenário da cidade é o urbanista francês Alfred Agache, arquiteto e sociólogo (Bruant, 1994). Chegando ao Rio pela primeira vez em 1927 — por recomendação de Francisco Guimarães, adido comercial do Brasil na França, e convidado pelo então Prefeito Antonio Prado Júnior —, apresentou três conferências que obtiveram uma grande repercussão. Em seguida, foi contratado pela Prefeitura do Rio de Janeiro para elaborar o primeiro plano de extensão, renovação e embelezamento da capital do país.[47]

Agache recebeu especial apoio dos engenheiros ligados à municipalidade do Rio (Godoy, 1943), do Clube de Engenharia e do Rotary Club do Rio de Janeiro (Stuckenbruck, 1996). Conforme já foi assinalado, o Rotary Club, nos anos seguintes à sua criação, em 1922, reunia importantes setores econômicos da sociedade, lembrando que o próprio Agache pertencia a uma família de poderosos industriais franceses do ramo têxtil, com o mesmo nome, e interesses no Brasil.[48]

Sua escolha como responsável pelo Plano da Cidade do Rio de Janeiro provocou três tipos de conflito que ocuparam colunas inteiras nos jornais, e foram relatados por diversos autores (Stuckenbruck, 1996; Silva, 1996; Pechman, 1996). O primeiro conflito se refere essencialmente ao fato de o convite ter sido feito a um europeu, quando os arquitetos locais — em uma posição corporativista defensiva, no próprio momento em que a profissão estava em vias de institucionalização — pleiteavam o apelo aos profissionais brasileiros e defendiam a idéia de uma abordagem especificamente brasileira contra a importação de modelos estrangeiros (Silva, 1996:401-406). Enquanto Mattos Pimenta e outros rotarianos, além de suas tendências francófilas, consideravam a experiência urbanística dos arquitetos nacionais aquém das expectativas.

O segundo conflito diz respeito à crítica da apropriação feita por Agache das idéias, propostas e trabalhos elaborados por inúmeros profissionais brasileiros, chegando até à acusação de plágio quanto a determinados projetos específicos (Silva, 1996:405). Mas o próprio Agache apresentou o seu papel como o de um "catalisador" e reconheceu ter utilizado numerosos trabalhos anteriores, indicando que o plano proposto e assinado por ele:

> "é uma obra de conjuncto e de collaboração, porquanto, ainda uma vez, se trata, não de inventar peças, mas de condensar, reunir, em único e methodico bloco, o apanhado de idéas suggeridas, mais ou menos manifestadas, que perpassam no ar, e que

---

[47] Rezende (1982) apresenta quatro planos para a cidade do Rio de Janeiro, respectivamente: Agache, Doxiadis, Pub Rio e Pit Metrô.
[48] Entrevista com Catherine Bruant em 2000.

vós, meus senhores reconhecereis como de vossa lavra, assim que as virdes realisadas, concretisadas em uma só obra, pelo desenho ou pela palavra escripta" (Agache 1930: 21).

Albuquerque Filho (apud Silva, 1996:404) observa que a equipe dirigida por Agache consultou pelo menos 63 trabalhos, livros, relatórios e revistas, além das dezenas de cartas, mapas, fotografias e mais de 30 plantas, projetos e desenhos diversos. "Foram igualmente consultados e analisados cinco projetos, anteriores ao estudo do projeto Agache".

De fato, uma consulta ao original da obra demonstra a ausência de bibliografia, além da falta de esclarecimentos quanto às fontes dos dados estatísticos, e de referências precisas aos autores e/ou especialistas que inspiraram o seu trabalho. Agache se atém a uma fórmula de agradecimento bem geral:

> "Desejo endereçar um agradecimento collectivo a todos os technicos ou artistas, jornalistas ou simples enthusiastas da esthetica, que me participaram as suas suggestões sobre as transformações desejaveis ou possiveis a serem introduzidas na cidade. Os animadores, porém, são demasiadamente numerosos para que eu possa nomea-los aqui individualmente" (Agache).

O terceiro tipo de conflito está relacionado aos projetos urbanísticos preconizados por Agache, sendo um dos maiores problemas a escolha da solução urbanística para o espaço criado no Centro da cidade, em conseqüência da derrubada do Morro do Castelo. Desmonte ocorrido em 1922 durante a administração do Prefeito Carlos Sampaio, "em nome da aeração e da higiene", com o objetivo de preparar o Rio de Janeiro para as comemorações do 1º Centenário da Independência do Brasil (Abreu, 1987:76).[49]

Apesar de tudo, Agache realizou uma proposta extremamente ambiciosa para a cidade do Rio.[50] Publicou um volumoso documento cuja qualidade foi ressaltada por diferentes especialistas da história do urbanismo brasileiro. Segundo Pereira: "uma formidável síntese [...] que começa com o estudo da Geografia e da História, evolui para a análise dos indicadores sociais e econômicos, passa pelo estudo das formas e traçados urbanos para, enfim, dar origem tanto às intervenções de caráter físico como às propostas de legislação que deverão presidir a 'remodelação', o 'embelezamento' e a 'expansão' da cidade" (Pereira, 1996a:369).

A favela não passou despercebida ao olhar estrangeiro de Agache, aliás o primeiro estrangeiro a escrever sobre ela.[51] Le Corbusier também ali esteve, e fez um croqui desse espaço (Santos et al., 1987). Há, também, notícias de intelectuais e artistas estrangeiros, que

---

[49] Sobre a história e a iconografia do desmonte do Morro do Castelo, ver Santos & Nonato (2000).

[50] Segundo Conniff (1981:33), "The Agache plan was European in that it assumed full powers to remake the entire city; it was the heir of Haussman's designs for Paris".

[51] Le Corbusier também visitou o Rio na mesma época que Agache, mas depois dele. Entre todos os visitantes estrangeiros, minha pesquisa demonstra que Agache foi o único, daquela época, a deixar sua marca no pensamento sobre as favelas do Rio. Berenstein-Jacques (2001a), estudando a influência das favelas sobre os modernistas brasileiros durante os anos 1920, sugere terem sido eles que as transformaram em símbolo da cultura nacional. Pintores célebres como Tarsila do Amaral, Di Cavalcanti, Lasar Segall e Portinari, em diversas oportunidades, pintaram as favelas do Rio.

visitaram o Rio de Janeiro nessa época, sendo levados por amigos brasileiros a conhecer e passear no Morro da Favella. Entre esses estrangeiros consta Blaise Cendras, que esteve no Brasil em diversas oportunidades entre 1924 e 1929. Segundo Bernstein-Jacques (2001a:76), Cendras chegou até mesmo a criticar os planos urbanísticos da prefeitura — implicitamente, o Plano de Agache —, assim como o projeto utópico de seu amigo Le Corbusier.

A favela parece ter impressionado Alfred Agache de uma tal maneira que ela já é explicitamente mencionada em sua terceira conferência, ao final de julho de 1927, quando o urbanista ainda não havia sido contratado para realizar o plano do Rio. Intitulada "Cidades-jardins e favellas", Agache aborda o assunto dizendo apenas que: "A 'favela' é também uma espécie de cidade-satellite de formação espontânea, que escolheu, de preferencia, o alto dos morros, composta, porém, de uma população meio nomada, avessa a toda e qualquer regra de hygiene" (Agache, 1930:20).

É apenas no texto da apresentação de seu plano para o Rio que Agache se refere às favelas com um certo detalhamento, consagrando duas páginas ao Morro de Santo Antônio (Agache, 1930:176-177), e outras duas ao problema das favelas em geral na parte "Elementos Funccionaes do Plano Director" (Agache, 1930:189-190).

Segundo Godoy (1943:79), a primeira vez que Agache visitou uma favela, o Morro da Providência, foi em sua companhia e na de outros engenheiros da cidade. Duas fotografias testemunham essa visita (Zilberberg, 1992:32).

A influência de Mattos Pimenta parece evidente nas observações e conclusões de Agache sobre a favela carioca. É importante lembrar que: 1º) a campanha lançada pelo médico, a favor da estética, estava em seu auge quando o urbanista francês desembarcou no Rio de Janeiro; 2º) Mattos Pimenta também havia apoiado a sua contratação pela Prefeitura do Distrito Federal; 3º) foi ele, ainda, quem pronunciou o discurso de boas-vindas a Agache; e 4º) segundo sua filha, os dois se tornaram bons amigos.[52] É, então, possível levantar a hipótese de Mattos Pimenta ter sido a principal fonte inspiradora de Agache a propósito das favelas e, muito provavelmente, também sobre outras questões ligadas à cidade do Rio de Janeiro. Os discursos de ambos são bastante próximos e referem-se aos mesmos conceitos higienistas e estéticos. O conceito moderno de urbanismo, que tem a higiene como princípio básico e o embelezamento como finalidade, era comum a ambos, e a imagem da lepra e do perigo de contágio apresentada por Mattos Pimenta é retomada por Agache em sua descrição da favela:

> "Não impede que, construidas contra todos os preceitos da hygiene, sem canalisações d'agua, sem exgottos, sem serviço de limpeza publica, sem ordem, com material heteroclito, as favellas constituem um perigo permanente d'incendio e infecções epidemicas para todos os bairros atravez dos quaes se infiltram. A sua *lepra* suja a vizinhança das praias e os bairros mais graciosamente dotados pela natureza, despe os morros do seu enfeite verdejante e corroe até as margens da matta na encosta das serras" (Agache, 1930:190).

No entanto, Agache não se contenta apenas em ver na favela um mal contagioso a ser combatido, como pensava Mattos Pimenta. Seu trabalho já revela uma preocupação em compreender a causa do fenômeno:

---

[52] Entrevista com Wanda de Mattos Pimenta Pompéia, filha de Mattos Pimenta (1998).

"Póde-se dizer, que são o resultado de certas disposições nos regulamentos de construcção e da indifferença manifestada até hoje pelos poderes públicos, relativamente as habitações da população pobre. Perante as difficuldades accumuladas para obter-se uma auctorização de edificar, — requerimentos e formalidades só alcançam o seu destino depois de muito tempo e taxas onerosas, — o operário pobre fica descoroçoado e reúne-se aos *sem tecto* para levantar uma choupana com latas de kerozene e caixa de emballagem nas vertentes dos morros proximos a cidade e inoccupados, onde não se lhes reclamam impostos nem auctorisações" (Agache, 1930:189).

De fato, Agache parece ter sido um dos primeiros a perceber que elementos exteriores à pobreza, como as dificuldades burocráticas de acesso à moradia, são também fatores explicativos do apelo das favelas. É possível considerar que essa primeira reflexão sobre o processo de constituição desses aglomerados, apesar de sumária, diz respeito à dimensão sociológica da formação de Agache, que se havia iniciado na observação social através da perspectiva leplaysiana.[53] Sua maneira de compreender o problema, de perceber o social, marca um avanço em relação aos observadores precedentes, chegando a perceber os processos de constituição dos laços sociais nas favelas, inclusive a emergência de atividades econômicas, em termos quase sociológicos:

"Pouco a pouco surgem casinhas pertencentes a uma população pobre e heterogênea, nasce um principio de organização social, assiste-se ao começo do sentimento da propriedade territorial. Familias inteiras vivem ao lado uma da outra, criam-se laços de vizinhança, estabelecem-se costumes, desenvolvem-se pequenos commercios: armazens, botequins, alfaiates, etc." (Agache, 1930:189).

Agache assinala também o aparecimento de um mercado imobiliário, ou seja, de um mercado de locação, que ele descreve nos seguintes termos:

"Alguns delles que fizeram bons negócios, melhoram a sua habitação, alugam-na até, e estabelecem-se noutra parte, e eis pequenos proprietarios capitalistas que se installaram repentinamente em terrenos que não lhes pertenciam, os quaes ficariam surprehendidos se se lhes demonstrasse que não podem, em caso nenhum, reivindicar direitos de possessão" (Agache, 1930:189).

Quanto às soluções, Agache, seguindo as orientações dos reformadores sociais europeus, amplamente divulgadas a partir do final do século XIX (Butler & Noisette, 1983), preconiza a construção de moradias populares acompanhando a destruição das habitações precárias. Considera, no entanto, que se esta destruição é necessária "não só sob o ponto de vista da ordem social e da segurança, como sob o ponto de vista da hygiene geral da cidade sem falar da esthetica", ela não é suficiente, pois as mesmas causas correm o risco de produzir os mesmos efeitos, e teme que se os moradores das favelas "fossem simplesmente ex-

---

[53] Segundo Bruant (1994), Agache pertence à linhagem de Fréderic Le Play, e era membro da *Section d'hygiène urbaine do Musée Social*. Era ligado a Demolins, criador da *École des Roches*, e foi também membro da Sociedade Internacional de Ciências Sociais. Além de ter publicado também em *Les Études Sociales*.

pulsos, se installariam alhures nas mesmas condições" (Agache, 1930:190). Assim propõe, em seu Plano de Extensão, Renovação e Embelezamento, que sejam construídas moradias adaptadas à população:

> "A medida que as villas-jardins operarias serão edificadas em obediência aos dados do plano regulador, será conveniente reservar um certo numero de habitações simples e econômicas, porém hygienicas e praticas, para a transferência dos habitantes da favella, primeira etapa de uma educação que os ha de preparar a uma vida mais confortável e mais normal" (Agache, 1930:190).

Todavia, ainda que Agache retome as propostas de solução já apresentadas por reformadores urbanos brasileiros como Backheuser[54] ou Mattos Pimenta, ele também inova através do seu olhar sociológico dirigido às causas da formação das favelas, e ao desenvolvimento de laços sociais e atividades econômicas nos referidos bairros. Na verdade, esse aporte foi pouco valorizado, como de resto todo o conjunto dos projetos de Agache que, de fato, oficialmente aprovados, foram postos de lado, em virtude das mudanças trazidas pela Revolução de 1930.

A favela: um problema a ser administrado e controlado

A Revolução de 1930, que levou à ditadura de Getúlio Vargas, abriu, de fato, uma nova etapa nas representações das classes populares e, por isso mesmo, das favelas.

Essa revolução, cuja ponta de lança foram os tenentes do Exército brasileiro, saídos das camadas médias urbanas, levou a um novo período da República, francamente oposto à "República Velha", expressão que a partir de então passou a designar os 40 anos anteriores, dominados por oligarquias rurais defensoras dos interesses de uma elite agrária exportadora. Contra a orientação político-cultural pró-européia dessas elites, a Revolução de 1930 e os anos seguintes de Vargas instauraram um clima de forte nacionalismo, voltado para a construção e valorização da identidade nacional brasileira, tornando simbolicamente ameaçador tudo que fosse estrangeiro.

Muitos pesquisadores brasileiros escreveram sobre Vargas, personagem controvertido que sempre suscitou debates no Brasil quanto ao seu legado.[55] Retrocesso ou renovação? Reforço da tradição oligárquica ou ruptura com o passado? Continuidade ou mudança com uma abertura para os interesses da nova ordem urbana industrial?

Os anos de Vargas se dividem em três subperíodos. Entre 1930 e 1934, ele foi o líder da Revolução de 1930, de bandeira reformista. De 1934 até 1937, eleito pelo voto indireto, foi Presidente da República de um governo constitucional. "Nesse momento vem à tona a figura do chefe de um governo comprometido com um projeto liberal-de-

---

[54] Backheuser é um dos primeiros a apresentar propostas específicas para construção de moradias populares explicitamente inspiradas no pensamento reformador europeu. Em seu relatório fala inclusive das "villas" construídas no Rio de Janeiro desde 1890 pelo Sr. Arthur Sauer, incorporador da Companhia de Saneamento que, no entanto, só beneficiaram 5.102 indivíduos dos 61.060 previstos (Backheuser, 1906:89).

[55] Uma síntese desses debates pode ser encontrada em Oliveira (1978) e Diniz (1999).

mocrático, respaldado pela Constituição de 1934 que, apesar de conter um capítulo de teor claramente intervencionista sobre a ordem econômica e social, consagrava os princípios liberais embutidos no movimento de 1930" (Diniz, 1999:23). E, a partir de 1937, após um golpe de Estado em que põe fim à experiência democrática de 1934-1937, instalou-se no poder pela via autoritária até 1945, período de ditadura conhecido como Estado Novo.

Conforme já foi demonstrado por inúmeros autores, a República de Getúlio Vargas reforçou a capacidade de intervenção do Estado central e perseguiu os comunistas, bem como quaisquer outros oponentes ao seu regime. Era, no entanto, uma ditadura de tipo populista, que reconheceu e protegeu os trabalhadores através de leis reguladoras das relações salariais, modernizou o sistema educativo e desenvolveu a proteção social, a ponto de Getúlio ser considerado o "pai" das leis sociais no Brasil. Segundo Gomes (1999:62), ele apresentava uma imagem de guia e "pai dos pobres": seu projeto era transformar o Brasil em um lar imenso, e o Estado em Estado-Previdência.

O regime de Vargas retomou a temática higienista que atribuía a propagação de inúmeras doenças às más condições sanitárias das moradias populares. Getúlio Vargas afirmava que a propriedade de sua moradia e uma alimentação adequada eram legítimas aspirações dos trabalhadores. Para ele, a família constituía a célula política de base e a questão da moradia uma questão maior (Gomes, 1999:62-63).[56]

A evolução da política municipal do Rio de Janeiro, durante o período seguinte à Revolução de 1930, foi estudada particularmente por Conniff (1981).[57] Nos anos 1931-1936, Getúlio Vargas nomeou para prefeito da cidade o médico Pedro Ernesto, logo reconhecido como "o médico dos pobres". Na origem do clientelismo político desenvolvido nas favelas a partir dessa época (Conniff, 1981), a política de Pedro Ernesto voltou-se prioritariamente para a construção de hospitais e escolas. Sua abordagem da questão social era bastante semelhante àquela dos reformadores progressistas do início do século XX nos Estados Unidos: a ajuda aos pobres deveria constituir uma responsabilidade pública com o intuito de reduzir o estigma da inferioridade e da dependência que freqüentemente caracterizam o assistencialismo (Conniff, 1981:123).

A influência e a ação de Pedro Ernesto com respeito aos moradores das favelas foram particularmente importantes. Ele inaugurou um novo tipo de relação com os favelados.[58]

---

[56] Segundo Gomes "o regime assumia que muitas doenças em nossas cidades se propagavam pelas más condições de higiene das moradias populares, o que tornava o trabalhador revoltado e 'preguiçoso'" (Gomes, 1999:62).

[57] Mais recentemente, Pedro Ernesto vem sendo estudado por historiadores cariocas. Ver Sarmento (2001).

[58] Conniff (1981:101-102) menciona o Padre Olympio de Melo como um dos principais assessores de Pedro Ernesto, peça-chave na política clientelista desenvolvida pelo prefeito. Segundo o autor, a figura do padre era bastante popular nos subúrbios cariocas durante os anos 1930. E foi também tesoureiro do PADF (Partido Autonomista do Distrito Federal), criado por Pedro Ernesto.

Figura 6

Caricatura ilustrando o clientelismo político em vigor nos anos 1930

Fonte: Acervo Eduardo Augusto de Brito e Cunha. *Careta*, n. 1.527, set. 1937.

Pedro Ernesto manteve inúmeros contatos com os habitantes das favelas entre 1932 e 1934, intervindo como mediador nos conflitos sobre a propriedade do solo, distribuindo as primeiras subvenções públicas às escolas de samba para o Carnaval e, em alguns casos, decidindo sobre a instalação de serviços públicos. Em 1934, por exemplo, organizou uma manifestação oficial na Favela da Mangueira para anunciar a abertura de uma escola pública. Ato que demonstra uma dimensão política bem particular, o desenvolvimento de laços clientelistas, na medida em que troca votos por favores. Pedro Ernesto contava mais de 100 afilhados nas favelas do Rio e, por ocasião de sua morte, em 1942, o enterro foi acompanhado por uma considerável multidão, com moradores de favelas e membros de escolas de samba caminhando ao lado das limusines do cortejo, exibindo inúmeras mensagens em homenagem ao antigo prefeito (Conniff, 1981:107, 163).

Apesar de Pedro Ernesto ter sido afastado em 1936 — por temor de Vargas à crescente popularidade do prefeito —, a sua ação estava perfeitamente enquadrada na política populista do regime e continuou a ser desenvolvida depois dele. A perspectiva higienista que havia acompanhado os discursos anteriores permanece, mas com uma nova inflexão: o reconhecimento, de fato, da existência das favelas e da necessidade de melhorar as condições de vida dos favelados, contrariando a solução única de sua destruição anteriormente proposta.

Esse reconhecimento se concretizou, de maneira mais geral, através da aprovação em 1937 do Código de Obras, pela Prefeitura do Rio de Janeiro — dirigida então pelo Prefeito e Padre Olympio de Melo, também nomeado por Getúlio Vargas. Código que sucedia a três textos anteriores de 1924, 1926 e 1937 (Prefeitura da Cidade do Rio de Janeiro, 1977:85-86; Godoy, 1943:320-321; Silva, 1996:399-400).[59]

O novo texto desse Código de Obras, que permaneceu em vigor até 1970, foi elaborado, assim como os precedentes, por uma comissão técnica de engenheiros municipais e fazia parte dos esforços, não muito bem-sucedidos, para uma organização racional da cidade. O que se pretendia era atribuir à cidade os meios necessários para dar respostas aos novos problemas colocados pelo crescimento urbano, ressaltando especialmente: o início da verticalização, com a construção de imóveis mais altos em concreto armado; e a questão dos bairros insalubres. Sobre este último ponto o texto inova, entre outros aspectos, pela atenção explícita atribuída ao fenômeno das favelas.

O Código de Obras de 1937 introduz em seu capítulo XV "Extinção das Habitações Anti-Higiênicas", uma parte intitulada "Favelas" (p. 107),[60] da qual podemos citar em especial o artigo 349:

"Art. 349 — A formação de favelas, isto é, de conglomerados de dois ou mais casebres regularmente dispostos ou em desordem, construídos com materiais improvisados e em desacôrdo com as disposições dêste decreto, não será absolutamente permitida."

— "1º Nas favelas existentes é absolutamente proibido levantar ou construir novos casebres, executar qualquer obra nos que existem ou fazer qualquer construção."

— "2º A Prefeitura providenciará por intermédio das Delegacias Fiscais, da Diretoria de Engenharia e por todos os meios ao seu alcance para impedir a formação de novas fa-

---

[59] O texto de 1926 foi também retomado, com algumas modificações, no Plano Agache (Godoy, 1943:321).
[60] Os números de página se referem à quarta edição desse código de 1937, datado de 1964 e publicado sob a direção de A. C. Brandão.

velas ou para a ampliação e execução de qualquer obra nas existentes, mandando proceder sumàriamente à demolição dos novos casebres, daqueles em que fôr realizada qualquer obra e de qualquer construção que seja feita nas favelas."

— "7º Quando a Prefeitura verificar que existe exploração de favela pela cobrança de aluguel de casebres ou pelo arrendamento ou aluguel do solo, as multas serão aplicadas em dôbro" (...)

— "8º A construção ou armação de casebres destinados a habitação, nos terrenos, pátios ou quintais dos prédios, fica sujeita às disposições dêste artigo."

— "9º A Prefeitura providenciará como estabelece o Título IV do capítulo XIV dêste decreto para a extinção das favelas e a formação, para substituí-las, de núcleos de habitação de tipo mínimo."

Logo de início, percebemos uma continuidade entre as disposições desse texto e as orientações anteriores de Mattos Pimenta e Agache: o código preconiza a eliminação das favelas e sua substituição por novos alojamentos de acordo com as normas de salubridade. Mas o texto é ambíguo, pois antes de preconizar a sua eliminação, ele propõe interditar a expansão das favelas, o que significa uma possibilidade de mantê-las.[61] É possível interpretar essa ambiguidade observando que: o parágrafo 9º associa eliminação e transferência dos moradores; e os parágrafos precedentes visam controlar as favelas já existentes enquanto novos conjuntos de moradias não puderem ser construídos.

Fica, assim, reconhecida a existência das favelas pelo código, e o detalhe de suas disposições revela um grande conhecimento desse universo:

a) nesta primeira definição oficial, bastavam dois casebres para formar uma favela (mais adiante, a definição dos censos irá considerar um mínimo de 50); o conglomerado poderia ou não ter uma disposição ordenada; a construção era precária; e o tipo de aglomeração desenvolvido fora da lei ("em desacordo com as disposições desse decreto");

b) as favelas existentes crescem por extensão — construção de novas casas — ou por densificação — ampliação das construções existentes;

c) as favelas já funcionam em parte como mercados imobiliários: o volume dos aluguéis recebidos é importante o suficiente para chamar a atenção, e tanto se referem ao aluguel da construção quanto ao aluguel do solo;

d) a favela não surge apenas da invasão de terrenos vazios: ocorrem também processos de "favelização" em zonas construídas, através da ocupação de interstícios, pátios, quintais ou jardins pertencentes a imóveis já existentes.

Apesar de suas ambiguidades, o Código de Obras de 1937 parece ter inaugurado juridicamente, assim como Pedro Ernesto havia inaugurado politicamente um novo período, em que pouco a pouco se impõe a necessidade de administrar a favela e seus habitantes.

---

[61] O trabalho pioneiro de Conn (1968) corresponde à mais completa discussão do Código de Obras de 1937 e dos direitos de posse dos favelados. No entanto, não é conhecida a discussão entre os engenheiros que teria resultado no referido código.

Com a preocupação de administrar[62] vem a preocupação de conhecer. Conforme foi indicado anteriormente, já podemos notar o esboço de uma abordagem sociológica da população favelada nas observações de Agache. Mas apenas nos anos 1940 é que a preocupação de conhecer melhor esse território e sua população será concretizada.

Figura 7

O Código de Obras de 1937 quer fazer do Rio a "cidade maravilhosa"

Fonte: Acervo Eduardo Augusto de Brito e Cunha. *Careta*, n. 1.573, ago. 1938.

---

[62] Leeds & Leeds (1978:191-192) afirmam que o próprio código pode ser lido como a primeira política formal de governo relativa à favela, com medidas puramente administrativas.

Conhecer para melhor administrar e controlar a favela e seus habitantes

Para garantir uma boa administração e um controle eficaz é necessário classificar, medir e quantificar o objeto em questão. É bom lembrar que a invenção das estatísticas nos países europeus ocorreu no século XVIII, para orientar melhor a ação do Estado. Na Inglaterra e na França, as estatísticas só experimentaram um grande desenvolvimento a partir do século XIX. Leclerc (1979) e Desrosières (1993) ainda ressaltam: a importância dos dados para a força dos argumentos no debate sobre a reforma social no século XIX; e o papel da estatística como instrumento de poder.

No Brasil as estatísticas oficiais também aparecem no século XIX, tendo sido realizado o primeiro censo nacional em 1872. No que se refere às favelas do Rio de Janeiro, no início dos anos 1940, já se começa a pensar na importância de ultrapassar uma visão impressionista para adquirir um saber que permita caracterizar com precisão os indivíduos e suas famílias, assim como as suas condições de moradia, classificando os diferentes tipos de problemas e situações. As estimativas da população favelada de que se dispunha na época[63] deveriam ser substituídas por cifras exatas. Em 1941, durante o 1º Congresso Brasileiro de Urbanismo, foi solicitado "um estudo completo das Favelas através do qual possamos conhecer os aspectos gerais e particulares do problema" (Mariano Filho et al., 1941:252).

Os autores desse documento, novamente membros do Rotary Club do Rio — o médico Mariano Filho, o engenheiro Alberto Pires Amarante e o arquiteto Américo Campelo — estabeleceram a lista das informações, segundo eles, necessárias a uma ação eficaz:

▼ número exato de habitações que compõem cada núcleo;

▼ caráter da formação e sua densidade;

▼ número de habitantes;

▼ caráter específico das habitações;

▼ caracterização urbanística das terras ocupadas;

▼ número de habitantes, ocupação dos homens e das mulheres;

▼ número de crianças em idade escolar;

▼ condições sanitárias gerais;

▼ extensão da área ocupada;

▼ dossiê fotográfico;

▼ possibilidade de urbanização de cada núcleo;

▼ nome do proprietário das terras ocupadas.

---

[63] Agache (1930:190) estimou em 200 mil almas os habitantes das favelas do Rio duplicando a estimativa feita por Mattos Pimenta "de mais de 100.000 pessoas" (*O Globo*, 15 set. 1927, "Pela belleza e hygiene da nossa cidade. Façam-se casas baratas ao alcance da bolsa da gente pobre").

Dentro dessa perspectiva é que foram realizados os primeiros estudos mais sistemáticos sobre as favelas do Rio de Janeiro: o relatório do médico Victor Tavares de Moura, publicado em 1943 com o título de *Favelas do Distrito Federal*; e o trabalho de final de curso de assistente social realizado por Maria Hortência do Nascimento e Silva, publicado em 1942 com o título *Impressões de uma assistente sobre o trabalho na favela*. Esses dois textos marcam claramente o início de um novo período, que reconhece a necessidade de dados concretos para uma gestão mais eficaz da pobreza e de seus espaços. O primeiro estudo serviria inclusive de base para a ação do Prefeito Henrique Dodsworth e para a política dos parques proletários no Estado Novo de Vargas em 1941-1943.

O "Esboço de um plano para estudo e solução do problema das favelas do Rio de Janeiro" (1940)[64] foi um trabalho preliminar realizado a pedido do Secretário-Geral de Saúde e Assistência do Rio de Janeiro, Dr. Jesuíno Carlos de Albuquerque ao Dr. Victor Tavares de Moura. Médico residente no Rio,[65] natural do Estado de Pernambuco e cunhado do Governador/Interventor Agamenon Magalhães, que havia organizado uma "Liga social contra o mucambo" (Pandolfi, 1984; Melo, 1985; Lira, 1998), e nomeado em 1937 por Getúlio Vargas. O mocambo[66] é o equivalente no Recife ao casebre da favela carioca. Essa liga, da qual Victor Tavares de Moura havia participado diretamente, foi a sua fonte de inspiração (Moura, 1940:1). No caso do Recife havia sido constituída uma Comissão de Recenseamento dos Mucambos (Lira, 1998:94), da qual Victor Tavares de Moura cita os resultados: 45.581 mocambos abrigavam 164.837 pessoas de todas as idades. Em seu texto, ele ressalta a necessidade da colaboração de um estatístico (Moura, 1940:7) e recomenda proceder a um recenseamento detalhado das favelas, segundo ele condição indispensável para a definição das ações públicas:

> "Da minúcia e do critério com que for preenchida a ficha do censo, dependerá em grande parte o êxito da campanha, pois somente com informações reais e pormenorizadas, é que se pode escolher o caminho a seguir para a solução de um problema, cuja complexidade não necessito de ressaltar" (Moura, 1940:8).

Para esse recenseamento, chegou a propor um modelo de ficha com vários tipos de informação a serem coletadas: bairro, nome da favela, rua e número; nome e endereço dos proprietários do terreno, por um lado, e do barracão por outro; características físicas da moradia (materiais, número de cômodos, superfície, estado geral); estatuto de ocupação, valor do bem, montante eventual do aluguel da moradia e do terreno; tipo de uso, se residencial, comercial, escolar, de lazer ou misto (o que já demonstra a existência de um certo nível de equipamento nas favelas); lugar de nascimento; ocupação, estatuto, lugar de

---

[64] Documento datilografado e não publicado faz parte do arquivo doado por Maria Coeli de Moura, disponível à consulta pública no Departamento de Arquivo e Documentação da Casa de Oswaldo Cruz/Fiocruz. Projeto IUPERJ/Casa de Oswaldo Cruz, coordenado por Licia do Prado Valladares. Vale assinalar que o Dr. Victor Tavares de Moura também havia adotado a partir de 1940 a simplificação ortográfica já vigente em Portugal.

[65] Sua primeira atuação na administração pública do então Distrito Federal foi como chefe do Albergue da Boa Vontade, em 1937. Sobre este albergue e a atuação de Victor Tavares de Moura, ver Medeiros (2002).

[66] Esta é a ortografia moderna. A anterior era "mucambo".

trabalho e renda do chefe de família e dos outros membros ativos da família; desocupados segundo o setor de atividade; inválidos; nível de educação; número, idade, sexo e escolaridade das crianças.[67]

Observamos que os argumentos apresentados por ele para justificar as informações a serem recolhidas revelam um conhecimento detalhado da formação das favelas, fazendo distinção entre as favelas constituídas por invasão ilegal de terrenos públicos e as favelas estimuladas pelos próprios proprietários da terra que ali obtinham lucros importantes evitando, ao mesmo tempo, o pagamento de impostos (Moura, 1940:3). Victor Tavares de Moura dá o exemplo do Morro da Favella, onde os barracões por um lado se estendiam sobre um terreno municipal, e pelo outro sobre um terreno particular, lembrando que esta parte é menos povoada, pois "todo morador paga o aluguel do chão ou do barracão, e se assim não o fizer, será despejado, quasi sempre com violência" (Moura, 1940:10).

Essas propostas foram aplicadas pela Comissão de Estudo do Problema das Favelas, cuja criação havia sido recomendada por Victor Tavares de Moura e na qual ele tinha a responsabilidade de dirigir as pesquisas de campo (Parisse, 1969a:65). Quatorze favelas foram estudadas segundo o seu método. O relatório que apresenta esses resultados nunca foi publicado sob forma de documento, mas teve uma considerável repercussão na imprensa do Rio (Parisse, 1969a:68-69), sobretudo nos jornais favoráveis ao governo Vargas. Segundo Leeds & Leeds (1978:192-194), o relatório evidenciava, pela primeira vez, a complexidade da favela. Victor Tavares de Moura ressalta a diversidade entre as mesmas, e as situações descritas desmistificam a visão corrente àquela época, das favelas como lugar de criminalidade, marginalidade e desorganização social (Leeds & Leeds, 1978:193).

A monografia de final de curso da assistente social Maria Hortência do Nascimento e Silva também representa outro marco importante desses primórdios da investigação em favelas (Silva, 1942). Até o governo Vargas, a ajuda social aos pobres tinha um caráter quase exclusivamente privado e religioso, e era organizada segundo práticas e instituições que remontavam ao Brasil colonial.[68] Durante os anos 1930, pela primeira vez, a Prefeitura do Rio de Janeiro começou a empregar assistentes sociais. Para a formação dessas profissionais foi criado, em 1937, o Instituto Social, atual Departamento de Serviço Social da Universidade Católica do Rio de Janeiro (PUC-Rio).

Após jornalistas, engenheiros, médicos e urbanistas, as assistentes sociais aparecem, então, como um novo tipo de ator importante na história do conhecimento das favelas. Mais uma vez se faz notar a influência européia e, malgrado a orientação nacionalista do governo Vargas quanto ao serviço social, o Brasil segue o exemplo do velho continente. Duas religiosas, uma francesa e uma italiana,[69] estão na origem da criação do Instituto Social do Rio, tornando-se uma delas diretora-chefe desse instituto. De fato foram as

---

[67] A ficha a ser aplicada pelo Serviço Censitário/Comissão de Estudo do Problema das Favelas/ Prefeitura do Distrito Federal, datada de 1941, encontra-se disponível no Departamento de Arquivo e Documentação da Casa de Oswaldo Cruz/Fiocruz.

[68] Moncorvo Filho (1926) e Russel-Wood (1981) oferecem um panorama geral da assistência à infância pobre durante a época colonial e o século XIX. Irma Rizzini (1993) e Irene Rizzini (1997) retomam o tema da assistência à infância no Brasil dentro de uma perspectiva histórica. Landim (1993) analisa a filantropia no Brasil.

[69] Fanny du Restu e Jacinta Pietromachi, da Congregação do Coração de Maria, chegaram a ser recebidas pelo ministro da Educação e da Saúde, e pelo próprio Getúlio Vargas (Lima, 1987:54-55).

escolas de serviço social francesas e belgas que serviram de modelo à nova instituição brasileira (Lima, 1987:54-58).

No entanto a orientação populista e clientelista da ação pública, já existente durante o período de Pedro Ernesto na Prefeitura do Distrito Federal, e continuada após a sua gestão, foi também seguida no trabalho das assistentes sociais. Colaboradoras de funcionários municipais, estas assistentes participaram de uma gestão da pobreza que misturava uma certa proteção social ao controle dos pobres.

Já naquela época, as favelas parecem ter sido campos privilegiados no contexto dessa nova ação social. As assistentes sociais reconheciam a importância de conhecer devidamente a população para realizar um trabalho eficaz. Foi no Largo da Memória, favela do bairro do Leblon, que Maria Hortência do Nascimento e Silva desenvolveu sua pesquisa, e constatou os esforços realizados pelo Serviço Social:

> "A primeira vez que o Serviço Social tentou resolver o problema do Largo da Memória foi em outubro de 1940. A Assistente Social da Prefeitura, formada pelo Instituto Social, D. Maria Luiza de Fontes Ferreira, que muito se interessava pela questão das favelas, pensou aí construir um Centro Social que se instalaria num barraco, bem ao alcance dos favelados. Para basear seu plano em dados concretos, realizou um minucioso recenseamento dos habitantes do Largo da Memória auxiliada por funcionários da Prefeitura" (Silva, 1942:43).

Neste Centro Social, Maria Hortência do Nascimento e Silva realizou o estágio que resultou em monografia de final de curso.[70] Trabalho que pode ser considerado como o primeiro estudo de caso em favela, apesar de não seguir as regras mais tarde estabelecidas por sociólogos e antropólogos. Como trabalho de conclusão de curso o texto surpreende, constituindo, ainda hoje, uma importante fonte para a reconstituição da história da pesquisa sobre a favela.[71]

Filha de família rica, Maria Hortência, formada pela melhor escola religiosa feminina do Rio nos anos 1930, o Colégio Sion, mantido por religiosas francesas e no qual se falava francês, seguiu uma das raras trajetórias profissionais possíveis para uma jovem do seu meio àquela época. Contrariamente aos outros observadores, que apenas visitavam ocasionalmente as favelas, ela se deslocava, diariamente, de bonde, para o Largo da Memória, onde realizava o seu trabalho.[72] A favela do Largo da Memória, situada em um terreno plano da Zona Sul do Rio, era de fácil acesso pelo transporte comum. Maria Hortência apresenta uma descrição detalhada (Silva, 1942:19-41) dessa favela, incluindo: planos dos diversos tipos de barracos; apresentação da vida cotidiana de seus habitantes; e casos atípicos, denominados "tipos curiosos", com base em relatos dos moradores. Essas informações são completadas através de dados estatísticos fornecidos pe-

---

[70] Medeiros (2002:99) lembra que outras assistentes sociais, durante os anos 1950 e 1960, discutiram em suas monografias de conclusão de curso a função de visitadoras sociais, assim como os serviços sociais implantados pela prefeitura ou pela Fundação Leão XIII nos parques e favelas.

[71] Vários autores se referem a esse trabalho, entre os quais Parisse (1969a), Leeds & Leeds (1978) e Valla (1986), mas a monografia da assistente social ainda não recebeu a merecida e detalhada análise que lhe é devida.

[72] Entrevista com Maria Hortência do Nascimento e Silva em 1998, pouco antes de sua morte.

la prefeitura referentes a uma população total de 1.619 pessoas. Tabelas simples mostram a repartição da população total por sexo, cor da pele, estado civil, condições de trabalho, nacionalidade, Estado de origem, idade, data de entrada da família na favela, salário mensal e profissões, tendo sido encontradas e listadas nada menos de 36 profissões, desde alfaiate até vigia.[73]

Figura 8

Favela Largo da Memória, RJ

Fonte: Arquivo da Cidade. VT/MS/19390207.

O texto ainda fornece: a primeira lista das principais favelas do então Distrito Federal, em número de 36 (Silva, 1942:16-17); um esboço de sua tipologia — favelas de morros, favelas de terrenos planos; favelas estabelecidas, favelas recentes; favelas em terrenos municipais e favelas em terrenos particulares (Silva, 1942:9-14); além de uma categorização do estado dos barracos em "bom, ruim e muito ruim" (Silva, 1942:23-27).

---

[73] Muito embora Silva (1942) cite apenas a prefeitura como fonte, esses dados estatísticos certamente provêm da pesquisa realizada por Victor Tavares de Moura.

O livro também apresenta as atividades do Serviço Social no Largo da Memória, permitindo compreender melhor o conteúdo do trabalho social realizado naquela época. Em relação à técnica utilizada (dossiês, fichas com as visitas feitas às famílias, diagnóstico do caso e propostas de solução), observamos uma grande semelhança com o método de trabalho das assistentes sociais européias (Barret-Ducrocq, 1991; Guerrant e Rupp, 1978). Já quanto às soluções aplicadas, percebemos o peso das orientações clientelistas, marcado pela freqüência das cartas de recomendação para empregos, médicos, hospitais, escolas e internatos, serviços a que os pobres dificilmente teriam acesso sem tal recomendação.

É importante ressaltar que a monografia de Maria Hortência do Nascimento e Silva, mesmo tendo constituído um avanço para o conhecimento detalhado da realidade social das favelas do Rio, e do caso estudado, é bastante marcada por uma visão moral. Além disto, apesar das observações e do trabalho de coleta de dados, o seu discurso também aparece fortemente estruturado pelas representações da pobreza vigentes no início do século (Valladares, 1991). Sem dúvida alguma, tanto em virtude de sua formação como assistente social, quanto de sua pertença às classes superiores. A descrição que segue está bem próxima dos discursos de Mattos Pimenta:

> "No Rio, cidade de coloridos e galas exuberantes, a luz forte que ressalta a graça inconfundível de uma natureza inigualável, faz da favela um grito ainda mais dissonante, que se destaca na afinação maravilhosa de tanta riqueza e tanta graça.
>
> Talvez seja por isso que nossas favelas pareçam mais miseráveis e sórdidas do que todas as outras.
>
> É uma pobreza tremenda que se abriga naqueles barracos remendados, um abandono assustador que confrange o coração dos que penetram nesse mundo à parte, onde vivem os renegados da sorte" (Silva, 1942:7-8).

Os juízos de valor e os preconceitos quanto a pobres e negros freqüentemente associados às favelas, aparecem com maior evidência ainda quando ela discute, no capítulo III, o problema da favela que "urge por uma solução definitiva" (Silva, 1942:61). E fica fácil perceber a orientação racista, quem sabe até eugenista do discurso,[74] que apesar de reconhecer as conseqüências da escravidão, abolida no Brasil apenas em 1888, atribui sua responsabilidade às próprias vítimas.

> "Filho de uma raça castigada, o nosso negro, malandro de hoje, traz sobre os ombros uma herança mórbida por demais pesada para que a sacuda sem auxílio, vivendo no mesmo ambiente de miséria e privações; não é sua culpa, se antes dele os seus padeceram na senzala, e curaram suas moléstias com rezas e 'mandingas'". [...]
>
> "É de espantar, portanto, que prefira sentar-se na soleira da porta, cantando, ou cismando, em vez de ter energia para vencer a inércia que o prende, a indolência que o domina, e resolutamente pôr-se a trabalhar?

---

[74] Lira (1999) mostrou esse mesmo tipo de orientação eugenista nos discursos sobre os pobres e os mocambos no Recife durante as décadas que sucederam à abolição.

Para que ele o consiga, é preciso, antes de mais nada curá-lo, educá-lo, e, sobretudo, dar-lhe uma casa onde o espere um mínimo de conforto indispensável ao desenvolvimento normal da vida" (Silva, 1942:62-63).

Assim, a prática da assistência social que supunha visitas mais regulares às favelas, contatos mais assíduos e mais íntimos com as famílias, contribuiu para fazer avançar a descoberta da favela durante a longa fase que precedeu às ciências sociais. No entanto, é preciso ressaltar que apesar da coleta de informações ter ocorrido em primeira mão, as interpretações a elas atribuídas foram conservadoras. Resultado do efeito da origem de classe das assistentes sociais da época e da visão de mundo bastante conservadora da Igreja Católica nesse período, ainda essencialmente organizada através do modelo da caridade.

Aliás, é um tanto surpreendente essa aliança das assistentes sociais com o governo populista de Vargas, que mantinha uma outra relação com as categorias populares.[75] Tanto o estudo estatístico de Victor Tavares de Moura, quanto o trabalho de Maria Hortência do Nascimento e Silva serviram à elaboração dos parques proletários do Prefeito Henrique Dodsworth. Essa política, promovida por uma comissão municipal de que Victor Tavares de Moura — diretor do Departamento de Assistência Social da prefeitura — foi o principal incentivador, tornou-se a primeira experiência efetiva da política de construção de moradias populares para os residentes das favelas do Rio (Parisse, 1969a; Leeds & Leeds, 1978; Valla, 1986; Medeiros, 2002).

Os três parques proletários construídos durante o período de 1941-1944 (Gávea, considerado modelo, Caju e Praia do Pinto) realojaram de 7 mil a 8 mil pessoas, efetivo modesto se considerarmos que as estimativas da época contavam cerca de 250 mil a 300 mil os residentes nas favelas do Distrito Federal, e que os objetivos estabelecidos por essa nova política eram muito mais ambiciosos (Parisse, 1969a:76).

Apesar da modéstia de tais realizações, esses parques representaram uma nova etapa na concepção de ação pública com respeito às favelas (Burgos, 1998). Dentro da ótica populista de Vargas, já não era mais aceitável intervir nos espaços urbanos considerados problemáticos sem considerar a sua população. Dentro da nova política, não seria mais sustentável incendiar as zonas urbanas ocupadas irregularmente ou simplesmente expulsar os pobres, conforme foi feito na época da guerra contra os cortiços, durante o mandato municipal de Pereira Passos. O regime de Vargas "assumia que muitas doenças em nossas cidades se propagavam pelas más condições de higiene das moradias populares, o que tornava o trabalhador revoltado e 'preguiçoso'. Assumia também que a casa própria e a alimentação adequada eram aspirações legítimas do trabalhador" (Gomes, 1999:62).

Levantamos aqui a hipótese de considerar que, de alguma forma, a política dos parques proletários dá continuidade a algumas proposições anteriores como as de Mattos Pimenta e Agache, fortemente marcadas por uma postura higienista e estética. É importante lembrar que estes dois últimos personagens haviam ressaltado a importância da luta contra a favela, e que suas propostas de realojamento dos favelados não foram retomadas pelas autoridades de sua época. Com Henrique Dodsworth, já sob a égide do populismo, a perspectiva é outra: a luta contra a favela tinha como primeiro objetivo melhorar a sorte de

---

[75] A história e o papel das assistentes sociais no Brasil ainda não foram abordados por historiadores e sociólogos. Os raros trabalhos publicados são de Lima (1987) e Jamur (1990).

seus habitantes, com a finalidade de obter o apoio popular indispensável à manutenção do regime. Aliás, o nome parques proletários era bastante significativo, ressaltando a valorização do trabalhador, do proletário.

Figura 9

Vista do Parque Proletário Provisório nº 1, Gávea, RJ

Fonte: Arquivo da Cidade. VT/MS/19390207.

Mas essas iniciativas não foram simples operações de realojamento provisório. Não se tratava apenas de retirar as famílias dos espaços insalubres das favelas, fornecendo-lhes novas moradias de acordo com as regras sanitárias. O objetivo era também dar assistência e educar os habitantes para que eles próprios modificassem as suas práticas, adequando-se a um novo modo de vida capaz de garantir sua saúde física e moral. As moradias dos parques proletários eram concebidas como moradias provisórias, um hábitat de transição, para assegurar a integração posterior dos habitantes à vida urbana. Esses parques também compreendiam dispensários, escolas, centros sociais, equipamentos esportivos, creches e um posto de polícia. As assistentes sociais foram mobilizadas para conhecer a população a ser realojada, acompanhando o processo e participando de sua adaptação às novas condições de vida, sob seu estrito controle (Oliveira, 1981:47-50).

Uma política certamente inspirada em políticas européias de alojamentos de transição destinados às populações dos *taudis* franceses (Magri, 1980). Victor Tavares de Moura havia estudado na França e na Alemanha, participado de diversos congressos internacionais e possivelmente tinha conhecimento de tais políticas. A originalidade populista da experiência se manifestava no enquadramento político dos habitantes mobilizados pela sustentação do regime e controlados em suas idas e vindas. Não era à toa que o diretor do Parque Proletário da Gávea fazia um discurso diário para comentar a atualidade e educar politicamente os habitantes (Leeds & Leeds, 1978:195-197).

A necessidade de dados quantitativos pertinentes: os primeiros recenseamentos e os inícios da produção oficial de dados

Um novo tipo de conhecimento sobre a favela emerge ao final dos anos 1940. Tal saber esboçado inicialmente pelo trabalho pioneiro de Victor Tavares de Moura passa, agora, a ser produzido por organismos oficiais e permanentes encarregados da coleta de dados. Dimensões desconhecidas do fenômeno da favela serão reveladas, a partir desse momento ela não será mais vista apenas como um problema de saúde pública, ordem urbana, estética e assistência social. Será constituído um outro saber sobre os seus habitantes quanto a: atividade, trabalho e profissões, origem geográfica, características demográficas etc. Mas essa emergência de uma produção oficial de dados e de análises, com a finalidade de conhecer a amplitude real e a complexidade do fenômeno, não foi realizada sem dificuldades nem adesões tardias das representações anteriores. Houve duas etapas: um primeiro recenseamento em 1948, que se refere apenas às favelas do Distrito Federal, e o Recenseamento Geral de 1950, no qual pela primeira vez as favelas são indicadas como tais.

Muito embora o Brasil tivesse realizado recenseamentos gerais a partir do final do século XIX, o IBGE (Instituto Brasileiro de Geografia e Estatística) tivesse sido criado em 1938[76] e a Prefeitura do Rio, em virtude do seu estatuto de capital federal, também possuísse um Departamento de Geografia e Estatística, não existiam dados precisos sobre o universo tão controvertido das favelas. O levantamento cadastral feito durante os recenseamentos de 1920, assim como os dados da Estatística Predial do Distrito Federal em 1933, só contavam domicílios e comércios para as zonas correspondentes a algumas favelas bem conhecidas, como o Morro da Favela e o Morro do Salgueiro (Guimarães, 1953: 253). Não havia qualquer cifra exata sobre o conjunto das favelas e suas populações, apenas estimativas de caráter alarmista.

A primeira favela já contava 50 anos de existência quando foi tomada a decisão de realizar um recenseamento específico desse tipo de bairro e seus habitantes. Definido como "espaço provisório", o Morro da Providência não apareceu com as suas reais características de favela, nos recenseamentos oficiais de 1920 e 1940. Conforme já foi assinalado, apenas em 1937 o Código de Obras reconheceu oficialmente a favela como um tipo de espaço urbano presente no território do Distrito Federal.

---

[76] O demógrafo italiano Giorgio Mortara foi o principal responsável pela formação dos primeiros quadros técnicos do IBGE. Uma história completa e detalhada do IBGE, no período 1938-1998, encontra-se em Almeida (2002).

Apesar das demandas por um estudo completo e preciso (conforme proposto no 1º Congresso Brasileiro de Urbanismo), essa medida só se concretizou quando os poderes públicos compreenderam a importância, no próprio plano da administração pública, de poder dispor de dados confiáveis sobre essa forma de habitação. Isto é o que observa Alberto Passos Guimarães, então diretor da Divisão Técnica do Serviço Nacional de Recenseamento do IBGE.

> "Sejam quais forem os rumos escolhidos para equacionar os problemas surgidos com a proliferação dos núcleos de favelados, o acêrto das medidas que possam vir a ser postas em prática dependerá do melhor conhecimento das características individuais e sociais dessas populações.
>
> Eis a razão por que o VI Recenseamento Geral do Brasil tomou a iniciativa de apurar, separadamente, os dados do Censo Demográfico referentes às favelas do Distrito Federal, oferecendo assim, a todos os interessados, os elementos básicos sobre aqueles aglomerados humanos" (Guimarães, 1953:256).

Percebemos que os argumentos empregados são praticamente os mesmos de Victor Tavares de Moura em 1940. Mas, se os resultados do relatório de Moura foram amplamente comentados pelos jornais da época, o seu trabalho de pesquisa parece ter sido esquecido, já que Alberto Passos Guimarães, descrevendo as pesquisas anteriores a 1950, não menciona o levantamento realizado por aquele para a prefeitura. Guimarães assinala apenas a pesquisa feita em 1948 pela Fundação Leão XIII[77] em duas favelas, os morros de São Carlos e do Jacarezinho, e o recenseamento de 1949 (Guimarães, 1953:256).

A Prefeitura do Rio, desejosa de "extinguir as favelas ou pelo menos sustar o seu desenvolvimento no Distrito Federal" (Prefeitura do Distrito Federal, 1949:6), adiantou-se ao IBGE, fazendo realizar pelo seu próprio Departamento de Geografia e Estatística, durante o mandato do General Angelo Mendes de Moraes, **o primeiro Recenseamento das Favelas do Rio**.

Iniciado durante as primeiras semanas de 1947, e encerrado nos finais de março de 1948, sua publicação data de 1949. A primeira etapa foi a inclusão das favelas como conjuntos urbanos, o que permitiu identificar 119 delas em um primeiro momento. Mas a própria pesquisa reduziu esse número para 105, contando ali uma população total de 138.837 habitantes, dos quais 68.953 do sexo masculino e 69.884 do sexo feminino. Números muito inferiores às estimativas divulgadas pela imprensa do Rio, entre 400 mil e 600 mil habitantes. A população das favelas dentro da população total da cidade equivalia apenas a 7%. O número de moradias chegava a 34.528, correspondendo a uma média de 4,01 pessoas por unidade.

É bom lembrar que o documento oficial não apresenta uma definição de favela, nem indica exatamente os princípios de identificação utilizados. Sabe-se apenas que a redução do número de favelas de 119 para 105 resultou: por um lado, de serem os próprios habitantes, em alguns casos, os proprietários do solo, dado que exclui essas unidades do recenseamento, e revela um critério de definição; e, por outro lado, "de terem sido comprimidos numa só unidade núcleos dispostos na mesma unidade topográfica com denominações diferentes" (Prefeitura do Distrito Federal, 1949:7).

O texto apresenta tabelas gerais agregadas por distritos, construídas a partir de dados referentes a cada favela. Os dados se referem a:

---

[77] A Fundação Leão XIII foi criada em 1947. Ver capítulo II.

a) moradias de acordo com o seu tipo e número de cômodos; materiais da cobertura do teto, revestimento do chão, tipo de saneamento, iluminação, fornecimento de água; pagamento ou não de aluguel (chão e habitação) e o seu valor;

b) população classificada segundo as características demográficas seguintes: sexo, idade, naturalidade, nível de escolaridade, cor da pele, estado civil, registro ou não de nascimento, atividade profissional, zona de moradia e zona do exercício da profissão, salário declarado.

Os resultados revelam uma imagem da população das favelas bastante diferente das representações até então dominantes. Por exemplo, dois terços dos habitantes das favelas eram originários do próprio Distrito Federal (38%) ou do Estado do Rio de Janeiro (29%), não passando os migrantes chegados do Leste ou do Nordeste de 6%. Ou ainda, os habitantes analfabetos com mais de sete anos correspondiam a 53% dos habitantes, e não a grande maioria, conforme se pensava.

No entanto, o documento oficial em que foram publicados esses resultados, "Censo das Favelas — aspectos gerais" (1949), é deveras surpreendente pelo contraste entre a qualidade e o interesse das informações apresentadas pela primeira vez ao público, e os comentários e interpretações, expressando preconceitos sociais e raciais ainda mais conservadores e passadistas do que aqueles apresentados pela assistente social Maria Hortência do Nascimento e Silva.

Um bom exemplo é o tema da "cor" dos residentes. Em primeiro lugar, aparecem os resultados que mostram o grupo mais numeroso dos mestiços ou pardos, com 36%, em seguida vêm os negros, 35%, e os brancos, 29%. Esses percentuais contrastam com o peso desses mesmos grupos no conjunto do Distrito Federal segundo o recenseamento de 1940: 17%, 11% e 71%, respectivamente. O comentário que segue, longe de explicitar a contribuição desses resultados com respeito aos discursos anteriores, como seria possível esperar, logo descamba para o preconceito racial mais rasteiro:

"Não é de surpreender o fato de os pretos e pardos prevalecerem nas favelas. Hereditariamente atrasados, desprovidos de ambição e mal ajustados às exigências sociais modernas, fornecem em quase todos os nossos núcleos urbanos os maiores contingentes para as baixas camadas da população" (Prefeitura do Distrito Federal, 1949:8).

Da página 10 até o final do texto, p. 19, o que predomina é um discurso moral cheio de clichês e preconceitos contra os pobres, chegando a invocar biologia e raça, com viés eugenista:

"As características e a capacidade biológicas de um povo são transmitidas através de várias gerações e constituem substratum sobre o qual a sua vida é edificada. Na ausência de animais humanos biològicamente sadios, não há riqueza de recursos naturais, nem melhoramento de atividades institucionais que possam assegurar produtividade elevada [...] O preto, por exemplo, via de regra não soube ou não poude aproveitar a liberdade adquirida e a melhoria econômica [...] Renasceu-lhe a preguiça atávica, retornou a estagnação que estiola, fundamentalmente distinta do repouso que revigora, ou então — e como ele todos os indivíduos de necessidades primitivas, sem amor próprio e sem respeito à própria dignidade — priva-se do essencial à manutenção de um nível de vida decente mas investe somas relativamente elevadas em indumentária exótica, na gafieira e nos cordões carnavalescos, gastando tudo, enfim, que lhe sobra da satisfação das estritas necessidades de uma vida no limiar da indigência" (Prefeitura do Distrito Federal, 1949:10-11).

O mesmo discurso de juízo moral pode ser encontrado a propósito da higiene e das condições de vida familiar:

> "As conseqüências desse complexo de condições negativas não se fazem sentir apenas no campo da higiene, o desasseio é agravado pela promiscuidade e esta, reforçando a ação de outros fatores adversos, provoca lamentáveis conseqüências de ordem moral" (Prefeitura do Distrito Federal, 1949:16-17).

O autor, ou autores do documento, munidos agora de dados estatísticos, julgaram-se competentes não só para analisar esses dados, como também para separar os "merecedores" dos "não-merecedores":

> "A elevada proporção de habitantes nas idades economicamente passivas, notadamente as crianças e adolescentes, o baixo nível de renda e de instrução, as péssimas condições higiênicas, o grande número de ligações naturais, apresentam clima propício ao desenvolvimento dos fatores de desintegração da personalidade humana. O número reduzido de famílias legalmente constituídas que consegue manter-se com dignidade em tal convívio é digno de admiração e, por isso, os seus representantes devem constituir os primeiros a merecer amparo em todas as iniciativas que visem a recuperação dos favelados" (Prefeitura do Distrito Federal, 1949:17-18).

Pode parecer surpreendente um documento oficial publicado em 1949, com um discurso tão conservador e arcaico, que contrasta com a glorificação do popular incentivada durante o período Vargas. Mas a verdade é que em 1945 a ditadura de Getúlio já havia sido derrubada. E, conforme foi assinalado, ao realizar esse recenseamento em 1947, o objetivo da Prefeitura do Rio era justificar o retorno a uma política prioritariamente de erradicação para as favelas.

Ressaltamos, ainda, que o prefeito do Rio, cujo nome figura na capa da publicação, era um militar — o General Angelo Mendes de Moraes — e o diretor do Departamento Municipal de Geografia e Estatística era igualmente um militar, o Major Durval de Magalhães Coelho. Também é surpreendente encontrar nesse documento argumentos racistas e eugenistas, quatro anos após o término da Segunda Guerra Mundial e a revelação dos crimes nazistas em nome dessa ideologia. Mas é preciso lembrar que, apesar do regime Vargas ter-se aliado internacionalmente aos países que combatiam o nazismo, nem por isso deixava de alimentar simpatias ideológicas em relação a ele, com a difusão de ideologias fascistas durante os anos 1930, através do Movimento Integralista (Trindade, 1979).

Ainda que a interpretação oficial se aproximasse das representações anteriores, a publicação dos dados do recenseamento das favelas de 1948 não deixou de ter efeitos quanto à produção de novos conhecimentos e, conforme iremos ver adiante, diversos autores puderam utilizá-los com a finalidade de propor novas interpretações.

Uma nova etapa foi alcançada no ano seguinte com o **Recenseamento Geral de 1950**. Realizado pelo IBGE sob os auspícios do governo federal, registra os mesmos dados detalhados para a favela e para o resto da cidade. Pela primeira vez, o Censo Demográfico não só permite conhecer a população das favelas e suas condições de vida, como também comparar a população do Distrito Federal em seu conjunto.

Figura 10

Mapa da favela do Morro do Cantagalo preparado pelo IBGE para uso dos recenseadores

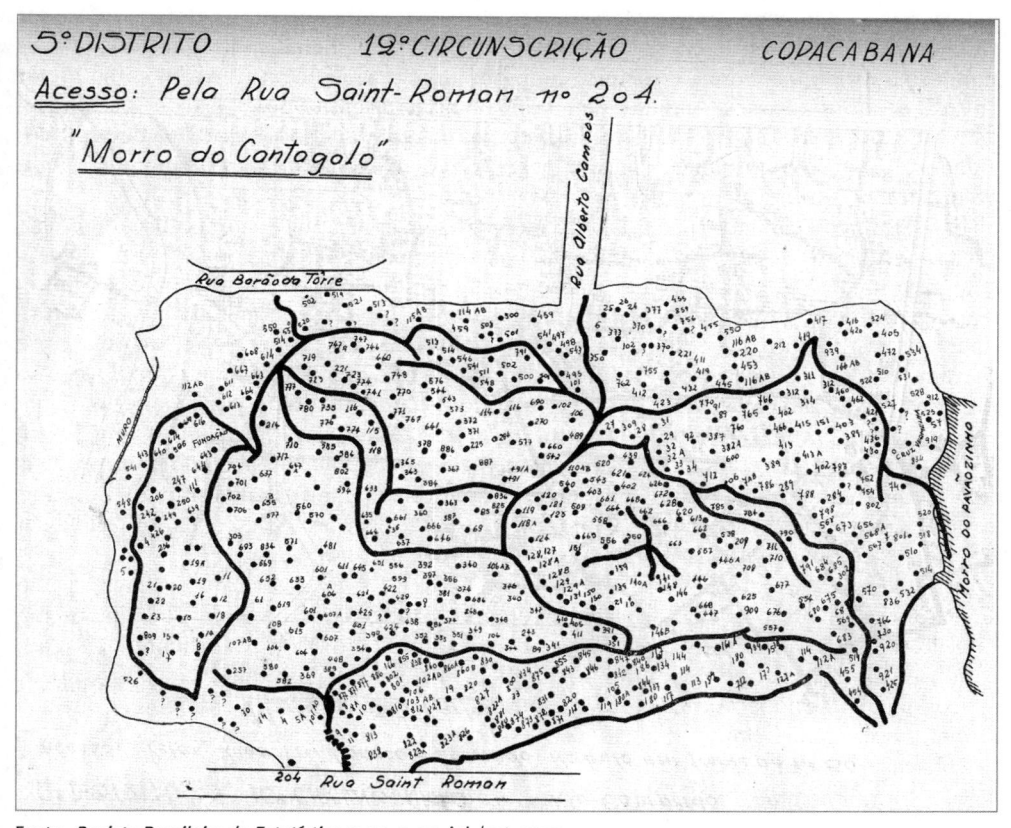

Fonte: *Revista Brasileira de Estatística*, v. 14, n. 55, jul./set. 1953.

Sem nenhuma dúvida, a qualidade dos resultados do recenseamento de 1950 para as favelas do Rio é devida à contribuição de Alberto Passos Guimarães, então diretor da Divisão Técnica do Serviço Nacional de Recenseamento do IBGE. Personagem pouco estudado até aqui,[78] estabeleceu a definição de favela que permitiu esse recenseamento e redigiu o primeiro texto oficial de apresentação dos resultados (Guimarães, 1953). Nascido em 1908 no Estado de Alagoas, e falecido no Rio em 1993 — apesar de não ter realizado

---

[78] As informações reunidas por nós sobre Alberto Passos Guimarães são provenientes de uma entrevista com seu filho, Alberto Passos Guimarães Filho, de uma lista de suas publicações para o IBGE e de entrevista com Luiz Nogueira Barros que, em 2000, trabalhava na preparação de sua biografia.

estudos superiores, pertencia ao grupo de intelectuais alagoanos, entre os quais Aurélio Buarque de Holanda e Manuel Diegues Júnior.[79]

Alberto Passos Guimarães, antes de trabalhar no IBGE, foi responsável pelo Serviço de Estatística da Rede Ferroviária Federal em Maceió. No IBGE foi influenciado e formado pelo demógrafo italiano Giorgio Mortara. Membro do Partido Comunista Brasileiro, Passos Guimarães, além de seu trabalho sobre as favelas do Rio, também ficou conhecido por suas publicações sobre economia e sociologia do mundo agrário no Brasil. Assim como Victor Tavares de Moura, Passos Guimarães era também originário do Nordeste, o que permite levantar a hipótese de terem os seus conhecimentos da realidade social e urbana das grandes cidades do Nordeste influenciado a sua percepção das favelas, através de um olhar comparativo mais sutil.

A primeira característica notável e inovadora da apresentação do recenseamento de 1950 por Alberto Passos Guimarães é a importância da discussão metodológica da própria categoria favela. Ao contrário do recenseamento de 1948, só de favelas, no caso do Recenseamento Geral torna-se necessária uma definição precisa, na medida em que é fundamental distinguir o que é favela daquilo que não é. Sob esse aspecto, o texto do autor é bastante explícito e interessante, na medida em que está apoiado em uma dupla reflexão histórica, a história da formação das favelas e o conhecimento das pesquisas anteriores que as estudaram, exceto o relatório de Victor Tavares de Moura.

Alberto Passos Guimarães indica que a definição de favela tem como ponto de partida "os aglomerados que o consenso público classifica como tal, estejam situados nos morros ou em qualquer outra parte" (Guimarães, 1953:258). Mas esse "consenso" não é suficiente, e a definição precisa supõe a explicitação de seus critérios.

A localização geográfica sobre um morro não é mais um critério exclusivo, pois bem sabemos que diversas favelas se desenvolveram em outros tipos de terreno. O tipo de habitação — barraco, construção precária — não é por si só um critério suficiente, pois o autor observa que esse tipo de moradia é também encontrado em numerosos bairros periféricos que não se poderia considerar em seu conjunto como favelas. Finalmente, a questão da determinação dos limites da favela é ressaltada como um problema metodológico, em muitos casos bastante complicado.

O autor resume o processo de definição dos bairros reconhecidos como favelas através da utilização simultânea dos cinco critérios seguintes, não aplicados às construções individuais, mas a conjuntos de construções, ou aglomerados.

"Desse modo, foram incluídos na conceituação de favelas os aglomerados humanos que possuíssem, total ou parcialmente, as seguintes características:

1. *Proporções mínimas* — Agrupamentos prediais ou residenciais formados com unidades de número geralmente superior a 50;

2. *Tipo de habitação* — Predominância no agrupamento, de casebres ou barracões de aspecto rústico típico, construídos principalmente de folhas de Flandres, chapas zincadas, tábuas ou materiais semelhantes;

---

[79] Diegues Júnior foi discípulo de Gilberto Freyre e, nos anos 1960, tornou-se diretor do Centro Latino-Americano de Pesquisas em Ciências Sociais da UNESCO no Rio de Janeiro. Ver capítulo II.

3. *Condição jurídica da ocupação* — Construções sem licenciamento e sem fiscalização, em terrenos de terceiros ou de propriedade desconhecida;

4. *Melhoramentos públicos* — Ausência no todo ou em parte, de rede sanitária, luz, telefone e água encanada;

5. *Urbanização* — Área não urbanizada, com falta de arruamento, numeração ou emplacamento" (Guimarães, 1953:259).

A aplicação desses critérios levou o Recenseamento Demográfico de 1950 a registrar 58 favelas ao invés das 105 identificadas pela Prefeitura do Distrito Federal dois anos antes. Essa importante diferença não poderia resultar de uma redução real do número de favelas, pois não houve casos conhecidos de transferência ou erradicação dessas aglomerações durante tal período. É possível considerar a hipótese da diferença se referir, sobretudo, ao critério de 50 moradias: em virtude do que as favelas menores do recenseamento anterior não teriam sido consideradas. Isto é confirmado de maneira indireta, em virtude de o número de favelas ter diminuído e aumentado um pouco o de habitantes, passando de 138.837 para 169.305. As favelas menores, não consideradas, com certeza contavam poucos habitantes no total, e aquelas com mais de 50 moradias tiveram a sua população aumentada de fato. É bastante provável, também, que a qualidade do recenseamento feito pelo IBGE tenha sido superior à do Censo das Favelas da Prefeitura, mas faltam informações para confirmar isso. Apesar das diferenças, observamos que a ordem de grandeza permanece a mesma, muito inferior às cifras de 400 mil a 600 mil anunciadas antes.

Uma apresentação mais detalhada dos resultados permitiu, na época, uma compreensão mais fina da diversidade das favelas do Rio, em particular quanto ao seu tamanho e localização na cidade.

A mais simbólica, o Morro da Favella, em 1950 está longe de ser a mais populosa, com apenas 4.567 habitantes, aparecendo em 13º lugar. A maior de todas é, de longe, o Jacarezinho, com 18.424 moradores, seguido pela Mangueira, com 8.949.

A lista das favelas traz a indicação da circunscrição administrativa, permitindo realizar comparações entre as zonas geográficas. As favelas já são encontradas em quase todos os bairros da cidade, e não apenas onde sua presença é mais visível, e mais criticada, ou seja, nos bonitos bairros do Centro e da Zona Sul (Lagoa, Copacabana e Gávea) o que, aliás, já era mostrado pela lista das favelas e pelo mapa[80] que acompanhava a publicação do recenseamento de 1948 (Prefeitura do Distrito Federal, 1949:20). A população favelada tem mais ou menos a mesma importância na Zona Norte (bairros mais populares) e na Zona Sul. No entanto as duas maiores favelas — Jacarezinho e Mangueira — estão na Zona Norte.

Um dado curioso é constatar a presença, na lista de favelas do recenseamento de 1950, do Parque Proletário da Gávea. Concebido como solução provisória para o realojamento dos favelados, oito anos mais tarde essa solução já era considerada um fracasso. O que poderia ter sido uma alternativa tornou-se um equivalente à favela.

Quanto à origem geográfica dos habitantes, os resultados confirmam o censo de 1948, com maiores detalhes. Dois terços deles nasceram no próprio Distrito Federal

---

[80] O Censo de Favelas da Prefeitura traz o primeiro mapa das favelas distribuídas no Distrito Federal de que tenho conhecimento.

(38,6%) ou no Estado do Rio de Janeiro (27,5%). Entre o terço restante, a maioria vem dos Estados vizinhos de Minas Gerais (16,5%) e Espírito Santo (7,1%). Confirmam também que os migrantes originários dos nove Estados do Leste e do Nordeste são minoritários (8,5%). Nessa época não havia estrada asfaltada nem transportes coletivos entre Rio e Salvador, sendo o navio o único meio de transporte para as classes populares.

Uma novidade importante trazida pelo recenseamento de 1950 era o fato de ser este um recenseamento geral, e por isso mesmo permitir, pela primeira vez, uma comparação entre as favelas e o resto da cidade. Alberto Passos Guimarães, em suas análises dos resultados, opera de maneira sistemática essa comparação observando, por exemplo, que 56,5% da população do Distrito Federal eram originários do próprio Distrito Federal, contra 38,6% entre os favelados. Estes correspondem, efetivamente, a um número maior de migrantes do que o resto da população, ainda que sejam originários principalmente de regiões mais próximas.

Quanto à cor da pele, as ordens de grandeza são as mesmas, com resultados um pouco diferentes daqueles encontrados em 1948: 32% de brancos, 29% de mestiços e 38% de negros em 1950, contra 29%, 36% e 35% em 1948. As diferenças não são negligenciáveis, mas podem resultar de diferenças de método quanto ao registro dos dados, na medida em que essa variável é uma das menos explícitas.

Com respeito à atividade dos residentes nas favelas, a comparação entre os dois recenseamentos não pode ser feita. Por um lado, as categorias de atividade econômica consideradas são diferentes nos dois censos, mais detalhadas em 1950. Por outro lado, as categorias utilizadas em 1950 só consideram pessoas com 10 ou mais anos, segundo o critério de definição da população economicamente ativa, enquanto as mesmas categorias de 1948 reúnem o conjunto da população, sem subtrair da PEA os menores de 10 anos.

Guimarães (1953:261) observa que o peso das indústrias de transformação é bem mais importante entre os favelados do que no conjunto da população do Distrito Federal (23% contra 13%), enquanto o peso do setor de serviços está bastante próximo (14% contra 12%).

Isto leva o autor a concluir que o recenseamento aponta nas favelas "uma população ativa, predominantemente trabalhadora, ligada através de ocupações diversas aos principais ramos de atividade econômica desenvolvidos no Distrito Federal" (Guimarães, 1953:261). Desta maneira, são oficialmente questionados os discursos anteriores sobre a preguiça e a ociosidade dos habitantes das favelas, assim como a análise do Censo da Prefeitura de 1948, lembrando que, neste último, a categoria dos inativos era muito mais importante, 65%, ou seja, quase dois terços. Mas essa categoria reunia crianças e mulheres exercendo atividades domésticas não remuneradas, e não apenas os homens adultos inativos.

Guimarães é bem enfático: "não se trata pois de uma população composta de marginais, mas de aglomerados humanos integrados regularmente na vida social" (Guimarães, 1953:261).

O representante do IBGE também observa que essa classificação mais detalhada dos inativos "determinada com maior precisão nos quadros apresentados pelo Censo Demográfico de 1950 do que em qualquer outro levantamento anterior" (Guimarães, 1953:261), permite uma apreensão melhor do fenômeno. De fato, entre a população de 10 e mais anos, encontramos 48.103 pessoas classificadas como "atividades domésticas não remuneradas e atividades escolares discentes", que são ou mulheres do lar, ou crianças escolarizadas, e 11.130 classificados como inativos. O peso destes últimos inativos é apenas um pouco mais elevado nas favelas do que no conjunto da população do Distrito Federal (9%

contra 7%), mas o autor acrescenta que esta diferença é ainda mais significativa porque "nas populações de nível econômico inferior são freqüentes e prematuros os casos de incapacidade parcial e total para o trabalho, seja por invalidez ou por quaisquer outras razões" (Guimarães, 1953:261).

Guimarães também se distingue dos seus predecessores de 1948, que reiteravam o preconceito racista. Em seus comentários sobre a relação entre cor da pele e atividade, ele analisa de forma bem mais sutil a relação entre o estatuto social das categorias raciais e os tipos de atividade. Apoiado nos resultados estabelecidos por Giorgio Mortara a partir do recenseamento de 1940, ele considera não ser surpreendente encontrar entre os favelados, que são grupos de baixa renda, uma elevada proporção de mestiços e de negros, aqueles com o menor acesso aos empregos mais qualificados e mais bem remunerados (Guimarães, 1953:260).

O Recenseamento Geral de 1950 e o texto de Guimarães (1953) correspondem a um marco na história da produção das representações sociais da favela carioca, na medida em que definiram uma categoria geral de favela. Como já dissemos, este recenseamento se diferencia do Censo das Favelas de 1948, não apenas pela precisão e pertinência superiores das categorias utilizadas e dos dados produzidos, mas também pela qualidade de sua interpretação, devida a Guimarães, que explicita a importância e o significado sociológico de tais resultados. Após essa publicação, a imagem pública das favelas do Rio jamais seria a mesma.

Vale ressaltar, no entanto, que o Recenseamento Geral de 1950 teve um impacto para além do caso particular do Rio. De fato, tendo sido as favelas introduzidas no recenseamento nacional foi possível evidenciar a existência de fenômenos semelhantes, sob outras denominações — como os mocambos, já mencionados, do Recife. A existência de lugares comparáveis à favela carioca em outras cidades do Brasil, realidade até então oculta e invisível no plano político, tornou-se visível e mensurável graças a essas novas categorias estatísticas. O texto de Guimarães é explícito:

> "As favelas deixam de ser, por esse e outros motivos, um fenômeno a parte, próprio e exclusivo do Distrito Federal, com características inconfundíveis e essencialmente diversas de quaisquer outros aglomerados das classes pobres. Suas populações representam uma parcela, como tantas que integram a sociedade brasileira" (Guimarães, 1953:254-255).

A introdução de uma categoria relativa a conjuntos de moradias precárias no recenseamento brasileiro — encontrados até hoje sob o título de "aglomerado subnormal" —, a partir do caso do Rio, contribuiu para a generalização do uso da palavra favela que, progressivamente, passou de categoria local a categoria nacional.

Diga-se ainda que o texto de Guimarães, contrariamente aos outros trabalhos aqui examinados, é, antes de tudo, analítico e metodológico. Na verdade, o autor lembra a questão das soluções necessárias para esse problema social e urbanístico:

> "As favelas devem ser urbanizadas ou simplesmente extintas?
>
> A extinção das favelas [...] implicaria a acomodação em zonas distantes de 60.000 famílias, a construção em prazo curto de cerca de 50.000 novas casas para venda ou lo-

cação a preços limitados e exigiria a solução do problema dos transportes, ampliando-se e barateando-se os atuais meios de locomoção.

Urbanizar os morros e favelas em geral não seria, possivelmente, empreendimento menos custoso, embora parecesse mais de acordo com o sentido social e humano da questão. Quem asseguraria, porém, que depois de urbanizados as favelas e os morros neles permanecessem seus atuais moradores?"[81] (Guimarães, 1953:55-256).

Mas sua preocupação principal é afirmar a importância do conhecimento exato do fenômeno para definir políticas verdadeiramente bem adaptadas, mantendo-se discreto quanto à escolha de soluções:

"Sejam quais forem os rumos escolhidos para equacionar os problemas surgidos com a proliferação dos núcleos de favelados, o acerto das medidas que possam vir a ser postas em prática dependerá do melhor conhecimento das características individuais e sociais dessas populações" (Guimarães, 1953:256).

Surge assim um novo posicionamento frente ao trabalho intelectual, que acrescenta uma contribuição legitimada através do esforço do conhecimento científico, postura distinta do político, que tem a responsabilidade de escolher soluções. Essa nova postura merece ser ressaltada na medida em que o final dos anos 1940 e início dos 1950 marcou um intenso debate político quanto ao destino das favelas.

Entre os protagonistas desse debate destaca-se a Igreja Católica, que, para defender as favelas, criou em 1947 a Fundação Leão XIII e lançou em 1955, sob a iniciativa de Dom Helder Câmara, a Cruzada São Sebastião. Nessa mesma época intervêm os movimentos antifavelas cristalizados em torno do jornalista Carlos Lacerda, que, em 1948, inicia a "Batalha do Rio".[82]

Conforme veremos no capítulo II, os dados do recenseamento de 1950 tanto contribuíram para a construção de representações e argumentos da Igreja quanto do jornalista. Mas, ao mesmo tempo, estimularam e alimentaram, através do conhecimento do fenômeno em sua complexidade, a entrada em cena das ciências sociais.

Duas obras publicadas nos anos 1950 retomam e aprofundam sob certos aspectos os resultados do recenseamento. O livro *As favelas do Distrito Federal*, de José Alípio Goulart, publicado em 1957 pelo Ministério da Agricultura, é o primeiro inteiramente dedicado às favelas do Rio. Este autor retoma as análises de Guimarães, através de observações em tom mais jornalístico, sem alterar o sentido dos resultados. Goulart valoriza particularmente os dados que, mais uma vez, questionam a visão existente das favelas quanto à atividade de seus habitantes, origem migratória etc. Sua postura aparece, ao mesmo tempo, menos estritamente científica e mais engajada quanto às soluções. O autor se posiciona, de maneira

---

[81] Observação premonitória, conforme demonstramos ao analisar a política de remoção de favelas dos governos Lacerda, Negrão de Lima e Chagas Freitas, ou seja, o retorno à favela como conseqüência direta das operações governamentais (Valladares, 1978a).
[82] A Batalha do Rio, iniciativa de Carlos Lacerda, foi recentemente estudada por M. L. da Silva (2001, 2003).

explícita, a favor da Fundação Leão XIII — da qual, aliás, publica alguns dados de pesquisas sobre as favelas — e da Cruzada São Sebastião.

A outra obra é o livro do sociólogo Costa Pinto *O negro no Rio de Janeiro*, publicado pela primeira vez em1953. O livro não trata especificamente de favelas, mas, no capítulo intitulado "Ecologia", analisa a repartição dos grupos étnicos na aglomeração urbana do Rio de Janeiro e sob esse aspecto aborda as favelas, apoiando-se nos novos dados sociodemográficos disponíveis.[83] Para melhor compreender a favela do ponto de vista das relações entre raças, Costa Pinto utiliza os indicadores de ocupação profissional e nível de renda, extraídos do recenseamento, além de mostrar a inter-relação entre estratificação social, situação ecológica e condição étnica. Ainda que não cite Passos Guimarães, de quem não poderia ter lido o artigo publicado no mesmo ano de seu livro, nem Giorgio Mortara, em quem aquele se inspirou, as duas conclusões são convergentes.

Primeira produção sociológica que aborda as favelas, apesar de estritamente voltada para as relações de raça, o livro de Costa Pinto, enquanto apresenta os resultados de uma pesquisa dirigida pela UNESCO,[84] também manifesta a postura de um pesquisador em ciências sociais, que procura analisar o fenômeno de maneira rigorosa e não redutora. O autor separa claramente o procedimento cognitivo do procedimento prescritivo, ao contrário das contribuições analisadas anteriormente, nas quais as observações, impressionistas, eram inseparáveis das soluções preconizadas. É bom lembrar que Costa Pinto realizou apenas uma análise dos dados secundários do recenseamento de 1948. A mobilização das ciências sociais para uma observação direta das favelas ainda permanece por fazer, constituindo uma nova fase que estudaremos no próximo capítulo.

---

[83] Como o trabalho de Costa Pinto foi anterior à publicação dos resultados do recenseamento de 1950, ele utiliza os dados do Censo das Favelas de 1948, que, conforme demonstrei, apresentou resultados semelhantes ao recenseamento de 1950, diferindo fundamentalmente quanto às suas respectivas interpretações.

[84] Esta pesquisa foi encomendada pela UNESCO no âmbito de um conjunto de estudos sobre as relações raciais no Brasil durante os anos 1950 (Maio, 1997, 1998).

Capítulo II

A transição para as ciências sociais: valorização da favela e descoberta do trabalho de campo

Introdução

Um novo período da produção de representações e de conhecimentos sobre as favelas se inicia no começo dos anos 1950, estendendo-se até o final dos anos 1960. Seus dois traços característicos principais são: a valorização da favela enquanto comunidade; e a inauguração de um verdadeiro trabalho de pesquisa de campo mobilizando os métodos das ciências sociais. Do ponto de vista da abordagem metodológica, os atores desse período retomam e desenvolvem os achados do final do período anterior, quando os primeiros recenseamentos constituíram as primeiras coletas sistemáticas de dados. Em contrapartida, a visão da favela como elemento da sociedade urbana muda de forma bastante nítida.

Esta mudança aparece ligada a vários fatores políticos e econômicos convergentes. Após a Segunda Guerra Mundial, tanto no Brasil quanto no conjunto da América Latina, a retomada do crescimento econômico acelera o crescimento urbano, e o afluxo dos migrantes rurais para as cidades também intensifica o crescimento das favelas, tornando mais aguda a questão da moradia para as classes populares. Essa retomada ocorre dentro do quadro político do desenvolvimentismo,[85] concepção marcada pelo papel central de um Estado planificador: seja no plano econômico, seja no plano territorial, traduzida pela decisão de construir Brasília, inaugurada em 1960. Ao contrário da política de Vargas, o desenvolvimentismo marca a abertura internacional dentro de um contexto em que as questões de ajuda ao desenvolvimento e o desenvolvimento da cooperação internacional estão submetidos — em virtude da Guerra Fria — às injunções maiores das relações internacionais. Para sair do subdesenvolvimento, as elites brasileiras se voltaram para a cooperação internacional em matéria de ajuda à pobreza e os especialistas estrangeiros tornaram-se bem-vindos para propor soluções inovadoras aos problemas de um Brasil em pleno desenvolvimento.

Mostraremos, então, que, na medida em que as ciências sociais se mobilizaram de maneira explícita, assim o fizeram complementando ou prolongando ações que constituíram intervenções políticas sobre a favela. Especialistas estrangeiros, realizando pesqui-

---

[85] O apogeu deste período corresponde aos anos 1956-1960.

sas de campo ou implementando ações concretas, redescobrem a favela, estabelecendo importantes colaborações com brasileiros. Os mais marcantes foram o sociólogo francês Padre Louis-Joseph Lebret, um dos fundadores do movimento *Économie et Humanisme*, e, para os americanos, os membros do *Peace Corps* (Voluntários da Paz) e o antropólogo Anthony Leeds. Tais atores, por mais diferentes que pudessem ter sido, apresentavam traços em comum: o fato de relacionar pesquisa e intervenção; atuar paralelamente às principais universidades brasileiras; e valorizar fortemente a pesquisa de campo. Assim, ocorreu no Brasil uma original mestiçagem entre a influência francesa e a Escola de Chicago.

Dom Helder, a Igreja Católica e as favelas do Rio

Em 1960, o jornal brasileiro mais importante da época, *O Estado de S. Paulo,*[86] publicou, na forma de dois suplementos especiais, um longo estudo intitulado "Aspectos humanos da favela carioca", realizado pela SAGMACS, reeditado no mesmo ano, em fascículos, pelo diário carioca *A Tribuna da Imprensa*. Conforme atestam numerosas testemunhas, esse texto teve uma enorme importância por seu impacto político-mediático, e exerceu uma considerável influência sobre pesquisadores, sociólogos, antropólogos, arquitetos e geógrafos que, a partir da segunda metade dos anos 1960 e durante os anos 1970, lançaram-se por sua vez à pesquisa de campo nas favelas. Parisse (1969a, 1970), Valladares (1978a), Leeds & Leeds (1978) e Valla (1986) apoiaram-se explicitamente nos aportes desse estudo. Segundo Anthony Leeds, considerado o maior especialista americano em favelas nos anos 1970, "O estudo da SAGMACS é ainda hoje o mais importante e melhor relatório publicado sobre as favelas do Rio" (Leeds & Leeds, 1978:199).[87]

Dois aspectos dessa publicação parecem um tanto ou quanto surpreendentes: por um lado, o fato de um estudo importante sobre as favelas do Rio de Janeiro ter sido publicado e, mais ainda, financiado por um jornal de São Paulo; e, por outro, ser o seu principal inspirador — e primeiro na lista dos membros da equipe de pesquisa — o Padre Louis-Joseph Lebret. Ora, os membros da equipe que realizaram concretamente a pesquisa e redigiram o estudo eram brasileiros, mas o responsável por essa operação, e quem lhe conferiu em grande parte a orientação metodológica, era um dominicano francês cuja intervenção no debate brasileiro sobre a solução para o problema da favela é deveras surprendente. Como explicar que o Padre Lebret tenha sido responsável por essa pesquisa, como explicar que *O Estado de S. Paulo* se tenha lançado nessa aventura inhabitual de publicar um extenso relatório de pesquisa em um jornal?

O ponto de partida de tal iniciativa, no Rio, foi a mobilização da Igreja Católica sobre a questão das favelas que começou a partir dos anos 1940. A Igreja, de fato, já estava presente nestas localidades, quer se tratasse de iniciativas de algumas paróquias ou certos grupos religiosos, ou da Fundação Leão XIII, de que assinalamos brevemente a criação no capítulo anterior. Esta fundação, criada em 1947 através de parceria entre o arcebispado

---

[86] Jornal que enviou Euclides da Cunha, como correspondente de guerra, ao confronto de Canudos em 1897.

[87] Lamentamos que o estudo realizado pela SAGMACS esteja atualmente esquecido pela maior parte dos autores recentes, que só o citam indiretamente, através dos textos de Parisse (1969a, 1970), Leeds & Leeds (1978) ou Valla (1986).

do Rio e a prefeitura, foi bastante controversa desde a sua origem. Criada pela ala conservadora da Igreja e pelas autoridades no mesmo ano em que o Partido Comunista foi considerado ilegal no Brasil, tinha como um de seus argumentos principais não deixar o campo livre para os comunistas.[88] A ameaça comunista parecia ainda mais importante na medida em que, de terceira força política do Distrito Federal durante as eleições presidenciais e da Constituinte de 1945, o Partido Comunista Brasileiro havia chegado à primeira posição nas eleições municipais de 1947, obtendo a maioria das cadeiras do conselho municipal, com uma nítida vantagem sobre o segundo partido, o PTB (Partido Trabalhista Brasileiro), ligado a Getúlio Vargas, então afastado do poder. Resultados que preocuparam fortemente o governo federal e a alta administração local (Parisse, 1969a:88; Pandolfi, 1995:146-147). Algumas fontes e entrevistas com antigos militantes comunistas confirmam a influência crescente do Partido Comunista nas favelas ao final dos anos 1940 e início dos anos 1950. Lima (1989), por exemplo, retoma o testemunho publicado do líder comunista Manoel Gomes[89] (1980), completado através de outras entrevistas e da análise da imprensa da época. Essa autora lembra a influência dos "comitês populares democráticos" criados em diversos bairros do Rio pelos comunistas, com alguns subcomitês em umas tantas favelas, ação que levou ao surgimento em 1952 da Associação dos Favelados do Morro do Borel, e depois à sua ampliação para 12 outras favelas através da criação, em 1954, da União dos Trabalhadores Favelados. Tal associação mobilizou os habitantes contra os vários proprietários dos terrenos, com o apoio posterior do advogado Magarinos Torres,[90] conhecido como o "advogado dos pobres" (Gomes, 1980). A pesquisa de Lima em 1989, assim como as entrevistas realizadas por nós, mais recentemente, demonstram que os comunistas desenvolveram nessas favelas, particularmente nos morros do Borel e do Turano, um trabalho de assistência com médicos e professores.[91] Eles chegaram inclusive a propor uma mudança do nome dessas favelas para Morro da Independência e Morro da Liberdade, mas essas denominações não vingaram.

Os objetivos declarados da Fundação Leão XIII consistiam em assegurar "assistência material e moral aos habitantes dos morros e favelas do Rio de Janeiro" (Estatutos da Fundação, citados por Valla, 1986:47), fornecendo "escolas, dispensários, creches, maternidades, cantinas e conjuntos habitacionais populares" (idem). A atividade da Fundação Leão XIII se inscreve na nova perspectiva aberta por Pedro Ernesto (cf. capítulo I), que abandona a atitude repressiva e a condenação moral para pregar a educação social e a integração.

A outra iniciativa da Igreja Católica é a Cruzada São Sebastião, criada em 1955 por Dom Helder Câmara, então bispo auxiliar do Rio. Personagem bastante conhecido nos meios católicos tanto brasileiros quanto internacionais, Dom Helder ocupou em seguida várias posições-chave na Igreja brasileira. Durante a Primeira Conferência dos Bispos do Nordeste, em 1956, ele era secretário da CNBB (Conferência Nacional dos Bispos do Brasil) no momento do anúncio da reforma agrária. Como arcebispo, tomou o partido dos menos

---

[88] Citando SAGMACS (1960:28): "É necessário subir o morro antes que de lá desçam os comunistas".
[89] O livro de Manoel Gomes tem prefácio de Luiz Carlos Prestes.
[90] Tanto Manoel Gomes quanto Magarinos Torres seriam comunistas (entrevista realizada com Luiz Werneck Vianna).
[91] Entrevistamos três antigos militantes que nos confirmaram um trabalho de educação popular desenvolvido em algumas favelas: Nadia Abreu Teixeira (Peralva), Henrique Miranda e Momi Seljan.

favorecidos, a ponto de ser conhecido como "o defensor dos pobres" (Marin, 1995). Considerado da ala esquerda da Igreja, Dom Helder foi, nos anos 1950, o principal responsável por uma grande campanha em defesa dos favelados do Rio de Janeiro, aproveitando o 36º Congresso Eucarístico Nacional, realizado no Rio em 1955, com a finalidade de obter o apoio do governo federal para um novo programa de ação.

Os objetivos dessa cruzada aparecem enunciados no artigo 2º dos Estatutos da organização: "promover, coordenar e executar medidas e providências destinadas a dar solução racional, humana e cristã ao problema das favelas do Rio de Janeiro; (...) mobilizar os recursos financeiros necessários para assegurar, em condições satisfatórias de higiene, conforto e segurança, moradia estável para as famílias faveladas; colaborar na integração dos ex-favelados na vida normal do bairro..." (Parisse, 1969a:175-176).

As duas instituições concorrentes lançadas pela Igreja Católica em 1947 e 1955 atuavam em atividades e segundo modos de intervenção distintos (Rios, apud Valla, 1986:63-65). Por um lado, a Fundação Leão XIII desenvolveu, em especial, a assistência material e moral às populações através de ações favoráveis à educação e à saúde (creches e ambulatórios), e da criação de muitos centros de ação social em diferentes favelas. Por outro lado, a Cruzada São Sebastião desenvolveu uma atividade de grande amplitude voltada para a produção de moradias novas e equipamentos de infra-estrutura, o que hoje se chama urbanização de favelas.

Dom Helder conseguiu que a Fundação Leão XIII colaborasse em duas ações da Cruzada São Sebastião: água canalizada e redes de iluminação, além de telefones públicos em algumas favelas, com a participação e o auxílio dos residentes; e uma gestão coletiva do Conjunto São Sebastião, composto de sete imóveis, 790 moradias no total, em plena Zona Sul, no bairro do Leblon, construído para um número importante de habitantes removidos da favela da Praia do Pinto, situada nas proximidades.[92]

O princípio do desenvolvimento comunitário, que inspirava a ação de Dom Helder, fundamentava-se na certeza de que, sem a participação dos principais interessados, nada poderia dar certo. Essa nova perspectiva se difunde no Brasil ao final dos anos 1940 e início dos anos1950, através da conjunção de vários processos: a influência da Igreja progressista francesa sobre a Igreja brasileira; o modelo do desenvolvimento comunitário, promovido pelos organismos internacionais, ONU, UNESCO, OEA etc., bastante atuantes no Brasil; a presença dessa preocupação nas escolas de assistência social; e as ações públicas para a formação de adultos, sobretudo nas comunidades rurais[93](Ammann, 1980; Vidal, 1996).

Dom Helder também acreditava em pesquisa e considerava que a eficácia da ação e de uma "solução racional" deveria supor um bom conhecimento da situação local, concordando nisto com muitos dos atores sociais já evocados por nós no capitulo I. Assim, assumia a posição pragmática defendida por Lebret.

Lembremos que a Cruzada São Sebastião constituiu uma virada na representação política da favela. O reconhecimento e a promoção dos moradores das favelas ao estatuto de comunidade e, por conseguinte, a sujeito político potencialmente autônomo, tanto rom-

---

[92] Uma análise detalhada da Cruzada São Sebastião foi realizada por Parisse (1969a:175-190) e mais recentemente por Slob (2002).

[93] Um dos atores dessa política de formação educacional em meio rural foi o próprio José Arthur Rios, que havia publicado, em 1957, o livro *Educação dos grupos*. Este sociólogo será escolhido mais tarde pelo Padre Lebret como responsável pela SAGMACS no Rio.

pia com uma visão puramente negativa do mal a ser erradicado quanto com a política de assistência caritativa e clientelista do período anterior. A Cruzada foi também a primeira intervenção a produzir uma ação quantitativamente significativa de produção de moradias permanentes, em um terreno bem próximo, para favelados removidos, ao contrário dos parques proletários concebidos como transitórios.

Dentro dessa nova construção social da favela a contribuição do Padre Lebret foi importante, pelo estudo das favelas do Rio realizado sob a sua égide pela SAGMACS, com o apoio de Dom Helder Câmara.[94]

O Padre Lebret e o Brasil

Muito conhecido na França[95] por seu papel fundador no movimento internacional *Économie et Humanisme*, pesquisador do CNRS e, a partir de 1954, encarregado da redação da Encíclica *Populorum Progressio* pelo Papa Paulo VI, o Padre Lebret esteve várias vezes no Brasil entre 1947 e 1965. Vários autores sublinharam que suas estadas no Brasil lhe permitiram um certo distanciamento dos problemas então encontrados em *Économie et Humanisme*, além da experiência brasileira oferecer "a um movimento em crise interna um novo terreno de ação" (Pelletier, 1996:29). Segundo Rios (s.d.) e Ferreira (1997:134) foram essas estadas que abriram ao *Économie et Humanisme* um novo campo de ação rumo às regiões subdesenvolvidas, fato confirmado por Pelletier (1996:303): "Na gênese do terceiro-mundismo católico do *Économie et Humanisme*, o Brasil serviu como um verdadeiro campo de experimentação". Em 1957, "Lebret, já muito ocupado pelas suas atividades internacionais, não se ocupa mais do *Économie et Humanisme*. A partir de 1950 ele começa a compreender que o desenvolvimento é o 'problema do século'" (Garreau, 1997:273) e o Brasil será "a partir de 1952 o laboratório dessa reconversão, logo estendida ao conjunto da América Latina" (Pelletier, 1966:292). O IRFED (*Institut International de Recherche et de Formation Educations au Développement*), criado em 1958, na França, testemunha o empenho de Lebret em formar especialistas em cooperação técnica, no intuito de promover um desenvolvimento harmonioso e uma civilização solidária. Entre os 591 estudantes que freqüentaram o IRFED entre 1958 e 1963, 260 vêm da América Latina, e muitos do Brasil (Rios, s.d.:13).

Para compreender o impacto do pensamento do Padre Lebret sobre os urbanistas e uma parte da elite dirigente do Brasil, bem antes de seu trabalho sobre as favelas, convém lembrar alguns dos elementos que caracterizavam a situação sociopolítica brasileira ao final dos anos 1940 e analisar as redes sociais pelas quais Lebret foi convidado a vir ao Brasil e sobre as quais se apoiou para difundir suas idéias e métodos.

---

[94] Segundo entrevista com Carlos Alberto de Medina, da equipe da SAGMACS no Rio.

[95] A bibliografia francesa sobre o movimento *Économie et Humanisme* e sobre Louis-Joseph Lebret é hoje considerável. Entre as principais publicações encontram-se os livros de Pelletier (1996), Garreau (1997) e Houée (1997). Nestas três obras encontra-se a bibliografia completa do Padre Lebret. Existem referências às suas estadas no Brasil, sobretudo em São Paulo. No entanto, nada encontramos sobre sua passagem pelo Rio, sendo ignorado o seu papel no estudo realizado pela SAGMACS do Rio sobre as favelas.

Sem aprofundar a análise desse período, é importante lembrar que após a queda da ditadura Vargas, em 1945,[96] a vida política no Brasil se caracterizou por uma presença crescente dos comunistas, e pela necessidade de a Igreja Católica reagir à ascensão do marxismo. Naquele momento, cristãos e elites anticomunistas buscavam um projeto político para uma sociedade em plena reconstrução. A abordagem de Lebret, propondo uma alternativa humanista e solidária para solucionar problemas sociais, tanto seduziu os jovens católicos brasileiros, quanto uma grande parte da elite envolvida na busca de uma via ao mesmo tempo antiimperialista e anticomunista que permitisse impulsionar as mudanças sociais e o desenvolvimento econômico. Convidado pela primeira vez em 1947, pelos dominicanos brasileiros, que haviam freqüentado o convento de La Tourette,[97] perto de Lyon, no qual o movimento *Économie et Humanisme* organizava atividades regularmente, Lebret ministrou durante vários meses (de maio até setembro) um curso de Introdução Geral à Economia Humana.[98] O curso foi ministrado na ELSP (Escola Livre de Sociologia e Política de São Paulo), onde se reúnem públicos heterogêneos como quadros da alta administração, engenheiros, médicos e membros da elite católica paulista. Na mesma ocasião, e graças ao apoio influente dos dominicanos, ele criou estruturas permanentes para introduzir o pensamento do *Économie et Humanisme*. Assim, em 1947, foi criado o escritório de planejamento da SAGMACS,[99] pelo modelo da SAGMA criada na França em 1946.

Dessa primeira estada, ele conservará laços pessoais e profissionais determinantes para visitas posteriores e difusão do seu pensamento no Brasil. Josué de Castro, por exemplo, sociólogo pernambucano e professor na Universidade Federal do Rio de Janeiro, autor da *Geopolítica da fome* (2001), vai adotar os métodos de Lebret em uma grande pesquisa nacional sobre os níveis de vida, realizada nas 34 maiores cidades brasileiras pela Comissão do Bem-Estar Social do governo Vargas. Josué de Castro, presidente dessa comissão, escolherá Lebret como conselheiro. Nomeado em seguida para o posto de direção da FAO (Nações Unidas), Josué de Castro abrirá as portas desse organismo internacional ao seu antigo conselheiro.

Do lado da Igreja, a relação privilegiada que se forma entre Lebret e Dom Helder Câmara, então bispo auxiliar do Rio de Janeiro, vai permitir a quebra das resistências do alto clero brasileiro, que via nas idéias do padre-pensador mais militância do que doutrina religiosa. Conta-se, inclusive, que foi Dom Helder que atenuou as observações do Padre Lebret a respeito da ilegalidade do Partido Comunista que o tornaram *persona non grata* no Brasil, por algum tempo. Além disto Dom Helder também irá influenciar a visão de Lebret quanto às favelas.

---

[96] O Estado Novo cobre o período de 1937 a 1945.

[97] O convite partiu do dominicano Romeo Dale, então prior de São Paulo. O mesmo havia estado em La Tourette, onde conheceu e criou laços de amizade com Lebret. Informação conforme o documento de 1947 *Introduction générale à l'économie humaine*.

[98] O texto *Introduction générale à l'économie humaine*, datilografado e composto de quatro volumes, está na Biblioteca do Convento dos Dominicanos, no Rio de Janeiro.

[99] Pelletier (1996:298) assinala que a SAGMACS, em seus inícios, foi subvencionada pelo Jóquei Club de São Paulo, concebida como um laboratório de pesquisas sociais em que os dominicanos não apareciam oficialmente. Entre os membros fundadores encontravam-se: o antigo diretor da Escola Politécnica de São Paulo e o secretario-geral da Ação Católica de São Paulo.

O engenheiro Lucas Nogueira Garcez, que acompanhou o curso ministrado na ELSP em 1947, participou da primeira das equipes da SAGMACS. Foi eleito governador pelo Estado de São Paulo, deu prosseguimento às atividades do escritório de planejamento da SAGMACS, demonstrando a utilidade e eficácia do método de análise do desenvolvimento regional preconizado por Lebret. Conseguiu, ainda, financiamento para uma conferência internacional de economia humana realizada durante as festividades do Quarto Centenário da fundação da cidade de São Paulo. Desta conferência participaram, entre outros, Pierre Monbeig, Alfred Sauvy e numerosos latino-americanos que, em seguida, levaram Lebret ao Uruguai, Paraguai e Chile. Este simpósio está, assim, na origem dos importantes contatos acertados no Chile com a CEPAL,[100] então dirigida por Raul Prebish.

Mas a importância da difusão das idéias do Padre Lebret no Brasil também passa pela sua influência espiritual sobre a juventude católica, especialmente a JUC (Juventude Universitária Cristã), que, durante os anos 1950, militava intensamente para tirar o país do subdesenvolvimento. As relações então estabelecidas por Lebret com intelectuais — tais como Alceu de Amoroso Lima, escritor, filósofo e líder católico ligado ao mesmo tempo à elite dirigente e aos grupos militantes católicos — contribuíram fortemente para a sua inserção nos meios cristãos. Muitos livros de Lebret foram publicados em português: *Principes pour l'action* (França 1945, Brasil 1950, 2. ed. 1952), *Appels au seigneur* (França 1955, Brasil 1963), *Dimensions de la charité* (França 1958, Brasil 1959), *Suicide ou survie de l'Occident* (França 1958, Brasil 1960), *Manifeste pour une civilisation solidaire* (França 1959, Brasil 1960) e *Le drame du siècle* (França 1960, Brasil 1962). A rapidez com que tais obras foram traduzidas testemunha, ao mesmo tempo, a difusão do pensamento e o sucesso de público alcançado por Lebret no Brasil.[101]

Mas, se é verdade que o Padre Lebret conseguiu penetrar em certos meios políticos através de suas relações com Lucas Garcez e Josué de Castro, é fundamental assinalar que desde a sua primeira estada no país, ao final dos anos 1940, a universidade brasileira não lhe havia aberto as portas, como fizera para outros, franceses ou não, com um perfil mais acadêmico. Também é bom lembrar que a Escola Livre de Sociologia e Política (ELSP),[102] que acolheu o padre, não fazia parte da USP. A própria Faculdade de Filosofia, Ciências e Letras da USP, que havia trazido ao Brasil personagens como Braudel, Lévi-Strauss, Monbeig ou Bastide — cuja presença teve um papel muito importante na formação de sociólogos, antropólogos e geógrafos brasileiros[103] —, não recebeu Lebret.

---

[100] A CEPAL foi criada em 1948 pelas Nações Unidas e teve durante os anos 1950-1970 um papel muito importante no desenvolvimento do pensamento econômico e social latino-americano.

[101] O sucesso editorial do livro *Princípios para a ação* (em 1959, já na 7ª edição) demonstra a considerável audiência conferida ao pensamento de Lebret. É bom lembrar que na década de 1950 o Brasil ainda era conhecido como o país do analfabetismo.

[102] Sobre a história da ELSP durante seus anos de formação, 1933-1953, ver Kantor et al. (2001).

[103] Sobre a história da universidade brasileira na primeira metade do século XX, especialmente da USP, que se desenvolveu com a ajuda de professores franceses, tais como Fernand Braudel, estadas em 1935 e 1948, Claude Lévi-Strauss em 1935, Pierre Deffontaines em 1934, Pierre Monbeig em 1935-1946, François Perroux em 1936, Roger Bastide em 1941-1954, Georges Gurvitch em 1947-1948, ver o livro organizado por Miceli (1989), em particular a contribuição de Massi (1989) sobre o papel dos franceses e dos norte-americanos nas ciências sociais brasileiras.

Nem sociólogo nem antropólogo de formação, o Padre Lebret, na própria França, não pertencia ao meio acadêmico nem compartilhava a tradição sociológica, então dominante, de que Durkheim constituía a referência mais importante.[104] Engenheiro naval de formação, antigo aluno da Escola Naval de Brest, Lebret acrescentou à sua formação de oficial a de dominicano. Seu investimento nas ciências sociais remetia a uma trajetória cultural e profissional bem diversa da trajetória acadêmica francesa: ao invés da tradição durkheimiana, seguiu a prática sociológica herdada de Le Play e, mais especificamente, de seu continuador, Tourville.[105] Ora, naquela época, estes últimos não eram reconhecidos pelos brasileiros como legítimos representantes da sociologia francesa. Aos olhos da elitista USP, o trabalho realizado pelo *Économie et Humanisme*, quase ignorado no Brasil, não correspondia à *sociologia* canônica exportada pela França. E tampouco Lebret.

O Padre Lebret vai então encontrar o seu lugar no Brasil em uma outra escola, voltada para uma sociologia mais empírica e mais aplicada do que a sociologia teórica, valorizada pela USP. De fato, uma grande diferença marcava as duas instituições em que um estudante nos anos 1940 poderia adquirir uma formação em ciências sociais, na cidade de São Paulo (Miceli, 1989; Massi, 1989; Limongi, 1989): a Faculdade de Filosofia, Ciências e Letras da USP, na qual predominava um ensino generalista e essencialmente teórico, e a ELSP, que visava a formação de profissionais da pesquisa dotados de competências administrativas. Nesta última, foi o modelo da sociologia americana que rapidamente se impôs. Ao contrário da USP, ainda muito ligada à tradição francesa, a ELSP convidava professores norte-americanos e alemães. O currículo desta escola e a formação oferecida foram particularmente marcados pela presença, durante 18 anos, de um professor americano, Donald Pierson. Originário da Universidade de Chicago, este antigo aluno de Robert Park havia escolhido, a conselho deste, trabalhar em sua tese de doutorado sobre as relações entre negros e brancos na Bahia (Pierson, 1942).

Procurando transpor o modelo didático da Escola de Chicago para São Paulo, Pierson[106] conseguiu implantar na ELSP um funcionamento semelhante: valorização da pesquisa empírica; formação dos estudantes para o exercício profissional da sociologia; e rápida difusão dos resultados. Dentro dessa perspectiva, Pierson denunciava as formações baseadas exclusivamente na aquisição da teoria sociológica, e dava prioridade ao trabalho de campo e ao aprendizado das diferentes técnicas e métodos de pesquisa. Fiel ao espírito de Chicago, ele recusava a idéia de uma separação entre sociologia e antropologia, sendo o próprio trabalho de campo para ele mais importante do que os debates sobre a autonomia ou a especificidade das disciplinas. A revista *Sociologia*, criada a partir de 1939 pela ELSP, permite ver, nos números publicados durante as duas décadas seguintes, o predomínio dos artigos fundamentados sobre pesquisas empíricas. Os brasileiros, seguindo o modelo americano, dedicaram-se a numerosos estudos sobre comunidades (*community studies*), em várias regiões do Brasil.[107]

---

[104] Muito embora Lévi-Strauss e Bastide tenham-se oposto ao pensamento durkheimiano no decorrer de suas trajetórias científicas, não se pode negar o impacto de Durkheim sobre suas formações. Assim eles foram percebidos no Brasil (Massi, 1989).

[105] Sobre a herança de Le Play, ver Pelletier (1996:131-136).

[106] Sobre Donald Pierson e a relação da Escola de Chicago com a sociologia brasileira, ver Nova (1998) e Corrêa (1987).

[107] A história da antropologia no Brasil foi estudada por vários autores brasileiros. Remetemos a alguns dos principais textos: Melatti (1984), Durham & Cardoso (1961); e Peirano (1995).

É então essa Escola Livre de Sociologia e Política de São Paulo, ligada à valorização das pesquisas de campo, que acolhe o Padre Lebret em 1947, para ministrar ali durante quatro meses um Curso de Introdução Geral à Economia Humana. Podemos pensar que, além do interesse político-teológico pelas idéias do *Économie et Humanisme*, essa aproximação também se explicaria pela concepção comum do papel da pesquisa, da importância atribuída ao trabalho de campo e da orientação relativa à formação de profissionais. Podemos ainda supor que a ELSP fosse mais aberta do que uma universidade tradicional, apresentando uma receptividade maior a cursos e seminários fora do currículo clássico.

A estada de Lebret foi financiada pela FIESP (Federação das Indústrias do Estado de São Paulo),[108] o que pode ser explicado pelo interesse de personalidades da elite industrial na busca de um novo modelo socioeconômico. Tais personalidades, convencidas da utilidade do planejamento, almejavam um certo "progressismo", interessadas no enfoque inovador de um catolicismo social baseado em princípios científicos. É importante lembrar que Roberto Simonsen, então presidente da ELSP, fazia parte da direção do SESI (Serviço Social da Indústria).

Antigos alunos da Escola Politécnica de São Paulo, já engajados na carreira de engenharia, seguiram o curso de Lebret em 1947, para em seguida trabalhar na SAGMACS, que durante 16 anos conservará a sua imagem de instituição pioneira (Lamparelli, 1995). Verdadeiro escritório de estudos e planejamento, a SAGMACS introduziu uma prática interdisciplinar e desenvolveu, pela primeira vez no Brasil, estudos de organização urbana e planificação territorial produzindo, entre outros, o estudo inaugural *Estrutura urbana da aglomeração paulistana*.[109]

Estudos, aliás, muito importantes para o próprio Lebret, que retomou seus elementos no livro *Manuel de l'enquêteur,* publicado por ele na França em 1952, onde constam gráficos retirados dos estudos por ele coordenado em São Paulo (Lebret, 1952:83-85).

O papel de Lebret na formação da geração de planejadores urbanos paulistas dos anos 1950-1960 é incontestável. De fato, a maioria deles acompanhou o seu segundo curso em 1953 (Lamparelli, 1995:39). Neste período, o método Lebret já era conhecido graças ao sucesso da SAGMACS, que empregava e formava, através da prática, planejadores e pesquisadores urbanos brasileiros. Muitos membros da SAGMACS também pertenciam à USP onde, aliás, foi dado este segundo curso, marcando a entrada de Lebret na universidade, mas na FAU (Faculdade de Arquitetura e Urbanismo) e não no Departamento de Sociologia. Lamparelli (1995) e Ferreira (1997), ambos arquitetos urbanistas que se beneficiaram de um contato direto com o Padre Lebret, contam em seus testemunhos escritos, como a experiência de trabalho ao seu lado permitiu que adquirissem uma metodologia de pesquisa empírica capaz de, em seguida, fornecer-lhes a base para uma ação fundamentada não só em um urbanismo de base tecnocrática.[110]

---

[108] Segundo entrevista com Celso Lamparelli, que foi aluno do Padre Lebret.

[109] Leme & Lamparelli (2001) ressaltam a contribuição inaugural de Lebret nos estudos de planejamento urbano em São Paulo, descrevendo detalhadamente seus aspectos metodológicos.

[110] Lamparelli (1995:9) distingue: a) um urbanismo à americana que propõe um modelo de cidade burguesa capaz de responder aos interesses dos proprietários e do crescimento econômico através da reestruturação das bases físicas de uma metrópole capitalista; e b) uma planificação voltada para o desenvolvimento que dá prioridade à melhoria das condições de vida de toda a população urbana a partir de um conhecimento da cidade real, de suas dinâmicas, carências e potencialidades.

O Padre Lebret: descobrindo as favelas do Rio de Janeiro

Desde a sua primeira estada no Brasil, Lebret ficou profundamente sensibilizado com os fortes contrastes e as desigualdades sociais. No final dos anos 1940, o Brasil era caracterizado pelo subdesenvolvimento, associando miséria, analfabetismo e fome. O contraste geográfico mostrava-se imenso entre o Nordeste rural, atrasado e miserável, e o Sudeste com suas megalópoles e intenso crescimento industrial. São Paulo e Rio de Janeiro, principais beneficiários dos recursos federais, apresentavam as mais elevadas taxas de crescimento urbano do país. Tal dualismo era ainda mais chocante dentro dessas próprias metrópoles, onde pobreza e riqueza conviviam, sendo as condições de vida dos pobres extremamente precárias.

Desde a sua chegada ao Brasil em 1947, "a perturbadora descoberta das favelas de São Paulo (havia) mergulhado (Lebret) nas desventuras do Terceiro Mundo e nos combates por um desenvolvimento mais humano" (Houée, 1997:115). Mas será no Rio de Janeiro, muitos anos mais tarde, que Lebret se verá diretamente envolvido com essa questão.

De fato, durante a primeira estada de Lebret no Brasil no final dos anos 1940, as favelas de São Paulo ainda não eram muitas. A estimativa da época considerava um máximo de 50 mil favelados repartidos em sete núcleos (Meihy & Levine, 1995:22). Em contrapartida, no Rio de Janeiro as favelas já tinham uma outra visibilidade, na medida em que, conforme demonstramos no capítulo I, o recenseamento de 1948 havia contado nessas aglomerações cerca de 170 mil habitantes, ou seja, 7% da população do Distrito Federal. E, já há várias décadas, conforme ressaltamos, ocupavam um lugar central nos discursos sobre o futuro da cidade.[111]

Lebret visitou a cidade do Rio em sua primeira estada no Brasil, e a ela retornou regularmente, hospedando-se no convento dos dominicanos, no Leme. A partir do final da década de 1940, Copacabana começou a se densificar através do crescimento vertical, ao mesmo tempo em que as favelas ocupavam cada vez mais os morros dessa parte da cidade. Dizia-se, então, que os trabalhadores da construção civil utilizavam os refugos dos canteiros de obras para construir seus próprios barracos. Nesta época entre os dominicanos do Leme, um francês, o Padre Secondi, celebrava a missa todos os domingos na capela do Morro da Babilônia,[112] bem próxima ao convento, capela que servia de sede à Cruzada pela Infância do Leme, obra social da paróquia. Parece ter sido o Padre Secondi, que também havia mobilizado um grupo de moças da sociedade para realizar trabalho social nesse morro, uma das primeiras pessoas que mostrou a Lebret o universo das favelas do Rio.[113] Certamente foi durante os serões no convento, considerando o interesse de Lebret pelos pobres, que o Padre Secondi falou-lhe da ação social realizada pela paróquia e do seu impacto entre os favelados carentes.

Dom Helder Câmara foi o outro religioso que também representou um papel importante, quem sabe até determinante, no desenvolvimento do interesse de Lebret pelas favelas. Dom Helder desejava ver desenvolvida uma pesquisa com a finalidade de demonstrar a su-

---

[111] Segundo Taschner (1997) apenas nos anos 1970 as favelas começaram a atrair a atenção dos poderes públicos do município de São Paulo.

[112] Foi no Morro da Babilônia que Marcel Camus filmou *Orfeu Negro* em 1959.

[113] Informação obtida em entrevista com Adriane Macedo, que participou de trabalho social voluntário na Cruzada pela Infância do Leme ao final dos anos 1940.

perioridade das soluções por ele preconizadas para enfrentar os problemas trazidos pelas favelas do Rio. Tanto mais que, em 1948, o jornalista Carlos Lacerda, antigo comunista convertido em implacável anticomunista, conduzira na imprensa local uma campanha intitulada "A Batalha do Rio", pregando a volta dos favelados ao campo, ao mesmo tempo em que exigia uma intervenção enérgica para expulsar os moradores das favelas já existentes e evitar a proliferação de novos aglomerados. A favela da Praia do Pinto, justamente aquela sobre a qual a Cruzada São Sebastião iria concentrar seus esforços, havia sido particularmente visada pela campanha de Lacerda.[114] Dom Helder desejava um estudo aprofundado e realizado com ampla autonomia, fora do controle do governo e sem passar diretamente pela Igreja, estudo que, além do mais, poderia permitir indiretamente uma avaliação da ação da cruzada. Aos seus olhos, a SAGMACS ocupava uma posição ideal para assumir a responsabilidade de tal estudo, garantindo confiabilidade, solidez e minúcia.

Em 1947, durante a primeira estada do Padre Lebret no Brasil, Dom Helder já havia solicitado à SAGMACS de São Paulo uma pesquisa sobre o hábitat operário.[115] A partir dessa experiência, Dom Helder passou a confiar na competência desse padre-pesquisador, além de sabê-lo capaz de coordenar equipes, mesmo fora da França. Ainda que não saibamos exatamente quando os dois se encontraram, podemos afirmar que os laços estabelecidos após essa primeira colaboração foram muito fortes.[116] Além disto, as orientações teórico-políticas do Padre Lebret eram totalmente compatíveis com as de Dom Helder, aliado de peso durante os momentos difíceis de sua permanência no Brasil.[117]

Uma preocupação com a "terceira via" aproximava os dois personagens. A partir de uma crítica do mundo moderno, o movimento *Économie et Humanisme* propunha, segundo Astier & Laé (1991:83):[118]

▼ primeiro, a elaboração de um conhecimento científico da economia humana a partir da cidade, do bairro e das associações locais;

▼ segundo, a construção de instrumentos de pesquisa ao mesmo tempo monográficos e estatísticos, apoiados em uma nomenclatura dos fatos sociais;

▼ terceiro, a afirmação de uma ética fundamentada em uma comunidade de base: a família, o grupo profissional, a vizinhança ou o bairro;

▼ e quarto, a intenção de desempenhar o papel de "intermediário" entre um Estado burocrático e uma população sem representantes.

---

[114] Sobre a "Batalha do Rio" ver Parisse (1969a:113-120), cuja análise se baseia nos jornais da época (maio de 1948). Recentemente Silva (2001, 2003) também pesquisou o tema.

[115] Os resultados desta pesquisa foram publicados na revista *Économie et Humanisme* e em português na *Revista do Arquivo* (Lebret, 1951). Nova publicação do mesmo artigo em Leme (2004).

[116] Pelletier (1996) ressalta a amizade entre Dom Helder e o Padre Lebret. Na introdução de seu livro, Houée (1997) menciona as palavras pronunciadas por Dom Helder durante visita realizada por este ao túmulo do Padre Lebret.

[117] O Padre Lebret teve dificuldades com a Igreja durante sua primeira estada no Brasil (Pelletier, 1996:300): "A correspondência entre o padre Tauzin, vice-provincial dominicano no Brasil e o padre Nicolas em Toulouse, também testemunha a hostilidade professada pelo arcebispo de São Paulo contra os dominicanos em geral, e o Padre Lebret em particular, após a passagem deste último em 1947".

[118] O artigo de Astier & Laé (1991) analisa as pesquisas sociais do grupo *Économie et Humanisme* na França durante os anos 1940-1950. No mesmo texto expõem os princípios básicos deste grupo.

Ora, essa "terceira via" coincidia perfeitamente com as convicções de Dom Helder e seus colaboradores mais próximos. As favelas deveriam ter direito a uma representação política, deixando de ser um simples espaço de intervenções administrativas (posição defendida pelos adeptos de sua eliminação) para se transformar em comunidades de base, nas quais a família seria a célula fundamental, e a vizinhança uma garantia de coesão social. Além disto, a idéia de comunidade permitia que indivíduos isolados fossem associados ao grupo, visão bem próxima daquela proposta pelo *Économie et Humanisme*: "Concebida para inserir e proteger os indivíduos entre si, ela [a comunidade] aparece em um segundo momento como forma intermediária de representação coletiva (...) a noção de comunidade tem tudo para descrever os níveis de responsabilidade e os estados de desenvolvimento da democracia participativa" (Astier & Laé, 1991:94).

A idéia de servir como intermediária entre o Estado burocrático e a população local (no interesse desta última), era um dos objetivos explícitos da cruzada. Foi nesse sentido que ela conseguiu intermediar junto à Light — empresa distribuidora de energia elétrica para a cidade do Rio de Janeiro — um documento de autorização para implantar cerca de 51 redes de eletricidade em diferentes favelas. A intenção era contra-atacar a prática clientelista de inúmeros deputados e conselheiros municipais que, já há muito tempo, consideravam as favelas seus currais eleitorais.[119] Mas, além da implicação política, devemos lembrar que essa iniciativa da Igreja levou ao reconhecimento de fato das favelas, assim como ao reconhecimento do direito de seus habitantes aos equipamentos públicos básicos. Situando-se, pelo menos em teoria, fora do jogo político, a Igreja de esquerda pretendia representar um papel substituto, tomando a defesa dos pobres e, ao mesmo tempo, ajudando a sua emancipação política. Enquanto, inversamente, a Igreja tradicional costumava colocar os pobres sob tutela através de suas múltiplas ações caritativas. Valla (1986) sugere que em muitas favelas a Fundação Leão XIII exercia, através de seus centros sociais, o controle de seus residentes, e o próprio estudo da SAGMACS chegou à mesma conclusão, mostrando que o surgimento em 1951 da primeira associação de favelados, a União de Defesa e Melhoramentos da Barreira do Vasco, resultou de uma mobilização contra a atividade da Fundação Leão XIII (1960:II, 33).

Se, para Dom Helder, em um primeiro momento, a comunidade local deveria apoiar-se em um intermediário — no caso a Cruzada São Sebastião — em contrapartida, durante as suas negociações com as altas instâncias da administração, também deveria, através de um processo de autodesenvolvimento, desenvolver sua própria capacidade de negociação. Esta idéia de fazer emergir uma representação própria dos habitantes não estava muito distante da idéia preconizada pelo movimento *Économie et Humanisme* de "fazer emergir da população os 'líderes naturais', ou seja, extrair da base dos círculos militantes, socialistas ou católicos, uma elite que soubesse se expressar" (Astier & Laé, 1991:95). Ainda aqui, o pensamento de Lebret e as propostas de Dom Helder se aproximam: desde 1959 o bairro São Sebastião já tinha a sua associação de moradores (Parisse, 1969a:183).

Tal convergência de pontos de vista indicava entre os dois homens uma colaboração eficaz, confirmada gradualmente com o passar dos anos com a cumplicidade e a comple-

---

[119] Medina (1964:73-101) foi um dos primeiros autores a chamar atenção para a presença e os caminhos da demagogia na favela.

mentaridade entre um homem de ação (Dom Helder) e um pesquisador a serviço da ação (Padre Lebret).

Conforme já ressaltamos no início deste capítulo, essas idéias, bastante inovadoras dentro do contexto local, foram ao encontro da emergência de uma nova corrente mundial. De fato, as Nações Unidas, desde 1956, já propunham aos países subdesenvolvidos a via do desenvolvimento comunitário, definido como "processo através do qual os esforços do próprio povo se unem aos das autoridades governamentais, com o fim de melhorar as condições econômicas, sociais e culturais das comunidades, integrar essas comunidades na vida nacional e capacitá-las a contribuir plenamente para o progresso do país" (Ammann, 1980:32). Proposta e defendida pelos organismos internacionais, essa posição teve ecos no Brasil através das escolas de serviço social, onde se formavam os assistentes sociais que tinham os bairros e a população das favelas como alvos mais importantes. No Rio de Janeiro, a Escola de Serviço Social da Universidade Católica (PUC) tinha a responsabilidade de colocar seus alunos e ex-alunos junto aos órgãos da prefeitura.

Na medida em que compartilhavam a mesma análise da pobreza, e concordavam quanto à temática do autodesenvolvimento e da busca de autonomia dos indivíduos, Dom Helder Camara e o Padre Lebret tornaram-se soldados no mesmo combate. Eles pretendiam provar que os pobres vivendo em meio urbano, mesmo os mais desprovidos, eram capazes de ter o senso de comunidade de que, aliás, já davam provas. Seria necessário, no entanto, encorajar e promover o sentido comunitário. Para isto, era preciso melhorar suas condições de vida e reconhecer seu pleno direito à cidade, facilitando-lhes os meios materiais necessários para nela viver sem excluir, em último caso, a possibilidade de servir como seus intermediários. Mas, conduzir uma ação a favor dos pobres, ou junto com eles, implicava conhecê-los melhor, compreender melhor o seu modo de vida. E, para tanto, carecia estudá-los.

Os interesses da pesquisa da SAGMACS sobre as favelas do Rio

No final dos anos 1950, quando O *Estado de S. Paulo*, então o jornal mais importante do Brasil, decidiu financiar um estudo sobre as favelas cariocas, o Padre Lebret era considerado mais como *expert* do que pesquisador, mais como consultor do que um observador e analista capaz de permanecer o tempo necessário para fazer o trabalho de campo. Durante esse período de sua vida ele se voltou para atividades internacionais: enviado em missão, fazia conferências, encontrava personalidades importantes e organizava a criação de equipes locais que supervisionava de longe. Seu principal papel, durante diversas viagens a países do Terceiro Mundo, era, principalmente, abrir as portas: a chancela de "Lebret" bastava para garantir a credibilidade científica e o interesse prático dos estudos por ele coordenados. A tal ponto que, durante os anos 1960, Lebret tornou-se uma espécie de mito na América Latina,[120] repartindo o seu tempo entre Brasil, Chile e Colômbia, países que testemunharam a difusão do movimento *Économie et Humanisme* através da constituição de inúmeros escritórios de planejamento.

---

[120] Foi em entrevista com Michel Marié que ficamos sabendo do "mito Lebret" na América Latina. Segundo o entrevistado, outros escritórios de planejamento, como a CINAM, foram se implantando em vários países latino-americanos no rastro do Padre Lebret.

Também é possível que os trabalhos realizados na França por outros membros do *Économie et Humanisme* sobre a habitação operária, e especialmente sobre os cortiços,[121] tenham sido divulgados no Brasil graças ao Padre Lebret. A metodologia de trabalho deste movimento, na medida em que propunha guias destinados aos pesquisadores, métodos de utilização das estatísticas econômicas, envolvendo geografia humana, monografias, mapas etc., correspondia a uma demanda já existente no Brasil.

Quatro escritórios de planejamento, todos intitulados SAGMACS, foram criados no Brasil, de grande repercussão, tanto pela formação de seus técnicos, quanto pelas pesquisas realizadas (Ferreira, 1997).[122] O primeiro foi aberto na cidade de São Paulo em 1947, seguido pelos de Belo Horizonte e de Recife (onde certos trabalhos foram realizados pelas equipes locais com a participação ativa de Lebret).[123] O escritório do Rio de Janeiro foi o último a ser criado. Nos anos 1950, o Rio ainda era a capital do Brasil e a SAGMACS de São Paulo necessitava de uma base para chegar aos ministérios. O escritório do Rio funcionou inicialmente dentro dessa perspectiva, só mudando de rumo com o estudo sobre as favelas encomendado pelo jornal *O Estado de S. Paulo*.

Antes de analisar o desenvolvimento da pesquisa sobre favelas, realizada pela SAGMACS, consideramos pertinente explicar o paradoxo do financiamento de uma pesquisa sobre o Rio de Janeiro por um jornal de São Paulo. Discutir essa questão, aparentemente sem importância, vai nos ajudar a esclarecer os propósitos e o contexto político em que a pesquisa foi realizada.

Em primeiro lugar, voltemos ao contexto político geral. Na segunda metade dos anos 1950, a construção da nova capital, Brasília, mobilizava todos os setores da economia brasileira, todos os grupos e partidos políticos, a imprensa e os meios de comunicação. Juscelino Kubitschek, defensor das propostas desenvolvimentistas, era atacado pela UDN, partido das elites conservadoras, e pelo jornal *O Estado de S. Paulo*. Este órgão da imprensa buscava desestabilizar Juscelino publicamente, atacando em especial a construção da nova capital, que considerava desastrosa do ponto de vista econômico. Os editoriais e os artigos defendiam a idéia de que seria preferível investir os milhões, dispensados inutilmente no projeto de Brasília, lutando contra a pobreza no Rio de Janeiro. De fato a pobreza não parava de crescer, ameaçando cada dia mais os bairros ricos da capital e, conforme já vimos, há bastante tempo as favelas constituíam um importante tema do debate político. Podemos, assim, considerar que a hipótese da realização de um grande estudo científico sobre as favelas fosse capaz de fornecer ao jornal *O Estado de S. Paulo* argumentos sólidos contra a política de descentralização do poder federal.[124]

---

[121] Os textos, por exemplo, de (Loew, 1945) sobre os estivadores de Marselha, o livro de Quoist (1952) sobre a cidade de Rouen e seus bairros populares.

[122] Entre outras coisas este autor menciona a importância do *Guide pratique de l'enquête sociale* para os planejadores que participaram de vários estudos conduzidos pelos escritórios da SAGMACS em diferentes cidades do Brasil. Pelletier (1996:305-310) apresenta uma síntese das pesquisas realizadas durante os anos 1952-1954 pelas equipes de São Paulo e de Recife. O autor lembra ainda que o então arcebispo de Recife, Dom Helder Câmara, apoiava as pesquisas da SAGMACS-Recife.

[123] De acordo com Leme & Lamparelli (2001).

[124] Hipótese defendida por José Arthur Rios, apresentada em Lima (1989), e reafirmada em entrevista que realizamos com Rios mais recentemente.

Por outro lado, a estratégia do diário *O Estado de S. Paulo* também pode ser analisada sob a ótica da competição existente entre as duas maiores cidades do Brasil, nos planos econômico e cultural, exacerbada no decorrer da primeira metade do século XX. Obrigada a reconhecer a primazia econômica do pólo industrial de São Paulo desde os anos 1940, a cidade do Rio de Janeiro parecia muito ciosa do seu papel de líder do desenvolvimento cultural do país, preocupando-se particularmente, com a imagem de Cidade Maravilhosa que lhe fora atribuída no início do século, e com a melhor garantia do desenvolvimento de sua indústria turística. Ora, é certo que a difusão, em nível nacional mas, também, internacional, de um estudo que tornava mais visível a pobreza e a questão das favelas, só poderia enfraquecer a posição do Rio e melhorar a de São Paulo nessa competição.

Na verdade, importantes interesses políticos estavam na origem do financiamento desse estudo que, à primeira vista, aparecia como uma simples pesquisa científica, ainda mais porque esse financiamento provinha da família Mesquita, proprietária do jornal e bem conhecida desde os anos 1930 por sua política de mecenato. Na origem da criação da Universidade de São Paulo, a família Mesquita havia financiado as viagens e as estadas de cientistas franceses que representaram um papel fundador na constituição da USP.[125] Financiar um trabalho de pesquisa não era então, para os Mesquita, um ato excepcional, mas se inscrevia em uma verdadeira tradição familiar.

Encontrar uma equipe consensualmente capacitada não foi difícil. Conforme já assinalamos, o Padre Lebret e a SAGMACS gozavam de importante renome, em especial pelos estudos de planejamento realizados para *O Estado de S. Paulo* a pedido do governador Lucas Garcez, para a Prefeitura de Belo Horizonte e para o governo de Pernambuco.[126] Além disto, o Padre Lebret, graças às suas múltiplas relações e suas redes, era bem conhecido entre os meios administrativos e do alto escalão, e a SAGMACS, apesar de seus laços diretos com o movimento católico *Economie et Humanisme*, era um escritório de estudos de caráter leigo.

É preciso acrescentar que, nessa época, só existiam no Brasil uns poucos centros ou equipes, públicos ou privados, consagrados à pesquisa. A universidade brasileira, como já dissemos, estava preocupada, sobretudo, com a formação geral e teórica dos estudantes. No Rio de Janeiro durante os anos 1950, aqueles que ocupavam as posições mais graduadas eram principalmente intelectuais ensaístas, produzindo um estilo de literatura "gênero misto de ensaio, construído na confluência da História com a economia, a filosofia ou a arte, que é uma forma bem brasileira de investigação e descoberta do Brasil" (Antonio Cândido citado por Almeida, 1989:190). Em São Paulo a tradição não era diferente, à exceção notável da formação dada pela ELSP (Escola Livre de Sociologia e Política).[127] É verdade

---

[125] É válido estabelecer um paralelo entre a fundação da USP e da Universidade de Chicago. Ambas tinham em comum serem financiadas pelos mecenas locais. Estes mecenatos industriais não podiam conceber uma grande cidade moderna sem uma universidade que fosse, ao mesmo tempo, pioneira e padrão de excelência em seu país, contribuindo assim para melhorar o estatuto de sua cidade. Sobre as origens da Universidade de Chicago, ver Bulmer (1986), e para as origens da USP, ver Miceli (1989)

[126] Para uma lista das publicações de planejamento urbano e regional no Brasil realizadas pela SAGMACS, ver Pelletier (1996:465-466).

[127] Sobre as diferenças entre os processos de institucionalização das ciências sociais entre o Rio de Janeiro e São Paulo ver Miceli (1989).

que, desde 1938, já existia o IBGE (com sede no Rio de Janeiro), mas, neste organismo responsável pelos recenseamentos, demógrafos e geógrafos estavam engajados em análises puramente estatísticas. A Faculdade Nacional de Filosofia da Universidade do Brasil, criada em 1939, estava inteiramente voltada para o ensino, excetuando o caso particular de Costa Pinto, engajado em projetos de pesquisa internacionais, que evocamos no final do capítulo I. O CLAPCS (Centro Latino-Americano de Pesquisas em Ciências Sociais), que teria muita importância em seguida, acabava de ser criado, em 1957, por iniciativa da UNESCO.[128]

O estudo sobre as favelas do Rio de Janeiro foi então confiado à SAGMACS. O Padre Lebret assumiu a sua responsabilidade científica frente a *O Estado de S. Paulo* e a Dom Helder Câmara, mas foi o sociólogo José Arthur Rios — que já dirigia o escritório da SAGMACS no Rio — quem assumiu a sua efetiva coordenação. A importância do nome de Lebret e de sua "chancela", mas, também do "peso de sua mão", salta aos olhos desde a apresentação do suplemento publicado em *O Estado de S. Paulo*. Podemos ver ali, na primeira página, a apresentação nominal e detalhada da equipe de pesquisa. Sua composição é explicitada com clareza: "O estudo sócio-econômico promovido pelo '*Estado*' sobre as favelas cariocas, e agora aqui apresentado, foi orientado pelo Padre Louis-Joseph Lebret, dirigido tecnicamente pelo professor José Arthur Rios e teve, como coordenador, o sr. Carlos Alberto de Medina; contou, ainda, na parte referente à urbanização do Distrito Federal, com a colaboração do arquiteto Hélio Modesto".

Quem eram os membros dessa equipe brasileira, co-responsável pela elaboração de uma representação das favelas que acabou por se impor a partir do relatório da SAGMACS?

José Arthur Rios havia cursado direito no Rio de Janeiro, depois de um *Master of Arts* em sociologia na Universidade de Louisiana, ao final dos anos 1940, estando, por conseguinte, ausente durante a primeira estada de Lebret no Brasil, em 1947. A partir do seu retorno dos Estados Unidos nos anos 1950, usou a sua formação americana para dirigir *surveys* no quadro do Serviço Social Rural e do Serviço Especial de Saúde Pública no interior do Brasil. Foi então como sociólogo rural que adquiriu experiência de campo, bastante influenciado pelo empirismo americano.[129] Católico de origem, ligado aos dominicanos, aderiu ao grupo do *Économie et Humanisme* criado no Rio de Janeiro pelo Padre Dale (Pelletier, 1996:298), antes mesmo de encontrar o Padre Lebret durante uma viagem à França. De fato, Arthur Rios já sabia do curso ministrado por Lebret na cidade de São Paulo em 1947, ao qual não lhe fora possível assistir. Por ocasião de uma viagem à Europa, Arthur Rios passou uma semana em La Tourette e se familiarizou com o método de pesquisa e a filosofia de trabalho de Lebret. Pouco depois, foi convidado a dirigir o escritório do Rio de Janeiro da SAGMACS.[130]

Carlos Alberto de Medina,[131] o segundo autor do relatório, seguiu uma trajetória bem diferente de José Arthur Rios. Tendo igualmente uma formação jurídica, beneficiou-se com a formação generalista oferecida pelos professores da Faculdade Nacional de Filosofia da Universidade do Brasil, no Rio. Aluno de Costa Pinto, foi em seguida iniciado na prática

---

[128] Foi justamente Costa Pinto quem a UNESCO designou como primeiro diretor do CLAPCS. Sobre a história deste centro de pesquisas, ver Oliveira (1995:268-300).

[129] O sociólogo americano Linn Smith, que então estudava o Brasil rural, foi seu principal interlocutor.

[130] Entrevista com José Arthur Rios.

[131] As informações a seguir são provenientes de entrevista com Carlos Alberto de Medina.

de pesquisa e na etnologia por Kalervo Oberg, antropólogo canadense que permaneceu durante muito tempo no Brasil, a convite de Donald Pearson[132] na ELSP. Inúmeras viagens realizadas com Oberg, no quadro de um acordo Brasil/EUA, para o Serviço Especial de Saúde Pública, acabaram por formá-lo na prática da observação e do trabalho de campo. Em contrapartida, as relações de Medina com o Padre Lebret foram mais distantes, essencialmente de ordem profissional. Convidado por José Arthur Rios a participar da pesquisa da SAGMACS, havia assistido a algumas conferências de Lebret, limitando seu contato com ele às reuniões preparatórias do estudo sobre as favelas do Rio, quando a equipe brasileira discutiu o desenvolvimento do trabalho.[133]

O terceiro responsável pelo relatório, Hélio Modesto, é um arquiteto. Saído da Faculdade de Arquitetura da Universidade do Brasil, passou em seguida dois anos em Londres, onde seguiu uma formação em urbanismo na *School of Planning and Research of Regional Development*. Assim como Medina, pertencia ao círculo de José Arthur Rios, e não havia tido, antes da pesquisa, qualquer relação direta com o Padre Lebret.[134]

Pela sua constituição, a equipe de coordenação era então interdisciplinar, experiente em termos de pesquisa — sobretudo do mundo rural, através de Rios e Medina — e voltada para o trabalho empírico. Sua inspiração provinha de duas fontes principais: por um lado, as ciências sociais e o urbanismo anglo-saxão; por outro, a tradição sociológica francesa. Convencido do interesse de uma proposta interdisciplinar, José Arthur Rios tinha também solicitado a participação de geógrafos, escolhidos entre os mais conhecidos do Rio de Janeiro (Lysia Bernardes, Nilo Bernardes, Orlando Valverde), em virtude do seu conhecimento profundo da história da ocupação do espaço carioca. Herdeiros da tradição geográfica francesa, valorizavam fortemente os estudos empíricos.[135]

Assistentes de pesquisa encarregados da observação empírica e do trabalho de campo nas favelas, foram os mais difíceis de encontrar. No Rio de Janeiro, durante os anos 1950, os estudantes de ciências sociais eram ao mesmo tempo pouco numerosos e sem experiência. Arthur Rios precisou até recorrer à ELSP. Donald Pierson, que formava estudantes na prática de campo segundo o modelo de Chicago, chegou a sugerir nomes de jovens pesquisadores formados em São Paulo. Acabaram sendo contratados alguns assistentes so-

---

[132] Em seu testemunho recolhido por Correa (1987:58, 71), Pierson menciona duas vezes Kalervo Oberg, seu colega no Smithsonian Institute, assinalando que ele não havia apenas atuado como professor da ELSP, mas, também, como pesquisador no interior do país, fazendo-se acompanhar regularmente por estudantes e estudiosos brasileiros.

[133] Após ter trabalhado na pesquisa da SAGMACS, Medina entrou para o CLAPCS.

[134] São poucas as informações sobre Helio Modesto, já falecido quando realizamos esta pesquisa. Após trabalhar na pesquisa da SAGMACS, ocupou cargos de responsabilidade junto aos órgãos de planejamento urbano do então Estado da Guanabara.

[135] Entre os geógrafos franceses que mais influenciaram a formação dos geógrafos brasileiros distingue-se Pierre Deffontaines, que, após uma estada em São Paulo, fixou-se no Rio de Janeiro (Abreu, 1994a; Ferreira, 2000). Os geógrafos que colaboraram no relatório SAGMACS fizeram isto no auge da influência francesa sobre a geografia brasileira. Devemos assinalar que Lysia Bernardes havia escrito em 1958 um artigo sobre a Ponta do Caju, zona de ocupação antiga, parcialmente favelizada já no final do século XIX. Arthur Rios, em entrevista, referiu-se aos geógrafos associados ao projeto da SAGMACS como "o buquê dos geógrafos formados pelos franceses".

ciais que viviam no Rio e já haviam trabalhado em favelas.[136] Conforme vimos no capítulo I, o Serviço Social da Prefeitura do Distrito Federal, desde o final dos anos 1930, tinha um contato diário com as populações pobres. As assistentes sociais estavam habituadas a circular dentro das favelas e, em virtude de sua profissão, estabeleciam contatos regulares com as diferentes redes locais.

O relatório da SAGMACS: "Aspectos humanos da favela carioca"

Como se desenvolveu essa pesquisa? Quais foram as principais contribuições do relatório publicado?

A pesquisa da SAGMACS durou três anos (1957-1959). Não se tratava de um simples estudo visando resultados imediatos, mas de um trabalho aprofundado, capaz de fornecer dados concretos e novos. A pesquisa recorreu à observação combinada com uma análise secundária de dados, tais como as estatísticas disponíveis nos organismos oficiais, entre os quais a Fundação Leão XIII, retrabalhadas pela equipe. Em um primeiro tempo, foram conduzidos 16 estudos de caso; em um segundo momento a investigação, através da observação direta, concentrou-se em duas favelas, ampliando-se em seguida para sete favelas.[137] Na introdução ao relatório, os responsáveis escrevem: "O problema do sociólogo não é propriamente encontrar a média estatística de um conjunto de atributos, mas descobrir as formas típicas que assume o comportamento dos homens em sociedade. A média é um número, o tipo é um composto de traços psicológicos e sociais que o sociólogo tem de construir à base de observações reiteradas ao agregado e do depoimento vivo que seus membros lhe fornecem. (...) Seu problema metodológico é a generalização. Tem de encontrar os dados suficientemente gerais no agregado, que possam considerar-se típicos. E sabe que esses traços, esses padrões de conduta só podem ser colhidos no indivíduo e pelo indivíduo" (SAGMACS, 1960:3).[138]

A exigência metodológica era uma das características desse trabalho, como demonstra a indicação pelos autores dos limites — mas também das vantagens — de uma pesquisa construída sobre o estudo de casos aprofundados e não a partir de uma amostra representativa da população. Por isso, ainda se define na introdução que: "Nossas conclusões são válidas apenas para certas favelas e para certos aspectos da vida dos favelados. (...) O mais importante numa pesquisa desta natureza, não é tanto esgotar as unidades do universo pesquisado ou os aspectos analisados, mas dar ao leitor interessado as linhas dominantes dos fatos e processos sociais" (SACMACS, 1960:3).

---

[136] Informações obtidas em entrevista com José Arthur Rios.

[137] Entre as favelas estudadas encontravam-se: o Morro da Providência, as favelas de São Carlos, Esqueleto, Jacarezinho, Barreira do Vasco, Vila do Vintém, Rádio Nacional/Parada de Lucas, Vila Proletária da Penha, Cordovil, Telégrafos, Morro do Bom Sucesso, Escondidinho, Praia do Pinto, Rocinha, Cantagalo e o Parque Proletário da Gávea, que, naquela época, já se havia transformado em favela. As duas favelas onde foram feitos os primeiros estudos aprofundados foram respectivamente Barreira do Vasco, onde a Fundação Leão XIII era ativa há muitos anos (Aragão, 1949), e o Parque Proletário da Gávea. A segunda leva de estudos aprofundados considerou as favelas da Rocinha, Jacarezinho, Cantagalo, Mangueira, Praia do Pinto e Morro de São Carlos, onde também atuava a Fundação Leão XIII.

[138] Encontramos aqui uma referência implícita a Max Weber. Este autor não é citado mas lembramos que o estudo foi publicado em um jornal diário, sem a tradição de referências bibliográficas de uma publicação acadêmica.

Figura 11

Quadros de notas das favelas pela SAGMACS

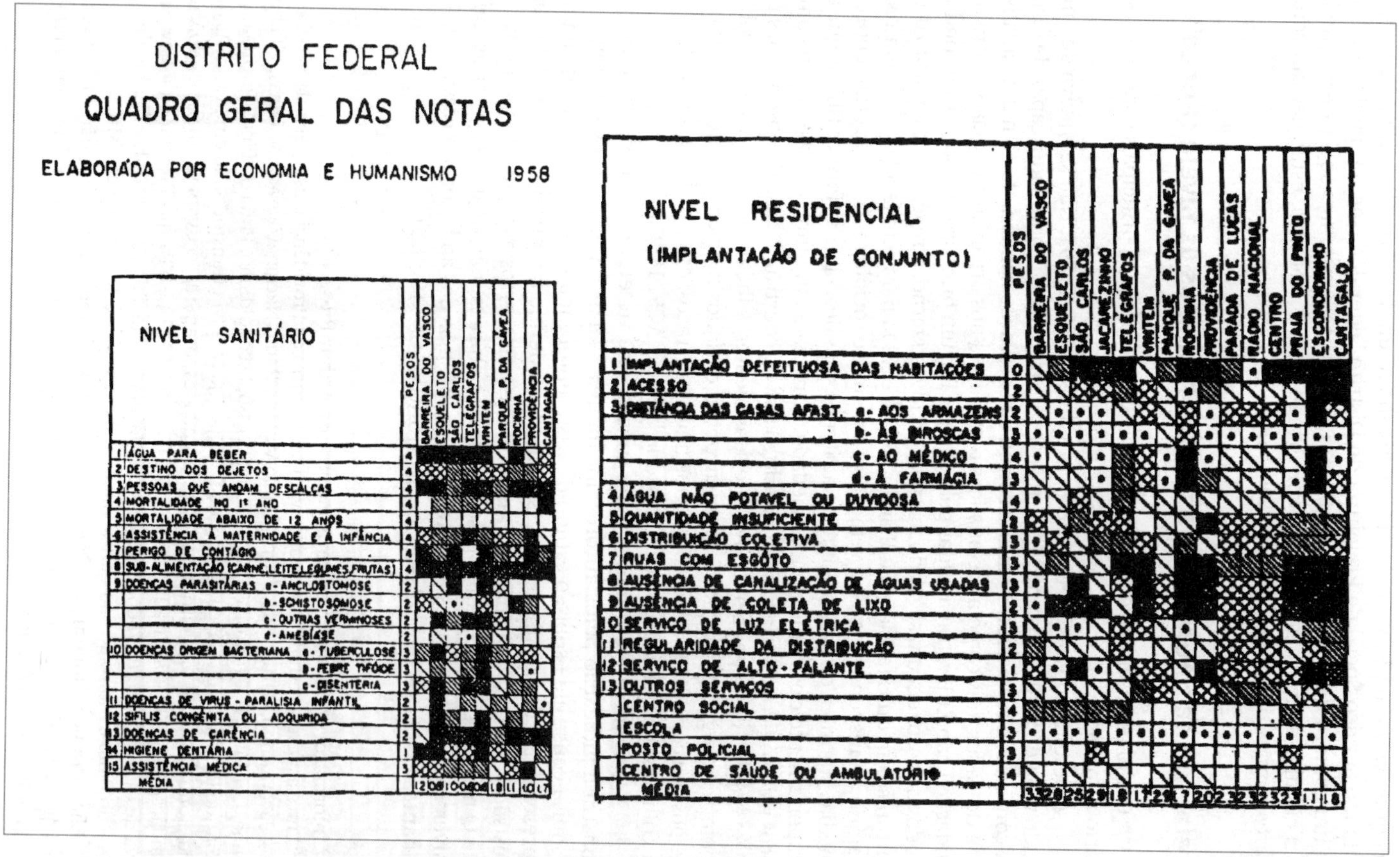

DISTRITO FEDERAL

QUADRO GERAL DAS NOTAS

ELABORADA POR ECONOMIA E HUMANISMO   1958

continua

EQUIPAMENTO E NÍVEL ESCOLARES

	PESOS	BARREIRA DO VASCO	SÃO CARLOS	TELÉGRAFOS	PARQUE P. DA GÁVEA	PROVIDÊNCIA
LOCAIS						
1 EM NÚMERO SUFICIENTE	4					
2 EM MÁU ESTADO	2					
3 DISTANTES DAS RESIDÊNCIAS	2					
4 AUSÊNCIA DE PÁTEO OU GALPÃO	2					
EQUIPAMENTOS						
5 FALTA DE HIGIENE NOS W.C.	2					
6 AUSÊNCIA OU MÁU ESTADO DOS CHUVEIROS	1					
7 AUSÊNCIA OU MÁU ESTADO DAS PIAS	1					
8 AUS. MATERIAL RUDIMENTAR PA. MÉTODOS ATIVOS	1					
PROFESSORES						
9 INSUFICIÊNCIA PEDAGÓGICA. Nº E QUALIDADE	4					
10 BRUTALIDADE	1					
11 SUBSTITUIÇÃO FREQUENTE. CAUSAS	3					
12 a- FALTA DE ASSIDUIDADE. CAUSAS	3					
ALUNOS						
b- CONSEQUÊNCIAS NEGATIVAS DA PROMISCUIDADE	2					
13 FREQUÊNCIA IRREGULAR	3					
14 EVASÃO ESCOLAR	3					
15 INTERRUPÇÃO DO CURSO PRIMÁRIO	3					
16 ASSISTÊNCIA MÉDICA	3					
ATIVIDADES EXTRA CURRICULARES						
17 SOPA OU MERENDA ESCOLAR	4					
18 BIBLIOTECA	2					
19 JORNAL	1					
20 FESTAS E COMEMORAÇÕES	2					
21 HORTA ESCOLAR	2					
22 RECREAÇÃO EM GERAL	3					
23 ATIVIDADES ESPORTIVAS	3					
24 ESCOTISMO	1					
25 EXCURSÕES	2					
26 ASSOCIAÇÕES DE PAIS E MESTRES	3					
27 CURSOS DE ALFABETIZAÇÃO DE ADULTOS	4					
28 ESCOLA DE PUERICULTURA, CRECHE, J. INFÂNCIA	4					
29 POSSIB. PROSSEGUIR ESTUDOS APÓS C. PRIMÁRIO	4					
MÉDIA		1,8	1,6	1,7	2,0	2,0

Legenda:
NOTA 0
NOTA 1
NOTA 2
NOTA 3
NOTA 4

Fonte: O Estado de S. Paulo, 13 abr. 1960 .

A representação cartográfica e visual teve muita importância nesse trabalho pioneiro. Os pesquisadores precisaram realizar planos e esboços dos espaços ocupados pelas favelas, o que em seguida permitiria situá-las a partir de fotos aéreas e com a ajuda dos esclarecimentos trazidos pelos geógrafos consultores. As subdivisões próprias da organização interna das favelas deveriam ser assinaladas para mostrar a existência de zonas diferenciadas (os planos e os esboços constam da publicação, 2ª parte, p. 17-20).

O relatório está dividido em duas partes, a "parte geral", que apresenta a pesquisa sobre as 16 favelas, e a "parte específica", que apresenta as sete favelas analisadas mais sistematicamente.

No início da "parte geral", após os preâmbulos metodológicos, a ênfase é colocada sobre os fatores sociais e econômicos que estão na origem do desenvolvimento das favelas no Rio de Janeiro. Tanto é evidenciado o fenômeno do crescimento urbano do Rio em sua relação com o processo de urbanização do país, quanto o papel da taxa de natalidade elevada e da migração na urbanização galopante; em seguida, são analisadas as transformações dentro da metrópole do Rio de Janeiro, especialmente o processo de apropriação capitalista do solo urbano. O desenvolvimento do mercado de trabalho e suas capacidades limitadas de absorção da mão-de-obra, as variações do custo de vida e dos salários, os preços elevados do mercado habitacional são estudados como fatores que, reunidos, contribuíram para o desenvolvimento das favelas. Uma análise demográfica bastante fina, apoiada em dados estatísticos do Recenseamento Geral de 1950 e das cifras do Anuário Estatístico do Distrito Federal, permite comparar a população das favelas com a população do Distrito Federal. Várias pirâmides de idades e histogramas visualizam essas diferenças, segundo: idade, cor da pele, sexo, ramos de atividade, pertença religiosa, nível de escolaridade e origem geográfica. Na verdade, essa parte do relatório corresponde a um trabalho de demografia que, apoiado em trabalhos anteriores, como o de Passos Guimarães, sistematiza a análise da questão das favelas, utilizando novos modos de apresentação.

A segunda parte da "parte geral" analisa as 16 favelas estudadas pelos pesquisadores. Um quadro sintético apresenta as notas atribuídas às diferentes favelas no que diz respeito ao equipamento escolar, nível sanitário e equipamento em termos de serviços — o que corresponde a uma abordagem característica do aporte trazido pelo movimento *Économie et Humanisme*. A análise desse quadro sintético ressalta as diferenças entre as favelas. Os capítulos seguintes tratam em detalhe de aspectos particulares como a moradia, condições sanitárias, medicina popular, educação, formas de solidariedade, lazer, delinqüência e vida religiosa. Cada um desses temas esclarece o funcionamento da vida local, estudado primeiramente na escala da unidade familiar, referência escolhida pelos pesquisadores dentro das unidades de vizinhança.

Na terceira parte, finalmente, são apresentadas e avaliadas as "soluções" já propostas, com a Cruzada São Sebastião ocupando o centro do debate.

A "parte específica" retoma em seguida, mais detalhadamente, alguns desses temas como família, educação e delinqüência, no caso das sete favelas que foram objeto de pesquisas mais aprofundadas. Além disto, uma atenção particular é dada ao estudo da vida política nas favelas, das práticas demagógicas e clientelistas ali desenvolvidas, com os cabos eleitorais encarregados de negociar favores dos políticos em troca de votos.

No final dessa "parte específica" (assinada pelo arquiteto Hélio Modesto), é feita uma análise histórica e urbanística da evolução urbana e do crescimento da cidade, dos seus diversos planos e do lugar das favelas e das habitações populares frente à legislação. Além de uma apresentação detalhada das sucessivas regulamentações.

O trabalho, a partir de um diagnóstico — "O problema das favelas no Distrito Federal, além de suas causas decorrentes de problemas econômicos e sociais de ordem nacional, apresenta causas diretamente conseqüentes da desorientação da expansão urbana, do mau uso da terra e da desorganização administrativa"[139] —, termina com uma apresentação das soluções possíveis para resolver os problemas das favelas e seus habitantes a curto e longo prazos. Mapas do Distrito Federal, elaborados pela equipe da SAGMACS do Rio, servem de apoio a essas propostas. Finalmente, o relatório apresenta em anexo três dos questionários utilizados nas pesquisas (com alunos das escolas, professores e cabos eleitorais).

Économie *et Humanisme* e Escola de Chicago: encontro inesperado nas favelas do Rio através do trabalho de campo

A pesquisa da SAGMACS e o conteúdo de seu relatório sugerem ao leitor atento uma semelhança bastante forte entre a abordagem de pesquisa do *Économie et Humanisme*, explicitamente utilizada nesse trabalho, e as concepções da "Primeira Escola de Chicago", a Escola de Robert Park, constituída por sociólogos e antropólogos.[140] Essa proximidade, conforme tentaremos demonstrar, não é apenas uma coincidência e pode ser analisada para além da visita de Arthur Rios a Donald Pierson, quando o primeiro foi buscar pesquisadores em São Paulo.

Há pelo menos 30 anos, a Escola de Chicago vem suscitando um grande interesse fora dos Estados Unidos através de um número crescente de publicações e traduções.[141] O estudo da SAGMACS, sobre as favelas do Rio, é interessante na medida em que revela uma associação inusitada e até agora despercebida.

Lebret não sofreu a influência da sociologia empírica norte-americana, muito embora não separasse pesquisa e prática social. A sua geração não estava familiarizada com os aportes da Escola de Chicago, ainda que Halbwachs, a partir de 1932, tenha revelado ao leitor francês a existência dessa primeira escola e de seus trabalhos sobre a cidade.[142] Vale também lembrar que esta escola foi pouco levada em consideração pelos pioneiros da sociologia urbana na França. Chombart de Lauwe (1952:40-41) faz referência a *The city*,

---

[139] SAGMACS, Parte Específica:43.

[140] Esta "primeira escola" deve ser distinguida da "Segunda Escola de Chicago", cujos autores mais influentes foram Hebert Blumer e Everett Hugues, principais iniciadores da corrente do interacionismo simbólico. O livro organizado por Fine (1995) mostra a continuidade e a diferença entre as duas tradições representadas pelas duas gerações de sociólogos e antropólogos de Chicago.

[141] Sobre a produção da Escola de Chicago em língua francesa, ver Valladares & Lima (2000).

[142] Maurice Halbwachs foi professor visitante na Universidade de Chicago e escreveu em 1932 o artigo *"Chicago, expérience ethnique"*, republicado em Grafmeyer & Joseph (1984).

mantendo apenas um diálogo a propósito do debate sobre as áreas funcionais e da competição entre os esquemas espaciais de Burgess e de Hoyt, afastando-se de maneira crítica das teses mais tardias de Quinn sobre a ecologia humana. Lebret, da mesma geração de Chombart, no seu *Manuel de l'enquêteur* (1952), faz algumas referências a pesquisas americanas, como as obras de Warner (1946) e dos Lynd (1929), e até mesmo de Thomas & Znaniecki (1918-1920), mas não cita Park, nem Burgess ou sequer Whyte (1943), com respeito à pesquisa urbana e à observação participante. E, sobretudo, nenhum desses trabalhos foi lembrado no corpo do texto em que ele desenvolveu os seus conceitos metodológicos.[143]

O exame dos métodos de pesquisa utilizados pela SAGMACS no Rio, assim como as formas de apresentação dos resultados, revelam claramente a influência conjunta do movimento *Économie et Humanisme* e dos princípios metodológicos preconizados pela Escola de Chicago. É verdade que diversos autores, especialmente Becker em sua comunicação ao colóquio sobre "A escola de Chicago, ontem e hoje",[144] recusam a idéia de uma unicidade de pensamento e método da escola em questão. Ainda assim, é possível evidenciar algumas de suas concepções ou princípios básicos que coincidem com propostas do *Économie et Humanisme*, tais como os destacados a seguir.

a) A importância atribuída à pesquisa empírica como principal forma de acesso à realidade que se deseja apreender.

Princípio básico encontrado tanto na idéia de cidade-laboratório de Robert Park — em que aparece a importância do estudo da realidade concreta para compreender os fenômenos locais e os da sociedade global — quanto nos quatro volumes do *Guide pratique de l'enquête sociale* de Lebret (vol. 1, 1952) e de Lebret & Bride (vol. III, 1955). O volume III desse guia, consagrado especificamente à pesquisa urbana, apresenta os estudos empíricos como indispensáveis, sugerindo uma análise dos bairros junto à análise da própria cidade.

b) A importância atribuída à observação e apreensão dos processos sociais antes para destacar tendências, tipos, do que para construir tipologias *a priori*.

As duas correntes valorizam a utilização de estudos de caso, o recurso à observação sistemática, exaustiva, na qual as entrevistas semidirigidas vêm aprofundar aquilo que o olhar do pesquisador já percebeu.

Essa postura de pesquisa é sem dúvida a mesma adotada pelos sociólogos de Chicago que nos legaram obras clássicas como o *Hobo* de Anderson (1923), o *Jack-Roller* de Shaw (1930), o *Taxi-Dance Hall* de Cressey (1932), introduzindo a observação participante, difundida a seguir por Whyte (1943) e Hughes (1996).

Lebret, em seu manual, consagra um capítulo inteiro à coleta de dados, chamando a atenção para a existência de uma psicologia do pesquisador. Para ele: "a pesquisa é um

---

[143] Castells (1968) faz uma crítica à Escola de Chicago, sobretudo quanto aos *community studies*, para justificar sua abordagem marxista do urbano. Herpin (1973) é dos primeiros franceses a resgatar a Escola de Chicago, mas a tradução em francês dos textos clássicos dos fundadores desta escola aparece pela primeira vez em Grafmeyer & Joseph (1979).

[144] Colóquio franco-americano organizado por Chapouillie e Tripier, em abril de 1988, na Universidade de Versailles–Saint-Quentin-en-Yvellines.

ofício que, como qualquer outro, é aprendido através da experiência" (Lebret, 1952:66). A propósito das entrevistas, ressalta que estas jamais deverão soar como interrogatório. As diversas técnicas de entrevista são também assinaladas (p. 97-98). Lebret sugere até mesmo que o pesquisador tenha um diário e marque um encontro semanal com o diretor da pesquisa para discutir o andamento de seu trabalho[145] (p. 69).

c) A utilização simultânea de dados provenientes do trabalho de campo (a partir de uma observação de longa duração e de entrevistas semidirigidas), e fontes secundárias disponíveis (recenseamentos, dados estatísticos variados).

Essa postura recusa a oposição entre qualitativo e quantitativo, além de afirmar o caráter heurístico das duas abordagens e do pragmatismo, na combinação de dados e práticas de pesquisa de origens diversas.

Nas representações mais correntes, a tradição de Chicago remete, sobretudo, aos estudos qualitativos e aos *case studies*. Mas hoje fica evidente que os estudantes dessa universidade também foram iniciados nas abordagens quantitativas e não ignoravam os métodos dos *social surveys* (Platt, 1996). Em Chicago, os estudantes eram "treinados para utilizar todos os métodos de investigação possíveis e não hesitavam em articulá-los com seu trabalho de campo" (Cefai, 2000). Obras clássicas como o livro de Thomas & Znaniecki (1918-1920) sobre os camponeses poloneses, fundamentaram suas análises em uma multiplicidade de fontes e combinaram diversos métodos, utilizando simultaneamente cartas, arquivos e uma autobiografia. As pesquisas de Shaw sobre a delinqüência também mostram como várias abordagens podem se articular umas às outras. Apoiado em uma única história de vida escreveu *The Jack-Roller* (1930), conduzindo, ao mesmo tempo, um estudo baseado em estatísticas sobre a delinqüência em diversas zonas de Chicago (Shaw & McKay, 1942). O *Local community fact book*, produzido pelo Departamento de Sociologia de Chicago, de consulta obrigatória antes de qualquer estudo, nada mais era do que a reunião, fartamente documentada, de informações estatísticas provenientes de diferentes agências governamentais ou municipais. Muitos autores chegaram até mesmo a articular análise ecológica, estatística descritiva e psicologia social (Platt, 1996).

Lebret, por sua vez, insistia que toda pesquisa deveria ter, como ponto de partida, a busca de uma "visão global" baseada na observação direta e nas entrevistas (Lebret, 1952: 14); mas também sublinhava que toda pesquisa carecia, em uma segunda etapa, de um procedimento estatístico, que compreendesse a classificação, a identificação dos tipos e das classes, a síntese dos perfis de tipos ou de classes (Lebret, 1952:15-21). Segundo ele, "é preciso distingüir a análise monográfica de um indivíduo, dada pela sua própria estrutura, e a análise estatística de uma população ou de uma subpopulação, dada pela estrutura de um conjunto de indivíduos ou de vários conjuntos de indivíduos originários de um mesmo complexo" (p. 99).

d) A importância da representação gráfica dos dados: diagramas, quadros e mapas.

---

[145] Na verdade, as sugestões de Lebret, com respeito ao trabalho de campo, não são tão precisas e detalhadas quanto as instruções de Palmer, em 1928, aos estudantes de Chicago (Bulmer, 1984; e Platt, 1996). Mas são bastante aproximadas em seu pragmatismo.

Em Chicago, bem antes de Park, a tradição de utilizar mapas havia sido herdada da prática inglesa de Booth e dos serviços sociais americanos (Leclerc, 1979).[146] Ao lado da abordagem sociológica, a dimensão espacial era considerada como tendo um valor explicativo dos processos sociais. O exemplo paradigmático era a análise do crescimento e da expansão da cidade, proposta nos esquemas do crescimento da cidade e das áreas urbanas de Burgess. De fato, segundo este (Burgess, 1925:61), "tratava-se de descrever a expansão urbana em termos de extensão, sucessão e concentração; de determinar como a expansão perturba o metabolismo na medida em que a desorganização prevalece sobre a organização; e, finalmente, definir a mobilidade e propor concebê-la como uma medida ao mesmo tempo da expansão e do metabolismo, susceptível de expressão quantitativa precisa, de tal maneira que seja possível considerá-la, quase no sentido literal, como o pulso da aglomeração". Esses diferentes procedimentos poderiam e deveriam ser representados graficamente.

Por sua vez, o *Économie et Humanisme* também preconizava o uso da representação cartográfica, mas sobretudo como técnica para propor uma síntese melhor dos dados e meio para tornar a mensagem mais explícita ao destinatário. Mapas, diagramas por setores circulares e gráficos cartesianos ou polares — técnicas que sem dúvida levavam ao passado de Lebret como engenheiro — constituíram uma das marcas mais fortes do seu trabalho. No *Manuel de l'enquêteur* (Lebret, 1952:15-51), muitas passagens, até mesmo capítulos inteiros, destacam a importância e utilidade da representação gráfica: "A maior parte dos quadros estatísticos podem ser representados por um ou vários gráficos. Em si mesmo, um número não expressa grande coisa. Sua transcrição gráfica (...), permite compará-lo apenas com um golpe de vista a todos os outros, e em certos casos seguir a evolução de um fenômeno ou comparar várias evoluções. O número é sempre estático, o gráfico traduz facilmente o dinamismo" (p. 22).

e) O interesse pelas pesquisas orientadas para a ação social.

Em Chicago, na própria concepção da universidade, já estava presente a idéia de uma pesquisa engajada, posição que o Departamento de Sociologia, dirigido por Robert Park, colocou em prática (Bulmer, 1984). Algumas pesquisas eram financiadas por instituições públicas, o *Institute for Juvenile Research,* por exemplo, que encomendou um estudo sobre as zonas de delinqüência e obteve como produto da pesquisa um mapa da repartição dos delitos e crimes em Chicago (Shaw & MacKay, 1942). O *Local Community Research Committee*, que financiou vários estudos, refletia muito bem o espírito de reforma social reinante na Universidade de Chicago, onde se acreditava que qualquer estudo ou pesquisa levaria necessariamente a resultados capazes de informar a ação social (Platt, 1996).

De maneira bastante similar, Lebret, no *Manuel de l'enquêteur* (1952:12), valoriza "o olhar sintético que segue a análise e permite a intervenção". Lebret não concebia uma análise que não tivesse um objetivo operacional, daí, aliás, o seu grande sucesso junto aos planejadores e administradores latino-americanos que valorizavam a pesquisa aplicada. Sua

---

[146] Conforme observa Leclerc (1979:66-67), o método de exposição baseado no método cartográfico, seguindo a técnica das estatísticas européias, influenciou os trabalhos de ecologia urbana da Escola de Chicago a partir de 1920.

definição dos destinatários de seus guias de pesquisador não mostra qualquer ambigüidade: "Os dois guias de pesquisa rural e de pesquisa urbana são destinados em primeiro lugar a todos aqueles que têm necessidade de ver claro para intervir política, sindical, social e culturalmente na vida das comunidades territoriais de base, bairros, municípios, cantões, circunscrições e Estados" (Lebret, 1952:2).

Lebret era mais pragmático do que acadêmico. Antes de mais nada não era um universitário clássico, mas um homem voltado para o planejamento e para a ação.[147]

Assim como em Chicago do início do século XX, também no caso do *Économie et Humanisme* o ideal de uma reforma social e de uma prática militante da sociologia era comum e alimentava a atividade de pesquisa. Nas duas situações podemos ressaltar, por exemplo, o importante lugar ocupado pelos assistentes sociais nas equipes de pesquisa, seja em Chicago, França, São Paulo ou Rio de Janeiro.

f) O lugar central ocupado pelo bairro nas pesquisas e a relação necessária entre bairro e intervenção social.

O bairro, *neighborhood*, sempre foi considerado pela Escola de Chicago, a unidade de base, o ponto de partida de qualquer investigação. Os sociólogos justificavam essa posição através da visão do bairro como *community*, unidade de base da vida social, e da perspectiva metodológica segundo a qual "cada elemento particular acrescentado ao mosaico contribui para nos tornar mais compreensível o conjunto do quadro" (Becker, 1966: VII). A análise do espaço microssociológico é fundamental para compreender o espaço macrossociológico. Whyte, em *Street Corner Society* (1943), havia demonstrado com clareza como um estudo focalizado em uma unidade territorial limitada é capaz de dar conta dos processos mais gerais da organização social, não necessariamente perceptíveis quando a observação é realizada em uma unidade geográfica mais ampla.

Da mesma forma, para os pesquisadores do *Économie et Humanisme*, que haviam feito estudos urbanos na França durante os anos 1940 e 1950, o bairro permitia repensar a cidade (Loew, 1945, 1952). Convinha examinar os bairros da cidade, para neles perceber as injustiças ligadas ao tamanho das moradias, à mobilidade entre os bairros ou intra-urbana" (Astier & Laé, 1991:85). Também para eles, o bairro era concebido em primeiro lugar como uma "comunidade", ainda que sua concepção de comunidade diferisse da concepção dos sociólogos americanos da Escola de Chicago. Para os pesquisadores do *Économie et Humanisme*, o bairro, lugar de vida, por oposição ao lugar de trabalho (a fábrica), transforma-se em uma espécie de "comunidade ideal", que convém preservar; pois se é verdade que as famílias, células de base, são as melhores garantias do laço social e da solidariedade, elas estão ameaçadas pela modernização; e, por isto mesmo, é sobre o espaço dessa comunidade que é preciso intervir para garantir o desenvolvimento de uma sociedade harmoniosa. A solidariedade é a base do laço social. "A comunidade possui uma função interna e externa. Concebida para inserir e proteger os indivíduos entre si, ela aparece também como uma forma intermediária de representação coletiva, ao mesmo título que as corporações profissionais e sindicais" (Astier & Laé, 1991:94).

---

[147] Informação colhida em entrevista com Michel Marié.

No entanto, se constatamos que existe uma convicção comum quanto à importância de estudar primeiramente as pequenas unidades, podemos perceber leituras diferentes da realidade social dessas unidades urbanas. Para o *Économie et Humanisme*, a construção da identidade social é pensada a partir da situação de classe, daí a importância da referência à fábrica; e a intervenção social é percebida como pano de fundo da ação sindical, o movimento operário. Já para a Escola de Chicago, os elementos integradores da comunidade local correspondem a elementos culturais: etnicidade e origem nacional.

g) A valorização de uma abordagem multidisciplinar dos fenômenos sociais e o reconhecimento da complementaridade entre disciplinas.

O Departamento de Sociologia de Chicago representou, até os anos 1940, uma exceção dentro do contexto americano, na medida em que recusava qualquer monopólio disciplinar na análise dos fenômenos sociais. A sociologia reivindicava a tradição do pragmatismo filosófico de Dewey e Mead. Além disto, a utilização da biologia e da psicologia social também havia sido freqüente nos estudos empíricos realizados na seqüência dos trabalhos de Thomas (Bulmer, 1984:29). O Departamento de Sociologia, que até 1929 também compreendia a antropologia, valorizava o passado de Park como jornalista,[148] mas também a contribuição do trabalho social de Palmer. O uso da estatística e da cartografia devido a Burgess e Ogburn foi igualmente encorajado. Essa ausência de fronteiras rígidas entre as disciplinas (Bulmer, 1984:38) resultava da política de contatos e trocas de Park e Burgess com os membros dos outros departamentos de ciências sociais da universidade. As diferentes pesquisas realizadas por intermédio do *Local Community Research Committee* testemunhavam essa tendência multidisciplinar (Bulmer, 1984:125).

Lebret, sem dúvida em virtude de sua formação como engenheiro naval, era igualmente partidário de não tornar a pesquisa social tributária de uma única disciplina. Convertido ao mesmo tempo à economia e à sociologia, soube apelar para diferentes métodos antes de desenvolver o seu próprio. Autodidata, foi a partir da prática de 20 anos de pesquisas sociológicas e econômicas que chegou a sintetizar aquilo que reconheceu como um trabalho de equipe em uma concepção metodológica unificada. Conforme ressalta o sumário bibliográfico, anexo nº 6, do *Manuel de l'enquêteur* (1952:121-125), Lebret indica as obras francesas ou estrangeiras úteis para a formação de pesquisadores ou coordenadores de pesquisa. No que diz respeito aos guias de pesquisa, Lebret remete a Bardet, Bettelheim, Chombart de Lauwe e Deffontaines; para as análises estatísticas e demográficas aos manuais do INSEE e a Sauvy; em sociologia geral, quase todas as referências remetem a autores americanos como Merton. Cuvillier é o único autor francês citado, mas é recomendada a leitura de *L'Année Sociologique* e dos *Cahiers Internationaux de Sociologie*. Outras referências, como Le Play e seus seguidores, são também apresentadas. A geografia humana é uma outra disciplina amplamente solicitada por Lebret, que recomenda a leitura de Vidal de la Blache, Max Sorre, Pierre George, Jean-François Gravier.

---

[148] Grafmeyer & Joseph (1984:8) insistem sobre a experiência profissional de Park como jornalista, sustentando não ter havido na passagem do jornalismo à sociologia qualquer ruptura epistemológica. "O dever do sociólogo, é acrescentar à visão do jornalista um instrumento capaz de melhorar a forma: microscópio, luneta, etc."

Até aqui, examinamos detalhadamente os pontos comuns às abordagens da Escola de Chicago e do movimento *Économie et Humanisme*. Mas agora é preciso ressaltar que o estudo da SAGMACS realizado nas favelas do Rio de Janeiro foi, na verdade, a oportunidade do encontro explícito das duas perspectivas. O testemunho que nos foi dado por José Arthur Rios, diretor da pesquisa, não deixa sobre isto a menor ambigüidade: "Minha metodologia foi construída no cruzamento do *Économie et Humanisme*, ou seja, da metodologia analítica e monográfica de Lebret, ele mesmo inspirado em Le Play, com a Escola de Chicago. Eu fiz mapas das favelas, buscando definir as suas 'zonas internas'. Sem dúvida alguma sob a influência da ecologia humana da Escola de Chicago. Eu sou uma encruzilhada".[149]

Observamos que esse hibridismo já existia na tradição das ciências sociais no Brasil. A sociologia e a antropologia brasileiras, desde os inícios de seu desenvolvimento universitário durante os anos 1930-1940, valorizaram a sua dupla filiação, herdeiras ao mesmo tempo das sociologias e antropologias francesas e americanas.[150]

O vestígio explícito desse caráter híbrido aparece na própria temática da pesquisa: alguns assuntos estão claramente ligados à abordagem típica do *Économie et Humanisme*, como a moradia, a família, a solidariedade, a escola ou a religião, enquanto temas como a delinqüência ou os processos políticos (demagogia etc.) foram priorizados pela Escola de Chicago.

A recepção e as conseqüências do estudo da SAGMACS

Publicado no suplemento de um jornal de grande circulação, o relatório da SAGMACS teve uma repercussão imediata sobre a opinião pública e os debates políticos sobre a favela nos anos 1960. Só essa repercussão já merecia um estudo histórico que não foi realizado até hoje.[151] Em contrapartida, teve alguns efeitos importantes sobre o mundo acadêmico e algumas conseqüências político-institucionais que abordaremos de maneira breve.

Nos 20 anos que seguiram a sua publicação, esse trabalho foi bastante citado por autores que estudaram as favelas. Por outro lado, a partir dos anos 1980 foi sendo pouco a pouco esquecido, sem dúvida por não ter sido publicado em livro e pela sua ausência nas bibliotecas universitárias. Na obra de síntese retrospectiva recente, *Um século de favela* (Zaluar & Alvito, 1998), a pesquisa não foi sequer citada na bibliografia!

O documento da SAGMACS contribuiu bastante com seus resultados e métodos, conforme podemos perceber nos trabalhos que a ele se referem no período seguinte à sua elaboração. Mas, apresentamos aqui a hipótese de esse documento merecer um papel ainda mais importante, na medida em que definiu uma verdadeira agenda de pes-

---

[149] Entrevista com José Arthur Rios. Lembremos que este fez mestrado numa universidade americana, tendo passado posteriormente algum tempo no convento-centro de estudos dos dominicanos em La Tourette.

[150] Os dois volumes da história das ciências sociais no Brasil, dirigidos por Micelli (1989, 1995), assim como o livro de Martinière (1982) detalham, em suas análises, a influência francesa. Quanto à influência americana sobre as ciências sociais no Brasil, ver o estudo do projeto UNESCO de Maio (1997).

[151] A única análise sobre o relatório da SAGMACS foi publicada em Valla (1986) em que o autor faz uma análise crítica detalhada do conteúdo, sem nada dizer sobre a sua repercussão.

quisa sobre as favelas do Rio, impondo-se às subseqüentes gerações de sociólogos e pesquisadores.

Uma analogia com a agenda de pesquisa apresentada em 1925, no *The city: suggestions for the investigation of human behavior in the urban environment*, pode ser considerada excessiva à primeira vista. O trabalho fundador de Park foi, de fato, escrito em um contexto universitário privilegiado[152] e como um guia para definir os temas e as questões a serem abordadas nas pesquisas futuras, tanto pelos estudantes e professores de Chicago quanto por outros estudantes americanos. Ora, o estudo da SAGMACS de modo algum se apresenta como proposta de um programa de pesquisas. Apenas *a posteriori* foi possível perceber o seu papel como agenda de várias gerações de pesquisadores, que acabaram privilegiando as mesmas temáticas ou temas semelhantes, conforme demonstraremos no capítulo III.

Os diferentes temas abordados pela SAGMACS para a análise da emergência e do desenvolvimento das favelas serão sistematicamente reencontrados nos trabalhos posteriores: a relação com o processo de urbanização do país; a relação com o processo histórico do desenvolvimento da cidade do Rio de Janeiro; os avatares do mercado e das políticas de moradia. Da mesma forma, os temas destacados para a análise da realidade social das favelas serão todos retomados de maneira continuada até os dias de hoje: o perfil sociodemográfico da população local, a vida cotidiana na favela, a vizinhança, a vida religiosa, a medicina popular, a escola na favela, a delinqüência e a criminalidade.

Finalmente, o procedimento metodológico que combina a análise dos dados estatísticos disponíveis, a observação e o estudo de caso foi um modelo amplamente seguido. Por exemplo, a abordagem estatística da SAGMACS foi a primeira a realizar uma comparação dos dados dos recenseamentos sobre as favelas e sua população com os dados sobre os outros habitantes e bairros da cidade do Rio de Janeiro, o que em seguida será encontrado em inúmeros trabalhos (favela e não-favela).

Mas, se a SAGMACS abriu caminho para os temas abordados e os métodos utilizados, inovou também quanto a certos resultados, porém, de posteridade mais incerta. Seu relatório descreveu e analisou as favelas como realidades heterogêneas e uma população igualmente heterogênea. O relatório insiste quanto à origem diferente de cada uma das favelas estudadas, assim como à importância das diferenciações internas, um verdadeiro "zoneamento" que, uma vez identificado, permitiria pensar as diferenças sociais e espaciais no interior das favelas. Os autores que publicaram em seguida, tais como Leeds (1969), Medina (1969) e Parisse (1969a, 1969c), desenvolvem essa temática da diversidade, conforme iremos ver adiante. No entanto, muitos outros, inclusive autores atuais, "esqueceram" essas análises, privilegiando uma visão unificadora quanto à especificidade da favela.[153]

É preciso assinalar que a visão das favelas mostrada pelo relatório SAGMACS vai de encontro aos mitos que os primeiros recenseamentos (em especial o de 1948, que trata especificamente das favelas do Rio, e o Recenseamento Geral de 1950 do IBGE) já haviam

---

[152] As condições excepcionais, específicas da Universidade de Chicago nas primeiras décadas do século XX, são enfatizadas por todos os autores que estudaram a origem dessa escola (Bulmer, 1984; Chapoulie, 2001).

[153] Valladares (2000a) faz uma crítica a essa visão dual, marca da maioria dos autores atuais que vêm estudando a favela.

questionado. A favela apresentada nessa pesquisa não constitui um mundo à parte, seus habitantes são pobres como outros pobres, eles mesmos vítimas do clientelismo político. O morador da favela se encontra em uma situação política semelhante à de outras áreas urbanas do país, e não deve ser considerado como tendo um tipo de comportamento político particular (SAGMACS, 1960 v. 2, p. 35).

Mas quais foram as conseqüências políticas da publicação desse relatório? Essas questões e a história da própria pesquisa SAGMACS permitem indicar a emergência de uma nova representação das favelas. A dimensão política da questão das favelas, valorizada pelo relatório, pode ser evidenciada pelo convite feito a José Arthur Rios, em 1960, ou seja, imediatamente após a realização do estudo, para dirigir o SERPHA (Serviço Especial de Reabilitação das Favelas e das Habitações Insalubres), organismo governamental criado no Rio quatro anos antes para gerir o problema das favelas. Em seguida, Arthur Rios assumiu o cargo de secretário de Serviços Sociais, secretaria criada durante uma reforma administrativa pelo jornalista Carlos Lacerda, que se torna governador do novo Estado da Guanabara, após a mudança da capital para Brasília em 1960.

Arthur Rios apoiou-se nos resultados do estudo da SAGMACS para elaborar suas propostas (Leeds & Leeds, 1978:214). Tratava-se de considerar as favelas bairros pobres a serem urbanizados, ou seja, equipá-las com os mesmos serviços municipais já oferecidos aos outros bairros da cidade. Proposta que, aliás, alguns setores da Igreja Católica também defendiam há muitos anos, porém dentro de uma perspectiva mais paternalista. A nova perspectiva política introduzida por Arthur Rios concretizou-se através de um decreto de 1961 (Silva, 1967) que pedia às favelas que se organizassem em associações de moradores, para permitir um diálogo melhor com as instâncias de administração e as agências de serviços, levando a um acordo formal assinado entre essas associações e o SERPHA, com a finalidade de contra-atacar as práticas clientelistas anteriores.

Esse engajamento político do pesquisador Arthur Rios foi malvisto por alguns, tendo sido criticado como manipulador no quadro de uma aliança com a direita destinada a controlar a população das favelas com o auxílio da máquina do Estado (Valla, 1986:175-198). Outros pesquisadores (Leeds & Leeds, 1978) tomaram a sua defesa, assinalando que Arthur Rios permanecera muito pouco tempo no governo Lacerda por não aceitar servir aos seus interesses eleitorais. De fato, Lacerda havia dividido a cidade do Rio de Janeiro em 23 regiões administrativas (RAs), integrando as favelas a essas RAs de modo a transformá-las em campos de clientela eleitoral.

No entanto a notoriedade obtida por Arthur Rios graças ao estudo da SAGMACS não se limitou aos círculos da política. Ele publicou vários artigos e se tornou "o professor das favelas", ou seja, aquela pessoa que todos os pesquisadores dos anos 1960 interessados pela pobreza no Rio de Janeiro deveriam consultar. A sede da SAGMACS do Rio foi, até o final dos anos 1960, uma passagem obrigatória para os pesquisadores estrangeiros vindos ao Brasil para estudar a favela. Passaram ali Anthony Leeds, Lucien Parisse e Janice Perlman, para citar apenas alguns. Com a passagem do tempo e a morte do Padre Lebret, a SAGMACS acabou desaparecendo, substituída por um novo escritório de planejamento, o SPLAN, que por sua vez também desapareceu. Arthur Rios, que se havia tornado professor da Pontifícia Universidade Católica do Rio de Janeiro (PUC-Rio), aposentou-se e continuou ocupando o seu escritório. Foi ainda ele quem redigiu o verbete "favela" no *Dicionário de ciências sociais*, publicado em 1987, pela Fundação Getulio Vargas.

Arthur Rios permite a entrada em cena de um novo grupo de atores que, por sua vez, irão "descobrir" as favelas a partir dos anos 1960: os *Peace Corps*, jovens americanos que durante os anos de governo Kennedy dirigiram-se ao Terceiro Mundo com a finalidade de trabalhar pela cooperação internacional. Durante uma de suas viagens aos Estados Unidos, Arthur Rios foi convidado a participar de um curso de formação para esses jovens americanos decididos a "desembarcar" nas favelas do Rio.

Durante os anos 1960 a cooperação internacional desenvolveu-se com grande intensidade, e os norte-americanos tornaram-se cada vez mais presentes e ativos no Brasil. *Experts* de organismos internacionais (Pearse, 1957; Bonilla, 1961) e diversos universitários dos Estados Unidos começaram a se interessar pelas favelas do Rio. As fundações norte-americanas, tais como a Fundação Ford, favoreceram nas universidades os *Latin American Studies*. Diversos acordos intergovernamentais foram estabelecidos com o Estado da Guanabara, e foi dentro desse contexto mais geral — em que a Cuba comunista de Fidel Castro constituía um modelo a ser combatido — que os *Peace Corps* chegam ao Brasil.

Os Peace Corps: voluntários da paz e o desenvolvimento de comunidades

O *Peace Corps* foi criado nos Estados Unidos durante os anos 1960, uma organização que mobilizava jovens voluntários para ajudar populações carentes, em zonas rurais e urbanas dos países subdesenvolvidos. Os cartazes convidando a participar do *Peace Corps*, intitulados *The human care package*, expunham claramente a necessidade dessa ajuda, mostrando que o povo americano deveria sentir-se responsável:

> 'Existe em algum lugar, um homem que nada tem. Será que você quer lhe dar alguma coisa? Eis algumas sugestões. Mande paciência. Ele ficará contente pelo resto de sua vida. Mande compreensão. É uma coisa que pode lhe ser muito útil. Mande bondade. Isto nunca sairá de moda. Mande a única coisa que só você pode mandar. Mande você mesmo'. *Peace Corps*, Washington D.C." (Hoffman, 1998:131).

O *Peace Corps*, uma das iniciativas mais importantes da administração Kennedy durante a Guerra Fria (Fischer, 1998), simbolizou uma nova forma de relação entre os Estados Unidos e o Terceiro Mundo. Seu objetivo declarado era permitir uma melhor compreensão entre os americanos e o resto do mundo. Programa oficial da política externa americana, apregoava um ideal humanitário, sem esconder seu objetivo de oferecer uma imagem melhor dos Estados Unidos e sua diplomacia, imagem que se havia deteriorado durante a Guerra Fria: "O *Peace Corps* poderia recriar a América naquilo que ela tinha de melhor" (Hoffman, 1998:23), e John Kennedy havia percebido, muito bem, que os universitários seriam o grupo ideal para assumir esse papel.[154]

---

[154] Hoffman (1998:11) reproduz o discurso de John Kennedy diante de 10 mil universitários de Michigan em 1960: "Quantos de vocês estão prontos a passar 10 anos na África, na América Latina ou na Ásia, trabalhando pelos Estados Unidos e pela liberdade? Quantos de vocês, que vão se formar em medicina, estão prontos a trabalhar em Gana? Técnicos e engenheiros, quantos de vocês estão preparados para se engajar na ação internacional de nosso país e passar a vida dando volta ao mundo?" É fácil imaginar o impacto deste discurso do candidato à presidência dos Estados Unidos sobre os estudantes.

Em seu livro *All you need is love*, Hoffman (1998) analisa detalhadamente o impacto desse apelo sobre a nação americana. O sucesso em termos do número de jovens recrutados (no total, 94.023 espalharam-se pelo mundo inteiro entre 1961 e 1979) pode sem dúvida ser explicado, além do ideal humanitário, pelo gosto da aventura e pelo desejo de ver coisas novas, que essa experiência poderia satisfazer. Os destinos eram sempre lugares afastados, exóticos, onde miséria e subdesenvolvimento constituíam o desafio. A possibilidade de tornar-se "herói" (conforme título de um capítulo do livro, *"The Hero's Adventure")* excitava a imaginação desses jovens americanos, prontos para mudar de vida durante alguns anos, renunciando ao conforto e à segurança de seu país de origem.

Numerosos voluntários partiram para os quatro cantos do planeta. Os primeiros, engajados a partir de 1961, deveriam ter mais de 18 anos, boa saúde, possuir um bacharelado ou equivalente em termos de experiência profissional. O tempo de serviço como voluntário da paz era de 27 meses, dos quais três, consagrados a uma formação prévia à partida em missão. O candidato não poderia escolher o lugar onde iria exercer suas funções, determinadas de acordo com as demandas do país e as qualificações do voluntário.

Aprender a viver entre os pobres era um objetivo estratégico importante, característico dessa nova "cruzada". Fundamentado nesse "exército" de voluntários leigos (diferenciando-se claramente da tradição católica européia), o impulso missionário era evidente. Partilhar o cotidiano da aldeia ou do bairro, participar dos problemas da comunidade constituíam o cerne da ajuda. Era preciso viver como o outro para sentir as suas dificuldades, para demonstrar envolvimento e engajamento.

A crença na possibilidade de uma transformação dos homens e, sobretudo, na melhoria de suas condições de vida, era claramente proclamada: "O *Peace Corps* trabalha em 46 países — não pretendendo transformar o mundo por completo, mas sem deixar de mudá-lo".[155] Tal objetivo implicava um engajamento total, era preciso cumprir a missão recebida: tal como um soldado, estar pronto a assumir todos os riscos necessários. Esperava-se de quem era enviado às zonas rurais, carentes de equipamento sanitário, que soubessem construir poços, fossas, latrinas e conhecessem um mínimo de técnicas agrícolas. Os voluntários da paz deveriam ao mesmo tempo dominar essas tecnologias, além de se embeber da cultura do país ou região, para dar conta do choque cultural. Esperava-se que os estudantes de engenharia aprendessem as técnicas tradicionais antes de pensar em introduzir outras mais modernas. Os estudantes de medicina eram convidados a se especializar em doenças tropicais ou locais, antes de tentar implantar equipamentos visando um melhor desenvolvimento da saúde pública e da administração hospitalar.[156]

A ajuda seria tanto mais eficaz quanto os "missionários" tivessem condições de se identificar com a população local em qualquer lugar para onde fossem enviados e compreender — de dentro — os problemas a serem superados. O objetivo era recusar-se a per-

---

[155] Publicidade do *Peace Corps* publicada no *The New York Times* em 1964, citada por Hoffman (1998:124).

[156] Hoffman (1998:133) apresenta dados sobre os primeiros anos do *Peace Corps*: no período 1961-1965 mais da metade dos voluntários trabalhavam como professores primários e secundários; 30% no desenvolvimento comunitário; e 20% nas atividades ligadas à agricultura, saúde, obras públicas e administração. Segundo a mesma autora, essas percentagens não se alteraram substancialmente nas décadas seguintes.

manecer "de fora", ainda que fosse estrangeiro, respeitar a cultura local e suas tradições, aceitando do modo mais natural possível o choque cultural,[157] experimentado por todos os voluntários do *Peace Corps*. No final das contas, o desarraigamento ou choque cultural fazia parte da experiência inevitável e necessária. Para ajudar os outros, era preciso viver e sentir como eles, penetrar em seu mundo e em sua cultura.

Nos anos 1960 e 1970, a teoria do desenvolvimento comunitário era considerada pela maioria dos organismos internacionais de cooperação, conforme já foi assinalado no início deste capítulo, como a perspectiva mais apropriada para qualquer ação junto aos pobres e suas comunidades, fossem elas rurais ou urbanas. Os objetivos do *Peace Corps* integravam-se perfeitamente a essa visão.

O Peace Corps nas favelas do Rio de Janeiro

Durante os anos 1960 e 1970, pelo menos 31.186 voluntários foram enviados à América Latina e ao Caribe. Na década seguinte, seu número reduziu-se a 8.851. Por conseguinte, o grande momento do *Peace Corps* ocorreu durante os anos 1960 e 1970.[158] O número total dos membros enviados ao Brasil de 1961 a 1981[159] contou cerca de 6 mil norte-americanos, destinados sobretudo a lugarejos remotos do Nordeste e Centro-Oeste (Azevedo, 1998).

No Rio de Janeiro, as favelas constituíram um lugar privilegiado para esses voluntários.[160] Idealistas e cheios de boa vontade, acreditavam poder contribuir para a melhoria das condições de vida dos pobres urbanos do Brasil. Nos anos 1960, eram cerca de 30, repartidos entre diferentes favelas do Rio,[161] consideradas o lugar por excelência da concentração da pobreza e da miséria na Cidade Maravilhosa.

Ainda nos Estados Unidos, durante os três meses de formação intensiva, todos eles liam o livro de Carolina Maria de Jesus, *Quarto de despejo* (1960),[162] e sem dúvida também

---

[157] Segundo Hoffman (1998:134): "O choque cultural era uma outra maneira de promover o relativismo cultural e, por conseguinte, o ideal do respeito universal".

[158] Conforme assinala Hoffman (1998:263-264), esses números reúnem voluntários de vários países classificados como "Inter-América": Anguilla, Antígua e Barbuda, Argentina, Barbados, Belize, Bolívia, Brasil, Chile, Colômbia, Costa Rica, Dominica, República Dominicana, Equador, El Salvador, Granada e Cariaccou, Guatemala, Guiana, Haiti, Honduras, Jamaica, Montserrat, Nicarágua, Panamá, Paraguai, Peru, St-Kitts Nevis, Santa Lucia, São Vicente-Granada, Suriname, Ilha Turks-Caicos, Uruguai e Venezuela.

[159] Desde 1981 o *Peace Corps* não atua mais no Brasil. Ver Azevedo (2002), que escreveu sobre os voluntários da paz no país.

[160] O único trabalho existente sobre a ação dos *Peace Corps* nas favelas do Rio é o de Valladares (2002a) e foi a partir dele que desenvolvemos esta análise.

[161] Estimativa de Elizabeth Leeds declarada em entrevista que nos concedeu quando trabalhava recentemente na Fundação Ford do Rio. Autora de vários trabalhos sobre a favela carioca, chegou ao Rio pela primeira vez nos anos 1960 como membro do *Peace Corps*, trabalhando nas áreas de saúde pública e desenvolvimento comunitário. Elizabeth Leeds viveu nas favelas do Tuiuti e do Jacarezinho, tendo se casado com o antropólogo Anthony Leeds, com quem compartilhou várias pesquisas e publicações.

[162] Conforme assinala Levine in Meihy & Levine (1996:16), os militantes do *Peace Corps* já tinham conhecimento do texto pelos cursos recebidos durante o treinamento para poder trabalhar nas favelas e outros bairros pobres e afastados do Brasil.

o de Oscar Lewis, *Five families* (1959). O diário de Carolina, traduzido para o inglês com o título de *Child of the dark* (1961), havia obtido um grande sucesso nos Estados Unidos e suas numerosas edições eram encontradas na maior parte das bibliotecas daquele país.[163] Escrito por uma mulher que mal sabia ler e escrever, negra, mãe solteira, esse diário era um grito contra a miséria e a injustiça social. Carolina morava em uma favela de São Paulo, mas seu relato seria o mesmo caso vivesse em uma favela do Rio, que, tanto na literatura internacional quanto nos meios de comunicação, já constituía um símbolo dos espaços segregados das cidades latino-americanas, onde vivia uma população dita "marginal", geográfica, social e economicamente.

A favela descrita no livro, mais do que um enclave da pobreza, aparece representada como um microcosmo culturalmente diferenciado no qual a anomia e o individualismo superam o espírito coletivo. Sem uma renda regular, no limite da miséria, Carolina dividia com outros um espaço paupérrimo, sem qualquer infra-estrutura. Além disso, a favela era ainda retratada como um amontoado de indivíduos desprovidos de qualquer forma de organização interna. Os laços de solidariedade eram ali percebidos como frágeis, talvez até ausentes. E o estatuto ilegal de ocupação da área invadida era agravado pela imagem de total abandono pelos poderes públicos.

No Rio, o objetivo dos *Peace Corps*, definido a partir desse tipo de representação, era ajudar os pobres a se organizar e promover o seu próprio desenvolvimento.

O *Peace Corps*, como organização de ajuda internacional, mantinha laços oficiais com a prefeitura da cidade do Rio de Janeiro. Existiam também acordos intergovernamentais como o da USAID (Agência dos Estados Unidos para o Desenvolvimento Internacional) destinado a ajudar o financiamento da habitação popular através da Companhia da Habitação do Estado da Guanabara (COHAB-GB).[164] Os primeiros voluntários se instalaram nas favelas com o apoio da prefeitura.[165] Mas suas escolhas recaíram apenas sobre algumas das 147 favelas então recenseadas: Morro do Borel, Tuiuti, Salgueiro, Morro Azul, Ruth Ferreira, Vigário Geral, Roquete Pinto, Morro do Estado, Rocinha e, sobretudo, Jacarezinho.

Os *Peace Corps* não parecem ter escolhido nem o Morro do Borel, nem a favela do Jacarezinho por acaso. O Borel, como vimos no capítulo I, foi a favela onde se organizou a União dos Trabalhadores Favelados. Segundo o Censo de 1960, o Jacarezinho era a maior favela da cidade. Reunia uma população operária significativa, nela residindo vários militantes da FAFEG (Federação das Associações de Favela do Estado da Guanabara).

Sem que se saiba exatamente de que maneira, os voluntários da paz conseguiram alugar moradias nessas áreas. No Jacarezinho, nos idos de 1960, vivia uma Dona Filinha

---

[163] Sobre a repercussão do livro de Carolina Maria de Jesus nos Estados Unidos ver Meihy & Levine (1996:13-19), particularmente o capítulo "A percepção de um estrangeiro".

[164] O acordo da USAID com o governo do Estado da Guanabara cobria vários setores: a construção de moradias populares destinadas a moradores de favelas removidas (Vila Kennedy, Vila Aliança e Vila Esperança); o financiamento de um projeto piloto de urbanização de uma favela (Brás de Pina); e a construção de um centro de saúde (Leeds & Leeds, 1978).

[165] Elizabeth Leeds nos revelou que o grupo ao qual pertencia era dependente da Região Administrativa de São Cristóvão. O centro de saúde em que veio a trabalhar como *Peace Corps* serviu de ponte para sua entrada na favela do Tuiuti. Segundo a entrevistada, a maioria dos voluntários da paz que veio para o Rio optou por viver nas favelas.

que teria, gradativamente, transformado sua residência de alvenaria em uma pensão familiar para os americanos. O início desta transformação pode ser atribuído ao caso quase legendário de Peggy Rockfeller, de célebre família norte-americana (cujo noivo era voluntário do *Peace Corps* no Jacarezinho), que teria contribuído especialmente para as melhorias da pensão. Mais tarde outros pesquisadores iriam se utilizar deste mesmo local de moradia na favela.[166]

Mas qual era o conteúdo concreto da ação dos membros do *Peace Corps* nas favelas? De que maneira esses jovens americanos organizaram o seu trabalho comunitário? Afinal, qual foi a sua contribuição ao dispositivo de ajuda à pobreza?

Responder a essas questões exige o recurso a inúmeras fontes de informação, algumas tiradas do relato dos atores sobre sua própria experiência; outras, de entrevistas realizadas com brasileiros que conheceram esses voluntários da paz;[167] outras ainda, provenientes de nossa própria experiência de campo em uma favela do Rio.[168]

Os jovens americanos, "caídos de pára-quedas" nas favelas, tinham um conhecimento muito limitado da cidade do Rio de Janeiro e, particularmente, desses bairros pobres. Se eles se beneficiaram de uma formação específica antes de sair dos Estados Unidos, em especial através das conferências dadas por professores e pesquisadores seniores que já haviam trabalhado sobre o Brasil,[169] necessitavam de qualquer maneira enfrentar uma realidade nova, desconhecida pela grande maioria deles — o Terceiro Mundo. O choque cultural era inevitável. De fato, os voluntários experimentaram um duplo desarraigamento: a diferença entre o país de origem e o país da missão, e a distância entre a vida cotidiana nos bairros de classe média ou alta de uma cidade americana e na favela. Por sua vez, os voluntários do *Peace Corps* eram percebidos pelos habitantes das favelas como estranhos, diferentes, fora do contexto local. Até então, os únicos — e raros — estrangeiros que haviam partilhado seu modo de vida eram religiosos, freiras ou padres católicos, cuja presença tinha razões compreensíveis dentro do universo dos favelados, em que a religião católica já tinha o seu lugar.[170]

A primeira necessidade dos voluntários da paz era fazer-se aceitar pelo novo grupo. Uma vez reconhecida a sua presença na favela, deveriam estabelecer um diagnóstico, fazer a lista das prioridades locais e, finalmente, atuar. Mas como seria possível fazer-se aceitar

---

[166] Entrevista de Jane Souto de Oliveira que, anos mais tarde, também residiu na pensão de Dona Filinha.

[167] Como, por exemplo, Luiz Antonio Machado da Silva.

[168] Quando iniciamos o trabalho de campo na Rocinha em 1967, um casal de *Peace Corps* já residia na favela, tendo alugado uma das melhores casas de alvenaria lá existentes. Ensinavam na PUC e tentavam promover o desenvolvimento comunitário, sem sucesso. Tendo permanecido na Rocinha após seu retorno aos Estados Unidos, pudemos perceber melhor as marcas de sua passagem, e a imagem deixada por eles junto aos moradores (Valladares, diário de campo não publicado).

[169] Como já assinalamos, José Arthur Rios participou de um dos cursos de formação para o *Peace Corps* nos Estados Unidos. Anthony Leeds também ajudou a formar os voluntários através de cursos na universidade americana, e antes mesmo de estudar as favelas havia estado na região baiana do cacau para fazer a sua tese de doutorado.

[170] Durante o trabalho de campo na Rocinha em 1967, os únicos outros estrangeiros que encontramos foram três freiras italianas que residiam em um barraco bastante pobre, ao contrário do casal americano (Valladares, diário de campo não publicado).

em uma favela, espaço não freqüentado, e até mesmo evitado, pelas camadas médias brasileiras, à exceção de alguns artistas e outros tantos militantes? Mas como acreditar que, por sua própria vontade, um gringo pudesse realizar o que a grande maioria dos brasileiros não ousava nem desejava fazer?

Com algumas exceções, esses americanos tiveram muitas dificuldades para se integrar, encontrar um lugar na favela, além de justificar a sua presença e utilidade em um meio considerado um enclave deserdado da Cidade Maravilhosa. Sem a formação dos etnólogos, que sabem perfeitamente a importância de uma boa introdução no campo quando se quer realizar uma observação participante, os membros do *Peace Corps* acreditaram poder atingir os seus objetivos de maneira simples, obtendo a confiança aparente de alguns residentes transformados em seus interlocutores.[171] Encantados que uma família os aceitasse e convidasse a compartilhar alguns momentos da vida cotidiana, como o frango do almoço de domingo, maravilhados em ouvi-los falar de seus problemas e fascinados pelas conversas entre homens nas biroscas da favela, não questionavam a natureza das relações assim estabelecidas. Mas apesar desse deslumbramento devemos reconhecer que os membros do *Peace Corps* pouco a pouco aprenderam a geografia das favelas, familiarizaram-se com a rede de ruelas, descobriram a história de sua ocupação e tomaram conhecimento da trajetória de algumas famílias com as quais estavam em contato mais próximo. Para muitos, morar na favela parecia suficiente para formular um diagnóstico referente aos principais problemas que seria necessário enfrentar.

No entanto, o trabalho de desenvolvimento comunitário que acreditavam conduzir dependia da participação dos próprios residentes, de sua concordância quanto às prioridades da ação a ser realizada. Muitos moradores sabiam que os *Peace Corps* produziam relatórios regularmente e mantinham relações com o Consulado Americano, o que muitas vezes os tornou suspeitos.

Ora, conforme já assinalamos, em várias favelas já existiam associações de moradores bastante atuantes e que tinham uma prática de acordo com diversas instâncias. A perspectiva do desenvolvimento comunitário era conhecida das assistentes sociais brasileiras desde os anos 1950 e, no âmbito da Administração Municipal, elas haviam favorecido e, até mesmo, impulsionado a criação de tais associações, compartilhando com os membros da Igreja Católica o controle da assistência social aos pobres.[172] Com a chegada do *Peace Corps*, um novo ator entrou em campo. Podemos imaginar facilmente que isso não tenha ocorrido sem algumas tensões e situações competitivas.

Os membros do *Peace Corps* descobriram a existência de redes informais para o fornecimento de água, de redes semilegais de eletricidade, de redes sociais em torno das escolas de samba e dos centros religiosos. Era impossível ignorar a importância das fortes conexões entre líderes das favelas, certos políticos e alguns representantes da Administração

---

[171] Provavelmente esses americanos não tinham lido Foote Whyte e o famoso anexo metodológico do livro *Street Corner Society*, só publicado a partir da edição de 1955.

[172] As assistentes tinham tradição nessa área: o Departamento de Serviço Social e a Fundação Leão XIII organizavam cursos de formação profissional para jovens e adultos, oferecendo assistência médica nos centros sociais e desempenhando o papel de intermediários entre a população local e a Administração Municipal.

Municipal. A densidade das redes sociais deixou aturdidos esses americanos que, antes de sua chegada, tinham uma idéia bem diferente da vida nesses bairros pobres, supostamente ocupados apenas por migrantes de origem rural. O relato de Carolina Maria de Jesus havia permitido aos voluntários da paz imaginar que, nas favelas do Rio, estariam frente a uma situação de anomia e ausência de ação coletiva dos moradores. Mas a realidade com que se confrontaram era bem outra, conforme em seguida evidenciaram explicitamente alguns *Peace Corps* que escreveram sobre elas (Morocco, 1966; Silberstein, 1969).

Foi então necessário levar em conta essas redes que revelavam a existência de um potencial de participação e engajamento coletivo. Aliás, a história das favelas demonstrava que o pouco de infra-estrutura já existente era sempre resultado da combinação de investimentos públicos, realizados por organismos oficiais, com a mobilização coletiva dos habitantes, freqüentemente sob a forma de mutirão.[173] Esta forma de ajuda mútua, originária das zonas rurais e fortemente associada à "cultura dos pobres", era considerada a contrapartida "natural" dos habitantes aos raros trabalhos públicos de urbanização. A partir dos anos 1940 a Fundação Leão XIII havia conseguido, apoiada nessas formas de mobilização interna, instalar redes parciais de água e assegurar a abertura de algumas vias de circulação pública. Por sua vez, as associações de moradores também invocavam a prática do mutirão para demonstrar aos políticos e aos poderes públicos que as favelas poderiam participar ativamente de qualquer ação impulsionada por uma ajuda externa.

Os voluntários do *Peace Corps*, em sua quase totalidade, desconheciam, ou melhor, não compreendiam a complexidade do cenário social e as redes de relação que caracterizavam a "questão das favelas". Quando conseguiram participar de alguns dos grupos locais e fazerem-se aceitos, quando conseguiram encontrar ali alguns colaboradores, tentaram muitas vezes apoiar-se nessa prática do mutirão. Não tendo, sequer, percebido a estruturação social das favelas, a existência de diferentes grupos em situação de conflito ou de competição,[174] os americanos, involuntariamente, referiram-se aos pequenos grupos aos quais se haviam integrado, defendendo os interesses particulares desses grupos. Ajudando alguns em detrimento de outros, de modo mais ou menos consciente, acabaram, então, tomando partido em disputas e conflitos, dificultando uma ação comunitária mais ampla.

Malgrado suas boas intenções e o seu espírito de cooperação, os voluntários do *Peace Corps* enfrentavam inúmeros *handicaps*.

Apesar de provenientes das ciências sociais, sua formação universitária não lhes fornecia as habilidades técnicas necessárias. Além disto, conheciam muito mal o funcionamento da máquina burocrática brasileira. Como, então, poderiam planejar operações de saneamento, implantação de redes de esgoto etc. sem possuir um mínimo de conhecimentos rudimentares em engenharia e urbanismo? Como participar eficazmente nas operações de regularização fundiária sem conhecer em detalhes o direito fundiário brasileiro e as diferenças bastante complexas de estatuto entre as diversas partes de uma mesma favela? Esses elementos explicam parcialmente os limites encontrados por tais projetos de desenvolvimento comunitário. As observações de Norma Evenson, da Universidade da Califór-

---

[173] Sobre o mutirão escreveram vários autores. São hoje "clássicos" os trabalhos de Maricato (1979), Bonduki & Rolnik (1979). Ver também Valladares & Figueiredo (1981), Sachs (1985) e Bisilliat (1995).

[174] Para uma análise da estrutura interna das favelas e do papel das associações voluntárias, ver Medina (1969) e Valladares (1977).

nia, em visita ao Rio em 1966, confirmam o insucesso da ação empreendida em certas favelas para mobilizar os residentes sobre o que parecia aos olhos dos *Peace Corps* ser o principal problema — a ilegalidade da ocupação e a ausência de títulos de propriedade: "Um voluntário do *Peace Corps*, na favela do Jacarezinho nos contou que ele havia tentado organizar um movimento junto aos residentes para obtenção da propriedade da terra mas se deu conta que os favelados não desejavam o título de propriedade. Inúmeros deles já residiam no local há muito tempo, alguns mesmo há cerca de 20 anos, estando convencidos de que as autoridades não iriam removê-los" (Evenson, 1973:25).

Podemos imaginar que a reticência dos favelados resultasse de uma prudência política não percebida por esses jovens americanos, pois, contrariamente à citada explicação, as mobilizações contra as expulsões e remoções de favelas haviam sido fortes: a FAFEG (Federação das Associações de Favelas do Estado da Guanabara), criada em 1962, havia lançado uma palavra de ordem contra a remoção da favela do Pasmado em 1964, e realizado uma campanha pela imprensa em 1968, cujo *slogan* era "Urbanização sim, remoção nunca!"; que desencadeou uma intensa repressão política e levou seus principais líderes à prisão em 1969 (Valladares, 1978a:29-30).

Devemos, ainda, acrescentar que a conjuntura política brasileira não era nada favorável a uma convivência entre os militantes locais e os americanos, ainda que os voluntários da paz parecessem simpatizantes dos favelados. Presente no momento do Golpe de Estado de 1964, o *Peace Corps* permaneceu no país durante os anos mais duros do regime militar. A maior parte dos brasileiros questionava "a boa intenção" de seus membros, muitas vezes considerados agentes da CIA. O conteúdo de seus relatórios era suspeito, assim como suas visitas ao consulado dos Estados Unidos no Rio. A Revolução Cubana e a Guerra do Vietnã em nada ajudaram a sua imagem. Nas representações dos cariocas, esses jovens americanos vinham ao Brasil principalmente para fugir do serviço militar e não ser enviados ao Vietnã. O papel do *Peace Corps* na política externa do governo Kennedy era interpretado menos como uma tentativa de abertura dos Estados Unidos para o Terceiro Mundo, segundo a justificativa oficial analisada por Hoffman (1998) e Fisher (1998), do que uma forma de combater o avanço comunista na América Latina, de que Cuba era o símbolo.

Os jovens americanos enviados às favelas brasileiras terminaram optando por objetivos mais modestos. Alguns concentraram seus esforços em programas de vacinação e prevenção de doenças, outros se dedicaram essencialmente a cursos de ensino profissional e de inglês. Alguns voluntários desistiram de promover o desenvolvimento comunitário, continuando a morar na favela mas desenvolvendo atividades em outros lugares.[175] Finalmente, alguns aproveitaram a situação de residentes para observar a vida local, colaborando especialmente com o antropólogo americano Anthony Leeds, a quem já nos referimos e que, na segunda metade dos anos 1960, transformou as favelas do Rio em seu campo de pesquisa.

Nos dias de hoje, a percepção dos *Peace Corps* nas favelas do Rio nos anos 1960 não deve se ater, exclusivamente, à insuficiência de conhecimentos técnicos, à conjuntura política daquele momento, nem tampouco às intervenções propostas. Uma análise da atividade daqueles atores sociais se prende, sobretudo, à leitura das favelas e da pobreza, feita

---

[175] Este foi o caso do casal de membros do *Peace Corps* que encontramos na Rocinha. Diante da dificuldade de levar adiante seu projeto, voltaram-se exclusivamente para as atividades de ensino na PUC.

àquela época pela instituição do *Peace Corps*. A idéia de "favela", no singular, no sentido de comunidade homogênea era então predominante e justificava uma linha de ação universalista e ineficaz frente à sua diversidade. O pessoal de Washington tampouco percebia as dificuldades para se inserir e intervir em espaços tão particulares quanto as favelas. Enfim, o desconhecimento da realidade sociopolítica local, apesar do esforço realizado durante o treinamento nos Estados Unidos, era patente entre a maior parte dos membros do *Peace Corps*. Em particular, o desconhecimento de um cenário político local constituído por numerosos atores locais e nacionais, ignorância típica da perspectiva "missionária" da intervenção social.

Anthony Leeds: antropologia comparativa e transformação dos voluntários do Peace Corps em observadores

Se, essencialmente, os membros do *Peace Corps* enviados às favelas fracassaram como agentes do desenvolvimento comunitário, em contrapartida alguns deles tiveram um importante papel como observadores graças à presença ativa entre nós, nesse período, do antropólogo americano Anthony Leeds,[176] que soube perceber e explorar a oportunidade constituída por esses potenciais observadores participantes. Esse papel de observador foi uma especificidade do *Peace Corps* no Brasil. As recentes publicações sobre os *Peace Corps* não mencionam tal tipo de prática em nenhum outro país (Ridinger, 1989; Hoffman, 1998; Fisher, 1998).

Os resultados dessas observações foram apresentados pelos universitários do *Peace Corps*, através da iniciativa de Anthony Leeds, na 37ª Conferência Internacional dos Americanistas, ocorrida em Mar del Plata, Argentina, em 1966 (Hoenack, 1966; Leeds, 1966; Morocco, 1966; Naro, 1966; O'Neill, 1996). Posteriormente, alguns deles valorizaram essa experiência de campo em trabalhos e teses universitárias (Silberstein, 1969; Leeds, 1972).

Anthony Leeds, de uma família de intelectuais de origem européia, nasceu em 1925 em Nova York e freqüentou a Universidade de Colúmbia entre 1947 e 1957, onde obteve seu PhD. Como qualquer antropólogo urbano daquela época, sua formação teve como referência a antropologia clássica e a Primeira Escola de Chicago. Segundo Sanjek (1994:X), suas influências principais foram Krober e Marx, além da corrente de ecologia evolucionista da antropologia americana, a partir das quais ele teria desenvolvido uma orientação pessoal ao mesmo tempo materialista e behaviorista, particularmente atenta à abordagem ecológica e à questão do poder.

Dois anos (1951 e 1952) passados na região da cultura do cacau na Bahia, participando de uma equipe da Universidade de Colúmbia coordenada pelo professor Charles Wagley e pelo antropólogo baiano Thales de Azevedo, permitiram a realização de um trabalho de campo que serviu de base à sua tese (Leeds, 1957). Experiência que lhe permitiu desenvolver um conhecimento da realidade brasileira e tornar-se, aos olhos de seus colegas

---

[176] As informações sobre Anthony Leeds são provenientes de diversas fontes: entrevista com Elizabeth Leeds, sua viúva; entrevista com Gilberto Velho, que publicou a único livro em português de Leeds & Leeds (1978); entrevista com Luiz Antonio Machado da Silva, que conheceu Leeds desde sua chegada ao Brasil; e nosso contato pessoal com Anthony Leeds durante suas estadas no Brasil nos anos 1960 e 1970. Outra fonte importante foi o livro organizado por Sanjek (1994) sobre Leeds.

americanos, um brazilianista com uma leitura original do funcionamento da estrutura social brasileira, das relações entre as elites e as classes populares, da mobilidade social, das interações entre as localidades e as estruturas de poder.[177] Nos anos 1960, Anthony Leeds retornou várias vezes ao Brasil, primeiro como chefe do Programa de Desenvolvimento Urbano da União Pan-Americana, em seguida como pesquisador financiado pelo *Social Science Research Council* e depois como professor financiado pela Fundação Ford.

Anthony Leeds decidiu então fazer das favelas cariocas o seu campo de pesquisa para estudar a pobreza urbana na América Latina. Podemos aqui sugerir a hipótese de que tenha havido uma partilha implícita entre os latino-americanistas anglo-saxões que trabalhavam com a pobreza urbana e a habitação popular: Oscar Lewis dedicou-se primeiro ao México e mais tarde a Porto Rico e Cuba; William Mangin ao Peru; John Turner ao Peru e ao Chile; Anthony Leeds ao Brasil. Ao mesmo tempo, Leeds era muito crítico em relação a Oscar Lewis (Leeds & Leeds, 1978:87-88), e apoiado em sua experiência brasileira questionava a tese da "cultura da pobreza" e a "teoria da marginalidade" (que discutiremos no capítulo III), buscando sempre ampliar o seu trabalho através de uma dimensão comparativa, com as pesquisas sobre o Peru e o diálogo acadêmico com Mangin, Turner e José Mattos Mar.

Anthony Leeds percebeu rapidamente a importância de convencer alguns membros do *Peace Corps* a se transformar em observadores participantes. O *Peace Corps* era uma organização que ele conhecia muito bem, pois, como professor na Universidade do Texas (1963-1972) — uma das universidades responsáveis pela formação dos futuros voluntários —, havia contribuído nos cursos sobre o Brasil e a América Latina.

Entre esses jovens americanos, vários haviam freqüentado cursos de sociologia ou de antropologia em seus primeiros anos de faculdade. Uma vez nas favelas, perceberam que seu trabalho de desenvolvimento comunitário não fazia sentido. Encontrar no Brasil um antropólogo, professor de renome nos Estados Unidos (Sanjek, 1994), que poderia ajudá-los a valorizar sua inserção nessas favelas, através de suas posições privilegiadas como residentes, era sem dúvida uma oportunidade que não se poderia deixar passar.

Já morando nas favelas, falando português, e tendo estabelecido uma rede de relações (ainda que por vezes ela fosse problemática), eles representavam uma rica fonte de informações para o próprio Leeds, que poderia assim obter dados sobre muitas favelas do Rio. Herdeiro de uma tradição americana em que os estudos de caso e a pesquisa de campo constituíam as ferramentas privilegiadas do etnólogo, conhecia também os seus limites, ou seja, a impossibilidade de generalizar a partir de um único estudo de caso. Aliás, o próprio Leeds criticava qualquer trabalho de microantropologia que se limitasse a estudar uma única comunidade sem considerar a sua inserção no processo social total com suas dimensões econômicas e políticas, sem levar em conta o seu caráter de subconjunto de uma cidade e de uma sociedade nacional (Leeds, in Sanjek, 1994:234).

Anthony Leeds tinha como objetivo chegar a uma explicação global do fenômeno das favelas, com plena consciência do peso dessa tarefa: 147 favelas haviam sido repertoriadas durante o recenseamento de 1960. Um dos principais artigos de Leeds (1969) tem de fato o título explícito de: *"The significant variables determining the character of squatter*

[177] Sua tese (Leeds, 1957) nunca foi publicada. Seu artigo, tirado da tese, *"Brazilian careers and social structure"*, publicado em 1964, teve grande repercussão entre a comunidade científica americana.

settlements". Para alcançar um nível aceitável de generalização, para medir esse universo complexo e diferenciado, era necessário estudar paralelamente numerosos casos. Para isto, Leeds necessitava de muitos observadores estrategicamente situados. Os *Peace Corps* poderiam constituir exatamente a rede necessária de informantes qualificados, na medida em que de alguma forma eles haviam "desbravado o terreno". Leeds formou os *Peace Corps* para fazer o trabalho de campo que ele precisava: ia até onde moravam e orientava seus contatos, sinalizando as informações que deveriam coletar.[178]

O próprio Anthony Leeds morou primeiro na favela do Tuiuti e depois, mais longamente, no Jacarezinho, a maior favela segundo o recenseamento de 1950, onde residia o líder mais conhecido à época do movimento dos favelados, o presidente da FAFEG. Fazendo desta última favela o seu lugar permanente de *fieldwork*, viveu ali em 1965 e 1966 com Elizabeth Plotkin, com quem se casou, retornando ao Jacarezinho, regularmente, até os anos 1970.[179]

À maneira da Escola de Chicago,[180] Leeds realizou um seminário de pesquisa e discussão, durante as suas diversas estadas no Rio, especialmente em seu apartamento de Copacabana durante os anos 1967 e 1968. Sieber ressalta (1994:11) em *"The life of Anthony Leeds"* a importância desse seminário que reunia de maneira informal membros do *Peace Corps*, pesquisadores brasileiros ou americanos, trabalhadores sociais e habitantes das favelas que, em conjunto, discutiam as condições de vida nas favelas.[181] Segundo Sieber: "não se tratava apenas de confrontar dados ou interpretações, mas do seminário resultavam também estratégias para uma ação local de desenvolvimento comunitário, ou até mesmo a sua ampliação para outros lugares" (p. 11).

Local de encontro para uma boa parte das pessoas que se interessavam pelas favelas durante os anos 1960 (quer fosse para estudá-las ou nelas conduzir uma ação concreta), tais seminários tiveram um papel importante na história da pesquisa sobre as favelas do Rio. Da mesma forma que a contribuição da equipe informal constituída por Anthony

---

[178] Entrevista com Luiz Antonio Machado da Silva.

[179] No entanto, a imagem de Leeds e dos membros do *Peace Corps* é questionada pelas observações do sociólogo português Boaventura Santos no relato de seu trabalho de campo no Jacarezinho durante os anos 1970: "Um dia um amigo meu apresentou-me a uma pessoa que 'sabia muitas coisas sobre a favela e os americanos'. Sem esperar pelas minhas perguntas, desatou a falar sobre a favela, a sua localização geográfica, os tipos de casas e de barracas, as profissões dos moradores, etc. Era um discurso fluente, que usava uma linguagem científica popular e que revelava um conhecimento técnico da comunidade. Eu fiquei espantado e não tive dúvidas de que ele queria impressionar-me. O discurso acabou com esta frase assombrosa: 'Você está a pesquisar aqui na favela, não é? Os americanos escreveram os livros deles nos meus ombros'. Não pude deixar de rir. Mas o meu amigo disse-me depois que, verdade ou mentira, se contava que ele tinha ganho muito dinheiro com as entrevistas que concedera aos sociólogos americanos" (Santos, 1988:59).

[180] Como relata Bulmer (1984), a coluna vertebral da pós-graduação da Universidade de Chicago era um seminário de pesquisa em que cada estudante do doutorado compartilhava com o grupo o andamento de sua pesquisa, seus resultados e suas dificuldades.

[181] Neste seminário, que freqüentamos, vimos vários *Peace Corps*, pesquisadores brasileiros que na época estudavam as favelas — Luiz Antonio Machado da Silva e o arquiteto Carlos Nelson Ferreira dos Santos, que trabalhava no programa da CODESCO de urbanização de favelas —, assim como alguns universitários americanos que faziam trabalho de campo para seus PhDs como Diana Brown, Lawrence Salmen e Janice Perlman.

Leeds e os *Peace Corps*, sem os quais seu trabalho sobre as favelas não teria podido alcançar a amplitude que lhe é reconhecida.

Por outro lado, é preciso não esquecer o fato de Leeds ter estabelecido também relações importantes com especialistas brasileiros de sua geração: José Arthur Rios, já citado, a quem o próprio Leeds atribuiu a responsabilidade de seus primeiros contatos com as favelas em 1961 quando veio ao Rio pela União Pan-Americana (Leeds & Leeds, 1978: 212); Hélio Modesto, arquiteto que participou do estudo da SAGMACS; e Roberto Cardoso de Oliveira, antropólogo brasileiro que, como diretor do novo mestrado em antropologia do Museu Nacional da Universidade Federal do Rio de Janeiro, irá convidá-lo para lançar ali os fundamentos da antropologia urbana.[182]

Convergências e continuidades

O período que acabamos de descrever é o período fundador do trabalho de campo sobre as favelas do Rio de Janeiro. Na verdade, as principais pesquisas ainda estão muito ligadas às preocupações com as políticas públicas, adquirindo uma autonomia nova, através da construção intelectual de seu objeto e pela aplicação de métodos próprios de pesquisa empírica. O número de atores envolvidos é restrito, constituindo uma rede limitada, com laços interpessoais que vão de Lebret a José Arthur Rios, e deste a Anthony Leeds. No entanto, outros personagens também foram importantes, além dos atores já analisados: Lucien Parisse, jovem dominicano ligado ao *Économie et Humanisme*, que veio fazer sua tese sobre as favelas do Rio no final dos anos 1960;[183] Luiz Antonio Machado da Silva, que havia começado suas pesquisas a partir de 1964 e depois se integrou ao seminário de Leeds; estes e outros irão participar na construção da pesquisa universitária brasileira.

Os trabalhos desses atores lançaram as bases das pesquisas sociológicas e pluridisciplinares que vieram a seguir. Tanto o estudo inaugural da SAGMACS, quanto as pesquisas etnográficas desenvolvidas através da observação participante dos americanos, constituem duas abordagens que a universidade brasileira irá desenvolver em maior escala.

Apesar das diversidades entre os vários atores, seus trabalhos apontam uma nítida convergência quanto a diversos pontos:

a) insistência em considerar o lugar da favela dentro do processo de crescimento urbano e de transformação da cidade do Rio de Janeiro (SAGMACS, 1960; Parisse, 1969c, 1970; Leeds, 1969);

---

[182] Entrevista com Gilberto Velho.

[183] Conhecemos pessoalmente Lucien Parisse nos anos 1960 mas não conseguimos entrevistá-lo para este livro. Não sabemos exatamente qual era sua ligação com o Padre Lebret nem as razões de sua opção pelas favelas do Rio para uma tese de geografia na Universidade de Strasburgo — primeira tese de um francês sobre o assunto (Pires-Saboia, 2000). Mas ambos eram dominicanos e se hospedaram no Rio de Janeiro, em épocas diferentes, no mesmo convento do Leme. A tese de Lucien Parisse difere do trabalho dos americanos. Sua preocupação era fazer um trabalho de síntese, reunindo os dados disponíveis sobre as favelas do Rio, seu crescimento e seu lugar dentro do processo de urbanização. Publicou em português três textos (ver bibliografia no final deste livro).

b) necessidade de considerar diferentes níveis de análise, desde as variáveis macro (econômicas, sociológicas, políticas) até as variáveis locais (Leeds, 1969);

c) recusa do consenso amplamente estabelecido, visando estigmatizar a favela e seus habitantes, considerados "marginais" (SAGMACS, 1960; Silva, 1967; Leeds, 1969; Silberstein, 1969; Parisse, 1970);

d) valorização de uma análise dos processos internos das favelas, para apreender as diferentes estratégias utilizadas pelos residentes, seja quanto aos indivíduos e às famílias, seja quanto às redes locais (SAGMACS, 1960; Morocco, 1966; Silva, 1967; Leeds, 1969; Medina, 1969);

e) existência de uma considerável economia interna da favela, bem mais ampla do que o seu mercado imobiliário (Leeds, 1969).

Estas convergências não impedem a existência de diferentes nuanças quanto aos pontos de vista sobre a organização interna das favelas e às recomendações relativas ao papel das organizações locais. Ainda que todos, sem exceção, declarem-se favoráveis à formação e ao reconhecimento oficial das associações de moradores, persistem divergências entre os diversos autores.

A leitura do texto da SAGMACS (1960) nos leva a pensar que os residentes nas favelas já tinham práticas de organização, mas estas eram muito dependentes de políticos demagogos e de seus cabos eleitorais (Medina, 1964). Se os favelados já eram capazes de se organizar coletivamente, eles permaneciam dependentes de mediadores ligados às agências públicas e à Igreja.

Alguns deduziram que, para garantir a independência dessas organizações com respeito aos circuitos do clientelismo político, seria melhor vincular diretamente tais associações apenas à Secretaria de Serviços Sociais. Esta é a conclusão de José Arthur Rios que, após ter dirigido a pesquisa da SAGMACS, tornou-se diretor da Coordenação dos Serviços Sociais do Estado da Guanabara e do SERPHA, sendo o principal responsável pelo acordo oficial assinado em 1961 entre as associações de moradores das favelas e a Coordenação dos Serviços Sociais.[184] A polêmica desencadeada por essa medida político-administrativa, ligada à obrigação de uma associação única e ao laço de dependência estabelecido com a administração, traz à luz duas interrogações: a primeira sobre a suposta homogeneidade da estrutura social interna da favela; e a segunda sobre a autonomia ou a heteronomia das formas de organização dos moradores — duas questões até então mascaradas pela representação das favelas como comunidades, representação esta partilhada por membros do clero, assistentes sociais e pela própria administração municipal.

Esse novo laço de dependência administrativa foi interpretado por Machado da Silva (Silva, 1967) como reforço das diferenças sociais internas já existentes nas favelas, onde era preciso reconhecer a presença de uma "burguesia favelada" que assegurava o seu poder através do controle dos recursos locais (como as redes de água e eletricidade, mesmo precárias) e muitas vezes também pelo controle das associações de moradores. Do ponto de vista de Machado da Silva, não existe autonomia da política da favela em relação à política geral para as favelas.

---

[184] O texto deste acordo encontra-se em Leeds & Leeds (1978:248-250).

Por sua vez, Anthony Leeds definiu a questão das relações entre o poder local (na favela) e as instituições supralocais como importante elemento de sua problemática. Criticando o uso difundido na antropologia anglo-saxônica da noção de comunidade, propôs substituir esta noção pela de localidade. Segundo ele (Leeds & Leeds, 1978:32-33), "o uso do termo 'localidade' não nos obriga a postular uma unidade mínima ou máxima de organização como a 'comunidade' (..) nem a discutir seu *status ontológico* (...). Não nos obriga a supor que a localidade em que vivemos e em que como antropólogos pesquisamos, seja também uma comunidade. Geralmente ela não o é. (...) As localidades como pontos nodais de interação, caracterizam-se por uma rede altamente complexa de diversos tipos de relações. Os laços de parentesco da família nuclear, e, freqüentemente, aqueles com parentes próximos — serão amplamente encontrados na localidade, especialmente nas pequenas. As amizades mais próximas também tendem a existir na localidade. Os vizinhos existem por definição na localidade". Segundo Leeds, o que contribui para caracterizar uma localidade é o fato de ela permitir apenas a identificação do local de moradia dos indivíduos; o fato de residir em uma localidade não significa necessariamente sua pertença a uma comunidade local (p. 55). Esta concepção é apoiada por uma visão da sociedade urbana como sistema complexo, não sendo possível compreender um elemento isoladamente sem considerar suas relações com os demais.

Essa visão holística, desenvolvida por Leeds, já estava presente em Lebret, que insistia numa visão sistêmica, como vimos no exame do relatório da SAGMACS. É bom lembrar que a proposta de Leeds resultava de suas observações de campo e dos longos contatos estabelecidos nas favelas do Rio por ele mesmo ou pelo seu grupo informal de observadores. Para além dessas nuanças devemos ressaltar, finalmente, a importância da valorização da realidade social das favelas. Valorização ligada a uma afirmação política do direito de as favelas existirem, serem aceitas e receberem as melhorias necessárias, como qualquer outra forma de moradia dos pobres na grande cidade.

Pela importância do problema social e urbano que representavam, pela visibilidade das políticas públicas sobre a questão e, sem dúvida, pela qualidade e repercussão dos trabalhos de pesquisa citados, as favelas do Rio se tornaram, ao final dos anos 1960, um objeto de interesse reconhecido pelas ciências sociais. Interesse que pode ser confirmado pelo número 12 da revista *América Latina*,[185] publicada em 1969 pelo CLAPCS (Centro Latino-Americano de Pesquisas em Ciências Sociais), cuja sede, conforme assinalamos, era no Rio de Janeiro. Esse número especial, apresentado pelo antropólogo brasileiro Manuel Diegues Júnior,[186] assinala ao público universitário brasileiro e internacional que já é possível "situar a favela como um tema que as Ciências Sociais podem estudar e analisar" (Diegues Júnior, 1969:6). De fato, no momento da publicação desse número, não apenas americanos e franceses haviam "descoberto" a favela como objeto de estudo, mas também alguns universitários brasileiros[187] começavam a perceber na favela uma área de interesse, para as

---

[185] Esta revista era um dos raros periódicos de sociologia existentes no Brasil àquela época. A revista publicava artigos em português, espanhol, inglês e francês, o que lhe conferia um caráter internacional. Por sua vez os sociólogos de São Paulo dispunham da revista *Sociologia,* publicada pela ELSP.

[186] Diegues Júnior era o diretor do centro à época. No número 12 os artigos que aparecem são assinados por dois americanos (Leeds, 1969; Silberstein, 1969), dois franceses (Parisse, 1969c; Bombart, 1969), dois brasileiros (Medina, 1969; Silva, 1969).

[187] Já em 1964, Luiz Antonio Machado da Silva, Ana Judith e a assistente social Ledy Olinda Firme participavam do programa de pesquisa-ação em cooperação com os Estados Unidos — o BEMDOC (Brasil-Estados Unidos Movimento de Desenvolvimento e Organização de Comunidades).

ciências sociais, que ultrapassava a simples questão política, até aquele momento considerada central.

Do nosso ponto de vista, esse número de *América Latina* constitui a marca simbólica da inscrição da favela na agenda universitária, e não apenas política. A partir desse momento, a favela estava verdadeiramente pronta para se transformar em objeto de interesse acadêmico.

Capítulo III

A favela das ciências sociais

Introdução

Uma nova fase da produção das representações e conhecimentos sobre as favelas do Rio de Janeiro ocorre com o desenvolvimento dos estudos de pós-graduação, a partir dos anos 1970, na universidade brasileira. Há uma nítida continuidade em relação ao período anterior: com o desenvolvimento da antropologia urbana no recém-criado mestrado em antropologia do Museu Nacional, vários mestrandos escolheram as favelas como objeto de estudo ou as utilizaram para discutir questões mais gerais como pobreza urbana, modo de vida e práticas cotidianas da população das cidades. Dos anos 1970 até os nossos dias, multiplicaram-se trabalhos e pesquisas, resultado, ao mesmo tempo, de uma agenda universitária explícita, das necessidades de planejamento e de uma política científica de estímulo à pesquisa que atribui uma atenção contínua à pobreza urbana ou temas a ela diretamente associados. A favela se tornou um tema da moda, inclusive para as ONGs, cada vez mais mobilizadas para intervir nesse tipo de bairro popular. No entanto, o vasto *corpus* aqui designado pela expressão "favela das ciências sociais" não deve ser reduzido apenas à produção acadêmica no sentido estrito, mas entendido em uma acepção mais ampla, incluindo toda uma produção institucional de pesquisas e relatórios que respondem a uma demanda social específica, tanto técnica quanto política.

Três características marcam esse momento: a) o reconhecimento da favela como um tema que as ciências sociais devem estudar; b) as tentativas para conceituar esse objeto a partir das teorizações da pobreza urbana e do debate sobre a moradia popular; e c) a consolidação e generalização de dogmas, resultantes especialmente de estudos e conclusões de pesquisas universitárias.

Essa produção se inscreve na evolução de um Brasil que conheceu a dureza do regime militar (1964-1984), viveu em seguida o retorno à democracia e hoje preconiza, simultânea ou contraditoriamente, a democracia participativa e o liberalismo econômico. Com uma taxa populacional urbana de 66% em 1980 e 81% em 2000, o país tornou-se em 1997 a oitava economia do mundo, permanecendo campeão das desigualdades sociais. O crescimento das grandes aglomerações (metropolização), ainda mais espetacular do que o mero crescimento urbano, desafia qualquer planejamento e acentua a visibilidade dos problemas sociais nas grandes cidades. A pobreza urbana que acompanha esse crescimento e se impõe como questão social, torna-se tema de reflexão dos universitários, mas, também, de todos aqueles que tentam combatê-la.

Muitas abordagens metodológicas se desenvolvem com a finalidade de estudar as favelas, assumindo formas diferentes segundo as disciplinas privilegiadas pelos autores. O trabalho clássico de campo assume novas dimensões através do ensino, dentro da universidade, da observação participante e dos métodos qualitativos. Instituições especializadas em planejamento criam bases de dados, *surveys* são realizados, e um Cadastro de Favelas é constituído em 1991/1992 pela Prefeitura do Rio como instrumento técnico, à disposição das agências públicas interessadas em intervir nesses bairros. Finalmente, refinam-se as técnicas de amostragem e identificação a partir de fotografias aéreas, a moderna cartografia se desenvolve com instrumentos da informática, assim como os sistemas de informação geográficos, os conhecidos GIS.

Em continuidade com o período analisado no capítulo II, o processo de valorização da favela, iniciado em especial pelas ações da Igreja Católica, ganha novo impulso. Mas, agora, é a universidade brasileira que toma a iniciativa e dá o seu tom. Os conhecimentos técnicos e científicos que servem para orientar ou até mesmo justificar as políticas públicas e suas mudanças relativas às favelas propõem uma visão dessas aglomerações como realidade específica do mundo urbano brasileiro, em particular das grandes cidades. Finalmente, os últimos anos do século XX assistem ao reconhecimento oficial da existência das favelas pelos poderes públicos através da Constituição de 1988, do recém-promulgado Estatuto da Cidade e do usucapião urbano. O Programa Favela-Bairro comprova que erradicar e remover correspondem a políticas urbanas do passado, concordando todos quanto à necessidade de integrar as favelas ao tecido urbano.

Em virtude do volume da produção e do número de indivíduos envolvidos, a abordagem deste capítulo difere sensivelmente das anteriores. De uma sociologia de atores individuais, torna-se necessário passar à sociologia dos atores coletivos. Os responsáveis pelo conjunto da reflexão sobre as favelas não correspondem mais às pequenas redes, com pesquisadores facilmente identificáveis. Agora, as favelas são estudadas tanto por antropólogos, sociólogos, arquitetos e geógrafos, quanto por especialistas em direito, história, saúde pública, medicina social e ciência política, entre inúmeros pesquisadores — de uma universidade cada vez mais compartimentada — praticando abordagens e métodos os mais diferentes. A pesquisa passa a ser uma atividade também das ONGs, que defendem a ferro e a fogo a bandeira da pesquisa-ação. Novas redes se multiplicam. As favelas são observadas e pesquisadas por um sem-número de interessados. Conforme descreveram Rodrigues et al (1972), a propósito das *barriadas* de Lima, os residentes passaram "de invasores a invadidos".

Para compreender as representações sociais da favela no período contemporâneo, é preciso considerar essa universidade e sua evolução recente. Três elementos da conjuntura do referido período nos parecem particularmente importantes: a) desenvolvimento da universidade brasileira a partir de 1970; b) atenção crescente atribuída pelos meios intelectuais latino-americanos e brasileiros ao fenômeno da pobreza urbana, e seu reconhecimento como componente mais importante da questão social; c) a ocorrência no Rio de Janeiro de uma enorme onda de remoções, financiada pelo BNH (Banco Nacional da Habitação) em paralelo a uma experiência piloto de urbanização de favelas dirigida por uma agência local, a CODESCO.

A universidade como produtora de pesquisa

Os primeiros cursos de pós-graduação em ciências sociais no Rio de Janeiro foram instituídos em 1968 no Museu Nacional, da Universidade Federal do Rio de Janeiro. Esta pós-graduação em antropologia, além da formação clássica, oferecia cursos voltados para grupos indígenas e campesinato, temas priorizados pelo programa. No entanto, sob a influência inicial de Anthony Leeds, a pós-graduação incluiu a cidade como um de seus eixos de trabalho. Em 1968, durante uma temporada no Brasil estudando as favelas, Leeds estabeleceu relações com diversos universitários brasileiros da sua geração. Entre eles, Roberto Cardoso de Oliveira, que se tornou diretor do novo mestrado do Museu Nacional e fez Leeds retornar ao Rio no segundo semestre de 1969, para ministrar dois cursos, Antropologia Urbana e Ecologia Urbana.[188]

Esses cursos do novo Mestrado em Antropologia Social, realizados na sede do Centro Latino-Americano de Ciências Sociais, contaram entre seus alunos, com Luiz Antonio Machado da Silva, Gisélia Grabois e Carlos Nelson Ferreira dos Santos que, àquela época, já faziam pesquisas sobre as favelas. Yvonne Maggie e Gilberto Velho também assistiram aos cursos de Leeds, vindo a reencontrá-lo, alguns anos mais tarde, na Universidade do Texas. Gilberto Velho, retornando ao Brasil, assumiu em seguida a cadeira de antropologia urbana no Museu Nacional. Anos mais tarde publicou a obra de Anthony e Elizabeth Leeds, permitindo ao leitor brasileiro o acesso aos resultados de suas pesquisas nas favelas do Rio e nas *barriadas* de Lima (Leeds & Leeds, 1978).

Existe uma nítida continuidade entre esses seminários de mestrado em 1969 e as reuniões informais, que Leeds organizou regularmente durante sua estada anterior no Rio, freqüentadas, entre outros, pelos membros do *Peace Corps*, já evocados no capítulo II. Um desses voluntários da paz permaneceu no Brasil após o seu período como *Peace Corps*, sendo admitido no Museu Nacional,[189] onde acompanhou oficialmente os cursos de Leeds.

A contribuição de Anthony Leeds durante esses inícios da antropologia urbana na universidade do Rio de Janeiro pode ser avaliada tanto pelo conteúdo de seus cursos quanto pela metodologia proposta, na mesma perspectiva do trabalho desenvolvido com os membros do *Peace Corps*. Para Leeds, a antropologia urbana era percebida como a aplicação das teorias discutidas em curso, estimulando a observação sobre o modo de vida urbano e a vida do bairro, além de insistir sobre os laços entre estratificação social e lugar de residência. A sua importância como orientador é ressaltada por Velho (1972), que identifica o seu trabalho de etnografia, realizado em um prédio de apartamentos para o curso de Leeds, como a origem de sua tese sobre as classes médias em Copacabana. Inúmeras teses sobre as favelas, ou tendo as favelas como campo de pesquisa, produzidas a partir do início dos anos 1970, também testemunham o impulso dado por Leeds e sua influência: Grabois (1973); Goldwasser (1975); Heye (1979); Santos (tese defendida em 1979 e publicada em 1981); Oliveira (1980); Birman (1980); Segala (1991). Ainda que apenas alguns deles tenham freqüentado os cursos de Leeds, a sua marca está presente nos trabalhos de todos estes antropólogos brasileiros.

No entanto, a influência de Anthony Leeds sobre a nascente antropologia urbana não basta para explicar a rápida e crescente importância dos trabalhos universitários em ciências sociais sobre a favela a partir do final dos anos 1960.

---

[188] As informações sobre a passagem de Anthony Leeds pelo Museu Nacional resultam de entrevista com Gilberto Velho, a quem devemos os programas dos dois cursos ministrados pelo antropólogo americano.

[189] Trata-se de Paul Silberstein, que publicou no número especial da revista *América Latina* consagrado à favela.

Foi a universidade brasileira, em seu conjunto, a principal responsável pela multi-plicação dos estudos e pesquisas sobre as favelas do Rio de Janeiro durante os últimos 30 anos, contribuindo para formar as representações sociais desses espaços urbanos e de seus habitantes. Enquanto em períodos anteriores, conforme demonstramos, tais representa-ções resultaram, sobretudo, de debates políticos e da produção de jornalistas e outros pro-fissionais liberais.

Para compreender esse processo é preciso considerar, primeiramente, a complexa estrutura institucional ligada ao desenvolvimento dos estudos de pós-graduação em ciên-cias sociais, na medida em que a pesquisa está muito ligada à realização de teses.

Lembremos em primeiro lugar que, a partir dos anos 1950, ocorreu um importante movimento na universidade brasileira, sobretudo em São Paulo e no Rio de Janeiro, onde intelectuais e universitários já apresentavam uma produção científica de envergadura,[190] sendo alguns desses intelectuais reconhecidos até mesmo por instituições internacionais como a UNESCO ou as grandes universidades americanas.[191] Lembremos, ainda, que des-de 1941 a ELSP de São Paulo já possuía, dirigida por Donald Pierson, uma pós-graduação inspirada no modelo da Escola de Chicago, que valorizava a pesquisa empírica (cf. capí-tulo II).[192]

A partir de meados dos anos 1950, a reforma do ensino superior começou a ser de-batida, acentuando a crescente necessidade de: a) permitir a profissionalização com exi-gência de tempo integral para professores e estudantes; b) desenvolver uma formação vol-tada para a pesquisa; c) oferecer bolsas para os estudantes; d) organizar equipes de pes-quisa; e) dar à universidade os meios e equipamentos necessários para contribuir — atra-vés do desenvolvimento da pesquisa fundamental e aplicada — para o progresso na sociedade brasileira (Velho, 1983).[193] A criação da Universidade de Brasília nos anos 1960, baseada em um modelo de excelência, constituiu sinal da valorização do desenvol-vimento científico em um país que se pretendia voltado para o futuro, com a finalidade de construir uma grande nação moderna.

Foi dentro deste contexto que ocorreu, então, um amadurecimento progressivo dos programas de pós-graduação em ciências sociais. O primeiro havia sido criado no início dos anos 1940, na USP, baseado em um modelo ainda bastante tradicional, sem a obrigatorie-dade de cursos específicos para estudantes de pós-graduação em fase de tese. Era, ainda,

---

[190] Queiroz (1990), analisando os meios intelectuais freqüentados no Brasil pelos franceses Jac-ques Lambert, Pierre Monbeig e Roger Bastide, insiste quanto ao elevado nível da USP anterior à sua chegada nos anos 1940. Essa autora lembra que Euclides da Cunha, Caio Prado Júnior, Gilberto Freire, Sergio Buarque de Holanda e Arthur Ramos haviam produzido livros importantes para a compreensão da sociedade brasileira e seus problemas específicos. Lembremos ainda que a USP ao final dos anos 1950 já contava entre seus professores: Florestan Fernandes, Oracy Nogueira, Luiz Pereira e Antonio Cândido.

[191] Constitui um exemplo o Projeto UNESCO, realizado pela Universidade de Colúmbia em parceria com o Estado da Bahia, com um amplo programa de pesquisas em antropologia social e sociologia (Wagley, Azevedo e Pinto, 1950). Ver ainda Maio (1997).

[192] Limongi (1989) lembra que esta pós-graduação, além de Donald Pierson, contava também com dois sociólogos alemães: Herbert Baldus e Emilio Willems. Sobre a ELSP, ver também os depoimen-tos organizados por Kantor, Maciel & Simões (2001).

[193] Otavio Velho lembra que tais propostas haviam sido encaminhadas à CAPES. Ver também as pro-postas contidas em Durham & Cardoso (1961) para a antropologia, analisadas por Rubim (1997).

pequeno o número de teses defendidas em antropologia, sociologia e ciência política, cerca de duas por ano entre 1945 e 1965 (Lamounier, 1981, apud Velho, 1983:246), sendo a maioria delas defendida no estrangeiro, principalmente na França e nos Estados Unidos.[194] A partir dos anos 1970 os cursos de pós-graduação começam a se expandir. O Curso de Mestrado do Museu Nacional foi criado em 1968, depois o do IUPERJ (Instituto Univesitário de Pesquisas do Rio de Janeiro), e o da UFMG (Universidade Federal de Minas Gerais) em 1969. Os cursos de doutorado foram, em seguida, progressivamente instituídos nos departamentos de ciências sociais, nas instituições acima mencionadas e outros centros universitários do Sudeste e do Sul — UNICAMP (Universidade de Campinas) e UFRGS (Universidade Federal do Rio Grande do Sul). E, em seguida, nas principais universidades do Nordeste — UFPE (Universidade Federal de Pernambuco) e UFBA (Universidade Federal da Bahia).

É importante ressaltar que essa expansão dos cursos de doutorado no Brasil, tanto em ciências sociais quanto em outros domínios coincidiu, paradoxalmente, com a ditadura militar. Fato um tanto surpreendente, à primeira vista, quando comparado ao que fizeram os militares no poder às universidades em outros países da América Latina — como na Argentina, onde a instituição foi completamente destruída. Esse desenvolvimento só pode ser explicado pelas características próprias da ditadura militar brasileira.

Privilegiar o ensino de terceiro grau foi, de fato, uma opção estratégica explícita do regime militar que tomou o poder em 1964 e o manteve até 1984, com a preocupação principal de formar professores e técnicos. Esta política resultou, em duas décadas, na constituição de pós-graduações em 13 Estados e no Distrito Federal. Em 1994 havia 54 centros de pós-graduação em ciências sociais assim distribuídos: sociologia (27), ciência política (13) e antropologia (14) (Vianna, Carvalho & Melo, 1995:32).

Os militares brasileiros valorizavam o modelo das universidades americanas, em que o PhD era considerado central em todos os domínios científicos e a pesquisa aplicada reconhecida como necessária ao desenvolvimento econômico. A expansão dos cursos de pós-graduação no Brasil não só foi bem-vista como também incentivada.

No entanto, mesmo insistindo na importância do desenvolvimento de uma capacitação científica e técnica de alto nível, os militares não deixaram de realizar uma depuração política e ideológica da universidade brasileira, em que os sociólogos foram particularmente visados, sobretudo aqueles identificados com as idéias marxistas ou ligados ao Partido Comunista. Nas ciências sociais, o apoio da ditadura à pós-graduação foi atribuído em especial à antropologia e à ciência política, disciplinas menos suspeitas aos olhos dos militares. Também podemos supor que o modelo de professor-pesquisador especializado, investido na atividade de pesquisa e fortemente inspirado no modelo americano de referência, era mais aceitável para os militares do que o modelo do intelectual generalista inclinado a intervir no debate público sobre as grandes questões da sociedade. Ao mesmo tempo, profissionalizar-se correspondeu a uma forma de preservação dos universitários contra a repressão. E muitos deles, excluídos da universidade, puderam retomar parcialmente sua atividade profissional através dos centros de pesquisas e estudos privados, de que o CEBRAP (Centro Brasileiro de Análise e Planejamento) constitui um caso exemplar.

---

[194] Havia exceções: o sociólogo Fernando Henrique Cardoso defendeu sua tese de doutorado na USP em 1962.

Assim, a partir dos anos 1970, a universidade pública recebeu, de maneira contínua, uma ajuda significativa, que tornou possível o aumento potencial do ensino em nível de doutorado e de pesquisa universitária. No quadro dessa nova política científica foi criada em 1967 a FINEP (Financiadora de Estudos e Projetos), que se responsabiliza pela administração do Fundo Nacional para o Desenvolvimento Científico e Tecnológico. O apoio à universidade foi realizado através de financiamento aos cursos de mestrado e doutorado, apoio ao desenvolvimento de programas integrados de pesquisa empírica e pelo reforço de dois organismos públicos, a CAPES (Coordenação de Aperfeiçoamento do Pessoal do Ensino Superior) e o CNPq (Conselho Nacional de Desenvolvimento Científico e Tecnológico) que multiplicaram suas atividades, aumentando o número de bolsas de estudo no país e no exterior.[195]

Após o retorno à democracia,[196] a população universitária continuou a aumentar muito sensivelmente e, com o desenvolvimento do mercado de trabalho para os diplomados, os programas de doutorado não apenas se multiplicaram em outras regiões do país e fora das principais metrópoles, como também no interior dos Estados de São Paulo e Rio de Janeiro onde se desenvolveu um número considerável de universidades particulares ao lado das universidades públicas.

Diversas instituições estrangeiras — a Fundação Ford em primeiro lugar — associaram-se a esse reforço da pesquisa e dos estudos de doutorado no Brasil, representando um papel considerável durante os 20 primeiros anos de sua institucionalização, primeiro em São Paulo e Rio de Janeiro e, em seguida, durante a descentralização universitária empreendida a partir dos anos 1970 (Figueiredo, 1988).[197]

A institucionalização das ciências sociais se manifestou pela criação da ANPOCS (Associação Nacional de Pós-Graduação e Pesquisa em Ciências Sociais) em 1977, com a dupla função de, por um lado, organizar o debate científico e, por outro, coordenar programas e representações político-institucionais.[198] A ANPOCS, que começou com 14 centros de pesquisa ou programas de pós-graduação, reúne hoje 106: sendo 64 centros de pesquisa e 42 programas de pós-graduação em sociologia, antropologia e ciências política, espalhados por todo o país.

Os centros de pesquisa e pós-graduação voltados para os estudos urbanos (planejamento urbano e regional, urbanismo e arquitetura, geografia, economia, administração pública etc.) têm também a sua associação, a ANPUR (Associação Nacional de Pós-Graduação e Pesquisa em Planejamento Urbano e Regional), criada em 1983 com cinco programas e reunindo hoje 39 centros atuantes nas áreas de urbanismo, geografia, economia, administração pública e ciências sociais.

---

[195] Uma análise detalhada da expansão dos cursos de mestrado e doutorado na área de sociologia foi, recentemente, elaborada por Martins et al. (2002).

[196] O Presidente Tancredo Neves foi eleito em 1985.

[197] Figueiredo (1988) estudou o financiamento das ciências sociais no Brasil durante o período 1966-1985, em especial a Fundação Ford e a FINEP.

[198] Antes da ANPOCS, haviam sido criadas: a Associação dos Geógrafos, nos anos 1930; e dos antropólogos, nos anos 1950. Para a história da geografia e dos geógrafos do IBGE ver Almeida (2002).

A pesquisa urbana, que até os anos 1950 só era praticada por geógrafos,[199] beneficiou-se dessa política nacional. As ciências sociais encorajaram os estudos sobre a cidade no âmbito dos cursos de pós-graduação em sociologia, ciência política, antropologia, história e economia. Ao mesmo tempo, as agências governamentais, diretamente ligadas ao planejamento, contribuíram, em especial, para a pesquisa em planejamento urbano e urbanismo financiando, de maneira direta ou indireta, projetos realizados pela universidade. Os temas do mercado de trabalho urbano e das migrações inter-regionais e interurbanas foram assumidos pelo IPEA (Instituto de Pesquisa Econômica Aplicada), ligado ao Ministério do Planejamento; os temas ligados à habitação, fornecimento de água e saneamento, pelo BNH; o planejamento local pelo SERFHAU (Serviço Federal de Habitação e Urbanismo); e os temas relativos às regiões metropolitanas e aos sistemas urbanos pelo CNDU (Conselho Nacional de Desenvolvimento Urbano). Todas essas agências requisitaram os universitários como especialistas, estabelecendo contratos de estudo e pesquisa com os mesmos e suas universidades.

Em 1995, a pesquisa urbana se concentrava na universidade brasileira: 50% nos programas de pós-graduação e 14% nos centros universitários de pesquisa (Valladares & Coelho, 1995:93-94). Só a metrópole do Rio de Janeiro contava, em 1992, com 10 programas de pós-graduação, onde questões urbanas tinham seu espaço nos programas de antropologia, sociologia, ciência política, história, geografia, planejamento urbano, arquitetura e urbanismo, e até mesmo nos programas de medicina social, saúde pública e administração pública (Valladares & Sant'Anna, 1992). Em 2001 já eram 19 os programas, contando-se hoje com cursos de pós-graduação em direito urbano e serviço social.

A produção de teses é um outro indicador da importância da estrutura universitária brasileira. Um primeiro levantamento das teses sobre o Brasil urbano, durante o período 1940-1989, contou 1.001 teses, entre as quais 905 defendidas em universidades brasileiras, ou seja, 90% do total (Valladares, Sant'Anna & Caillaux, 1991). A capacidade de produção da universidade brasileira é confirmada em um segundo levantamento relativo às teses consagradas unicamente ao Rio de Janeiro. Durante o período 1960-1990, em um total de 265 teses repertoriadas, 239 delas, ou seja, 90%, foram defendidas nas universidades brasileiras (Valladares & Sant'Anna, 1992).

Entre os 623 pesquisadores urbanos em atividade no Brasil, catalogados pelo URBANDATA-Brasil (Sant'Anna & Lima Júnior, 2001) 288 deles, ou seja, 46%, trabalham no Rio de Janeiro, entre os quais 61% pertencem a instituições universitárias.

Essas rápidas indicações mostram a importância e a velocidade com que se desenvolveu o potencial científico da estrutura da universidade brasileira, institucionalizado há 30 anos apenas. O contexto universitário atual contrasta, fortemente, com aquele dos anos 1950-1960, quando o Brasil era ainda considerado um país típico do Terceiro Mundo, o Brasil descrito em *Geografia da fome* (Castro 2001) e *Os dois Brasis* (Lambert, 1959), um país dividido entre ricos e pobres iletrados, onde o analfabetismo atingia um terço da população total.

---

[199] Sobre o desenvolvimento da geografia e sua contribuição para o estudo da cidade no Brasil, ver Abreu (1994a). No livro organizado por Carlos (1994), vários autores analisam as contribuições da geografia para a compreender as metrópoles de Recife, Brasília, São Paulo e Minas Gerais.

Pobreza e território: a construção da marginalidade social

É dentro desse contexto institucional que o tema da pobreza urbana se afirma como uma das principais linhas de pesquisa em ciências sociais. Afirmação esta constituída na convergência de três processos: o desenvolvimento do debate sobre a pobreza no estudo a respeito da modernização do país; a curva demográfica do Brasil; e a internacionalização do debate latino-americano sobre essas questões.

É verdade que a pobreza urbana já vinha preocupando as elites brasileiras desde a virada do século XIX.[200] Conforme demonstramos (Valladares, 1991), os debates realizados na Europa[201] durante o século XIX ecoaram, consideravelmente, no Brasil. Assim como no caso da Inglaterra, a idéia do trabalho como elemento central da organização da vida social também constitui, aqui, uma chave para compreender as concepções preponderantes do tratamento público dado ao problema da pobreza. Impor a ética do trabalho e reprimir vadiagem resumiam o duplo desafio das políticas públicas emergentes. No debate brasileiro, estando as questões da indigência e da pobreza ligadas à situação do mercado de trabalho, as representações sociais dos pobres insistiam sobre a imagem do vadio, e a vadiagem era ressaltada para explicar o não-trabalho de um certo número de indivíduos. Em virtude de seu passado escravagista muito próximo, foi necessário à nação brasileira um considerável esforço para impor essa ética do trabalho a uma população que não acreditava nele como parte da dignidade humana.

A essas concepções do início do século XX, que associavam pobreza à recusa dos indivíduos em vender sua força de trabalho e às dificuldades em respeitar as regras do salariado, acrescentava-se a convicção de que a pobreza era uma responsabilidade individual: o indivíduo era pobre em virtude de suas fraquezas morais. A imagem dos pobres como "classes perigosas" passou, então, a dominar o imaginário social das camadas letradas e serviu, conforme já lembramos, de justificativa para a primeira intervenção pública contra o então território urbano dos pobres, os cortiços do Centro da cidade.

Conforme já lembramos, o discurso sobre a pobreza tomou uma outra orientação com o regime populista de Vargas que afastou o estigma da escravidão, impondo uma visão nova e mais positiva das camadas populares, caracterizada pela valorização da figura do operário. Em uma tentativa para construir as bases de um Estado Providência, foi criado o salário mínimo, que passou a vigorar em 1940 e foi seguido por um conjunto de leis sociais (Vianna, 1976). Ainda que essa legislação só tivesse protegido os operários inseridos no mercado de trabalho formal, deixando à parte uma considerável massa de homens e mulheres sem emprego assalariado, Vargas construiu com ela uma imagem de "pai dos pobres".

---

[200] A história do pensamento sobre a pobreza urbana no Brasil e as suas diferentes chaves de leitura foram discutidas por vários autores, entre os quais, Silva (1971), Kowarick (1975, 1987), Hoffman (1977), Coelho & Valladares (1982) e Valladares (1991). Parece útil retomar aqui os principais argumentos do debate, contidos nesta última publicação.

[201] A literatura sobre as questões da indigência e do trabalho, da Idade Média até o século XIX, é bastante extensa entre os autores europeus. A questão sobre a relação salarial moderna, a partir das *poor laws* inglesas, é discutida entre outros por Polanyi (1980), Castel (1994), Topalov (1994) e Thomas (1997).

Essa mudança de perspectiva caminhava ao lado de uma outra representação das causas da pobreza estabelecida de maneira gradual: a idéia de que imposições objetivas, externas aos indivíduos, poderiam levá-los a uma situação de pobreza, relativizando a importância de sua responsabilidade individual, ao mesmo tempo em que justificava a necessidade de algumas medidas de políticas sociais. Ao mesmo tempo, o desenvolvimento do clientelismo político e do regime populista transformou, pouco a pouco, as massas urbanas pobres em objeto de atenção da máquina política e do regime populista: de "perigosas" elas se transformaram em "manipuláveis".

Essas massas urbanas pobres tornaram-se, também, cada vez mais numerosas. A evolução demográfica do Brasil foi espetacular entre os anos 1959 e 1980, na medida em que a população do país passou, em 30 anos, do predomínio rural (pelo recenseamento de 1950, 64% da população ainda moravam no campo) ao predomínio urbano (pelo recenseamento de 1980, 68% da população já moravam nas cidades). O crescimento urbano, daí resultante, foi explosivo — a população das cidades multiplicou-se por 4,2 entre essas duas datas — principalmente através do crescimento das favelas, dos loteamentos periféricos sem qualquer infra-estrutura e da expansão dos cortiços, conferindo ao fenômeno da pobreza urbana uma amplitude sem precedentes.

As análises demográficas do processo de urbanização na América Latina e no Brasil, dos anos 1950-1960, insistiam sobre a sua natureza excepcional: processo inédito, sobretudo quando comparado à experiência européia,[202] conhecido pela expressão "superurbanização" (over-urbanization). Resultado de fluxos migratórios aleatórios e taxas de crescimento demográfico muito elevadas, em especial, nas grandes concentrações urbanas, a superurbanização atribuiu grande visibilidade a essa pobreza. Os geógrafos sublinhavam o desequilíbrio causado pelo crescimento anárquico das grandes metrópoles nacionais dentro das redes urbanas de cada país, e as conseqüências dessa macrocefalia (urban primacy) sobre o espaço das grandes cidades. Os economistas insistiam no descompasso entre os setores modernos e os tradicionais da economia, especialmente na economia urbana, incapaz de fazer frente à oferta sempre crescente de uma mão-de-obra pouco qualificada.

Conseqüência da superurbanização, o subemprego logo foi percebido como a causa maior da pobreza, e nos anos 1960 e 1970 tornou-se tema de reflexão e pesquisa privilegiado na América Latina e, particularmente, no Brasil (Morse, 1965).[203]

Uma considerável literatura de nítida orientação marxista, relativa à modernização e à marginalidade social foi então desenvolvida sobre a América Latina. Tal literatura ressaltava as deficiências da dinâmica do desenvolvimento econômico, incapaz de criar empregos em quantidade suficiente para absorver o crescimento demográfico e satisfazer as necessidades dos migrantes expulsos dos campos para as cidades (Cardoso & Reyna, 1967). Várias categorias foram, então, utilizadas para evocar essas massas urbanas não integradas na nova sociedade urbana industrial: "superpopulação relativa", "exér-

---

[202] Conforme assinala Fassin (1996:57-58), o excedente demográfico não pôde ser exportado (como na Europa do século XIX). O autor lembra, ainda, que os países latino-americanos não dispunham de uma política social capaz de dar conta das massas urbanas.

[203] Richard Morse escreveu duas resenhas clássicas sobre a pesquisa urbana na América Latina, mostrando os debates e o interesse pelos Latin-American studies que mobilizavam os estudiosos nos anos 1960 e 1970 (Morse, 1965, 1971).

cito industrial de reserva" e "massa marginal", todas elas de inspiração marxista (Nun, 1969).[204]

Para pensar essas massas marginais, abandonadas pela economia formal, desenvolveu-se na América Latina a partir dos anos 1960 a teoria da marginalidade, combinando abordagens tão diferentes quanto o funcionalismo, o culturalismo e o marxismo. Essa teoria deve seu sucesso à superação das abordagens puramente econômicas, através da referência a duas outras dimensões da sociedade: espacial e sociocultural. No entanto, se o conceito de marginalidade foi empregado em uma pluralidade de acepções referentes a situações e grupos sociais os mais diversos (Kowarick, 1975), as suas contribuições tiveram em comum o mérito de propor uma leitura global do fenômeno, oferecendo um quadro de análise do espaço social da pobreza urbana na América Latina capaz de inspirar numerosas pesquisas e operações de política urbana (Mangin, 1967).

O deslocamento da marginalidade do campo econômico para as dimensões do espaço social e urbano e da cultura sugere uma certa continuidade com os processos da ecologia urbana e, em especial, com a afirmação teórica da existência de uma "cultura da pobreza".

A marginalidade social[205] encontrou a sua expressão territorial nos *barrios marginales* (expressão espanhola que designa espaços urbanos do mesmo tipo que as favelas) percebidos pelos especialistas latino-americanos como a manifestação mais típica da não-integração de amplos segmentos da sociedade urbana (Vekemans & Venegas, 1966).[206] De fato, é nas grandes metrópoles que os desequilíbrios se tornam mais visíveis, na medida em que o espaço urbano traduz a segregação socioespacial e os problemas de inserção enfrentados pelas vagas sucessivas e crescentes de populações originárias do mundo rural.

A idéia de uma "cultura da pobreza" articulou-se então com a teoria da marginalidade social, sob a influência de Oscar Lewis, antropólogo norte-americano, cujo trabalho de campo nas *vecindades* (grandes cortiços das zonas centrais do México) serviu de base ao seu *best-seller*, *Five families* (Lewis, 1959).[207] Segundo seu modelo de interpretação, os habitantes dos bairros pobres, de origem rural, teriam adotado um estilo de vida específico, caracterizado por valores e comportamentos diferentes da cultura dominante. "Subcultura" produzida e reproduzida por eles, o que explicaria suas reações através de traços culturais específicos às situações sociais às quais eram confrontados. Essa "cultura da pobre-

---

[204] Segundo Nun (1969), a "superpopulação relativa" corresponde aos desempregados e subempregados; o "exército industrial de reserva", aos trabalhadores que o capital pode vir a integrar; e a "massa marginal", àqueles que jamais terão lugar no mercado de trabalho em virtude dos entraves ao desenvolvimento econômico, resultante da dependência dos países do Terceiro Mundo.

[205] Não se trata de apresentar aqui a contribuição e a crítica da teoria da marginalidade, como fez Perlman (1977). Vamos tão-somente sublinhar sua influência na pesquisa sobre a favela carioca.

[206] É no interior da DESAL, instituto católico de pesquisa chileno, que se desenvolve a noção de marginalidade em primeiro lugar na América Latina. No entanto, sabemos que, desde 1961, o peruano Mattos Mar, à partir das *barriadas* de Lima, já se interrogava sobre as relações entre migração e urbanização, e seu papel para a integração na vida urbana (Mattos Mar, 1961).

[207] Oscar Lewis esteve pela primeira vez no México em 1943, fazendo trabalho de campo na Vila de Tepoztlan, estudada anteriormente por seu diretor de tese na Universidade de Chicago, Robert Redfield. Suas pesquisas na cidade do México começaram em 1947. Seu primeiro livro, de grande sucesso, *Five families*, teve inúmeras publicações como *pocket book* a partir de 1959. Foi nesta obra que ele propôs a cultura da pobreza como chave de leitura. Mas seu artigo *"The culture of poverty"*, publicado em uma grande revista de vulgarização científica americana, data apenas de 1966.

za" passaria de uma geração à outra, mantendo assim um círculo vicioso capaz de garantir aos pobres condições de sobrevida na sociedade moderna. Segundo Oscar Lewis, tal modo de vida terminaria por gerar uma "síndrome" específica das populações pobres, em que tanto se manifestava um espírito de resignação e de fatalismo frente ao futuro,[208] quanto uma certa "alegria de viver" e uma forte dose de calor humano,[209] tornando as dificuldades cotidianas mais suportáveis.

Da favela-problema à favela-solução

A partir dos anos 1960, a discussão das teses da marginalidade social, aplicadas ao caso brasileiro, levou, à crítica explícita da teoria da marginalidade. No entanto, ainda que essas teses reforcem as representações dominantes de uma visão dicotômica da sociedade, marcada pela oposição cidade/favela e ilustrada pelo livro-testemunho de Carolina Maria de Jesus,[210] para muitos que trabalhavam sobre as favelas do Rio a sua população não era marginal e isolada, porém, inserida na cidade de maneiras diferentes. Leeds, por exemplo, havia chegado a essa conclusão no artigo *"Brazil and the myth of urban rurality: urban experience, work and values in 'squatments' of Rio de Janeiro and Lima"*.[211] O autor não se apoiava, apenas, em seu próprio trabalho de campo e no trabalho de sua equipe informal (cf. capítulo II) no Rio de Janeiro, mas também em suas múltiplas visitas às *barriadas* de Lima e nos trabalhos de Turner (1969) e Mangin (1967). Autores com quem partilhava a idéia de que esses bairros populares, vistos como enclaves, estavam fortemente integrados à vida urbana através de sua inserção em diversos mercados: o mercado de trabalho, o mercado político e o mercado da cultura (em particular do Carnaval).

Alguns anos mais tarde, Perlman fez uma síntese desse debate latino-americano em sua tese, publicada primeiro em inglês e depois em português.[212] *O mito da marginalidade* (Perlman, 1977) obteve um considerável sucesso e ainda hoje é mais conhecido e citado no Brasil e nos Estados Unidos do que os numerosos trabalhos de Leeds. Mas é preciso ressaltar que a sua crítica da teoria da marginalidade nem era original nem pioneira, quer nos Estados Unidos quer no Brasil. O historiador americano Julio César Pino, que publicou no

---

[208] Existe uma tendência entre numerosos autores (Perlman, 1977; Fassin, 1996) de evocar apenas as características "negativas" da "cultura do pobreza", ou seja: espírito gregário, alcoolismo, recurso freqüente à violência, forte predisposição ao autoritarismo, machismo, iniciação sexual precoce, tendência ao matriarcado, preferência pelo presente, resignação, fatalismo etc.

[209] Já na introdução de *The children of Sanchez* (Lewis, 1961:XII), lê-se: "Certamente a vida dos pobres não é monótona. As histórias contidas nessa obra revelam um mundo de violência e morte, de sofrimento e depravação, de infidelidade e lares destruídos, de delinqüência, brutalidade policial, e crueldade do pobre contra o pobre. Estas histórias também revelam uma intensidade de sentimentos e calor humano, um forte senso de individualismo, alegria, aspiração de uma vida melhor, busca de entendimento e amor, disposição para partilhar o pouco que se tem e a coragem de expressar no rosto as suas desventuras".

[210] Sobre a visão de Carolina Maria de Jesus, ver Vogt (1983).

[211] Artigo apresentado pela primeira vez durante uma conferência nos Estados Unidos em 1967, publicado em português em Leeds & Leeds (1978).

[212] Com prefácio de Fernando Henrique Cardoso.

final dos anos 1990 vários textos sobre as favelas do Rio, é incisivo: "o livro de Perlman é freqüentemente considerado como o primeiro a fazer uma revisão dos estudos sobre a favela mas de fato nem foi o primeiro nem o mais original deles" (Pino, 1996:451). Aliás, no Brasil, quando publicado em português, este livro foi criticado por Velho (1977:322), que insistia em sua falta de originalidade, citando os autores brasileiros e americanos (Leeds, Machado da Silva) que "já há um certo tempo tinham realizado com competência e eficácia esta desmistificação em relação às favelas do Rio de Janeiro". Também Oliven (1978) critica a autora a propósito de sua visão dos pobres, quando ela afirma que os favelados "em resumo, têm as aspirações da burguesia, a perseverança dos pioneiros, e os valores dos patriotas" (Perlman, 1977:286). Oliven lembra que: "O perigo de enfatizar exageradamente as boas qualidades dos pobres é que esta perspectiva aceita que eles precisam ser defendidos e suas virtudes provadas [...] Perlman acaba se situando na perspectiva liberal de mostrar que os favelados não são diferentes do resto da população sem, no entanto, ter estudado outros grupos com os quais pudesse compará-los" (Oliven, 1978:35). Vale lembrar que Machado da Silva, já em 1971, havia realizado um estudo sobre os mercados metropolitanos de trabalho manual e marginalidade, discutindo o debate entre Fernando Henrique Cardoso, José Luiz Reyna, José Nun e Aníbal Quijano. Seu trabalho (Silva, 1971) foi o primeiro em português a realizar um balanço crítico do pensamento e das teses sobre a marginalidade na América Latina.

Como já demonstramos no capítulo II, o novo questionamento das representações tradicionais dos habitantes das favelas prolongado, à sua maneira, pela teoria da marginalidade, iniciou-se com a publicação dos resultados do recenseamento de 1950 (Guimarães, 1953) e teve prosseguimento com o estudo da SAGMACS. Ainda que esses trabalhos, seguidos pelos de Medina (1964, 1969), Parisse (1969a, b e c), Leeds (1969), Silva (1967, 1969), tenham obtido uma certa audiência intelectual, eles não foram suficientes para atingir as representações que estruturavam o imaginário coletivo das elites e transformar as políticas públicas. Nos anos 1960 e 1970, a percepção dos favelados como fruto de um processo marcado pela marginalidade social era amplamente dominante, e serviu como justificativa ideológica para a operação antifavela empreendida pelo Governador Carlos Lacerda (1962-1965), continuada por Negrão de Lima (1966-1971) e Chagas Freitas (1971-1974). Em um período de 12 anos, foram atingidas 80 favelas, demolidos 26.193 barracos e removidas 139.218 pessoas (Valladares, 1978a:39). Esta foi a mais importante intervenção pública contra as favelas que o Rio de Janeiro jamais conheceu, operação cujo "sucesso" tornou-se possível graças a um financiamento especial do governo federal. Sem os recursos provenientes do poder central e do BNH, a operação teria ocorrido em uma dimensão bem mais modesta.[213]

Essa visão da favela como problema, correspondia perfeitamente às medidas de planejamento urbano tomadas pelo regime autoritário brasileiro, que seguia uma tendência de destruição dos bairros ilegais, também verificada em outros países da América Latina. A lógica que inspirava tal raciocínio atribuía ao meio a responsabilidade pelos males econômicos e sociais, percebendo o "problema" da favela exclusivamente da perspectiva habitacional. No

---

[213] No governo de Carlos Lacerda foi, basicamente, a USAID que financiou a COHAB-GB. A remoção de favelas só se tornou "espetacular" com o advento da CHISAM, órgão do governo federal. Sobre a política de remoção ver Grabois (1973). Sobre a reação dos moradores à remoção, ver Valladares (1978a).

decorrer dos anos 1960, a tendência dos diferentes Estados latino-americanos foi, de fato, investir em grandes projetos de construção de habitações sociais convencionais destinadas à remoção dos habitantes dos bairros "marginais" (Gilbert & Ward, 1985:12-13).

Pouco a pouco, vários fatores contribuíram no sentido de recolocar em questão essa maneira de ver a favela como problema, e a sua remoção em operações massivas para novas habitações como solução.

Nos meios internacionais de arquitetura desenvolveu-se uma crítica da distância entre o projeto formal ("a prancheta") e a realidade, distância concretizada pela formação das escolas de arquitetura que privilegiava o desenho, a pesquisa formal e as teorias de urbanismo, não considerando a realidade urbana e a vida nos bairros. Autores que valorizavam a rua e a vizinhança, como lugar dos laços sociais e práticas importantes para a vida urbana (como Jane Jacobs e Herbert Gans, nos Estados Unidos), estiveram na origem de uma importante corrente oposta ao urbanismo dos grandes projetos que negavam a cidade, o urbanismo da Carta de Atenas e de Le Corbusier, entre outros.

Entre os especialistas em política habitacional — universitários e técnicos especializados em políticas públicas — essas soluções tradicionais foram abordadas a partir de outros tipos de questionamento. Os pesquisadores de língua inglesa foram uns dos primeiros a estudar o papel dessas áreas pobres na urbanização das cidades e no desenvolvimento econômico e urbano dos diferentes países latino-americanos (Mangin, 1967; Turner, 1969). Após várias estadas no Peru entre 1958 e 1964, Turner já havia manifestado, a partir de 1963, o seu espanto frente à "iniciativa popular da auto-ajuda" (apud Rodriguez et al., 1995:233). Chamando a atenção para tais bairros pobres e para a maneira pela qual as moradias haviam sido construídas pelos residentes, esses autores resolveram questionar certos elementos do paradigma da marginalidade social e das idéias de Lewis, aliás, objeto de debate nos meios acadêmicos norte-americanos em virtude da opção universalista do seu conceito de cultura da pobreza.[214]

Na segunda metade dos anos 1960, John Turner fez uma campanha no *Journal of the American Institute of Planners* contra a visão tradicional que procurava resolver a questão da moradia entre os pobres através de sua transferência para novas moradias construídas industrialmente. Consultor junto às Nações Unidas, ele havia visitado inúmeros países do Terceiro Mundo onde sempre havia insistido junto às autoridades sobre os aspectos negativos das políticas dos grandes conjuntos habitacionais. Em seu livro *Housing by people* (1976) sugere considerar os residentes como atores e responsáveis pela própria habitação. John Turner tinha estado no Brasil e procurado as agências oficiais responsáveis pela política de remoção, junto às quais insistiu na utilidade de uma política que desse aos interessados a liberdade de construir ao invés de impor um modelo único e universal de moradia popular.

William Mangin e John Turner, tanto a partir de suas pesquisas pessoais quanto dos resultados de trabalhos de campo realizados por inúmeros pesquisadores em diferentes países da América Latina, insistiram sobre dois pontos: a) esses bairros ditos "marginais",

---

[214] Lê-se nas primeiras páginas de *Five families*: "Meu objetivo tem sido contribuir para nosso entendimento da cultura da pobreza no México contemporâneo [...] e a classe baixa em geral [...] Este livro surgiu da minha convicção de que os antropólogos têm uma nova função no mundo moderno: servir como estudiosos e repórteres da grande massa de camponeses e citadinos dos países subdesenvolvidos..." (Lewis, 1959:15).

contrariamente ao que se supunha, não reproduziam na cidade o modelo de vida das comunidades rurais, nem permitiam evidenciar o nascimento de uma nova cultura correspondente a uma forma de ruralidade urbana; b) esses bairros constituíam uma resposta popular e eficaz para a questão do déficit de moradias nas grandes metrópoles em fase de urbanização acelerada. Aliás, o subtítulo do artigo de Mangin (1967) era por si só bastante explícito. Esses autores ressaltavam que tais bairros contribuíam para a economia nacional, graças aos investimentos realizados pelos residentes em suas habitações, pequenos negócios que ali se estabeleciam e pelo papel de reserva de mão-de-obra barata. Além disto, Turner (1969) insistia quanto ao papel de "trampolim" que esses bairros poderiam representar, permitindo às famílias de renda baixa ou irregular sobreviver em um primeiro momento e em seguida experimentar uma certa mobilidade social — ainda que de pequena amplitude.

Um outro fator que contribuiu para colocar em questão as representações e soluções tradicionais diz respeito, no caso do Brasil, aos resultados das próprias políticas habitacionais. No Rio de Janeiro a política de remoção teve resultados que provocaram efeitos contrários aos esperados (Valladares, 1978a).

Por um lado, as operações de remoção levaram ao aumento da população das favelas não ameaçadas pela política de remoção. Este crescimento foi devido, parcialmente, ao retorno dos favelados removidos, que não conseguiram manter-se nas moradias dos conjuntos habitacionais. Eles "passaram suas casas" e retornaram à favela.[215]

Por outro lado, essas operações foram construídas sobre esquemas econômicos que se revelaram inviáveis. Tratava-se de uma política de acesso à propriedade, e não de moradia social de aluguel. As prestações pagas pelas famílias removidas deveriam ser reinvestidas na construção de novas habitações, como garantia da continuidade desse processo. No entanto, uma parte considerável dessas famílias não pôde fazer frente a tais pagamentos, ou pagando irregularmente ou tornando-se inadimplentes, de tal maneira que o equilíbrio financeiro das operações foi comprometido.

A mudança de perspectiva pode ser explicada, ainda, por uma pressão que vinha da base, dos moradores e de suas organizações, que sempre se opuseram à remoção — no sentido de obter um estatuto legal para seus bairros e a instalação de serviços públicos, como nas demais áreas da cidade. No Rio, particularmente, essa pressão não era recente, na medida em que ocorria dentro de uma continuidade histórica de mobilizações locais. Vale lembrar que são exemplos desse movimento popular a União dos Trabalhadores Favelados (cf. capítulo II) e a FAFEG, cuja palavra de ordem "Urbanização sim, remoção, nunca!" ainda soava no final dos anos 1960 aos ouvidos das autoridades locais e do regime militar.

Esses diferentes fatores levaram, progressivamente, a uma nova política de intervenção pública, que comportava uma visão mais positiva da favela. De início, esta visão foi estimulada numa situação de grande ambigüidade. Na segunda metade dos anos 1960, durante o mandato do Governador Negrão de Lima e a ditadura militar, de indiscutível orientação antifavelas, foi criada a CODESCO. Um organismo público cuja missão era manter as favelas, reestruturando a sua implantação e permitindo um maior acesso aos equipamentos e serviços públicos.

---

[215] Valladares (1978a) analisa o processo informal que levou os habitantes dos conjuntos habitacionais de volta à favela, culminando com o passe da moradia. Processo que também envolvia o valor deste passe.

A idéia de urbanizar as favelas, conforme já mostramos anteriormente, correspondia a uma proposta antiga, apresentada em diferentes ocasiões e defendida por atores tão diferentes quanto a Igreja Católica, o Partido Comunista, políticos ligados ao clientelismo — que praticavam a famosa "política da bica d'água" — e as associações de moradores das favelas. De certo modo, o surgimento da CODESCO representou a concretização dessas diversas propostas em termos de política de urbanização.

A criação da CODESCO foi interpretada por alguns como um gesto de habilidade política. Segundo Santos (1981:57) "o governador [do Estado da Guanabara] foi instado a fundar a companhia como uma satisfação aos seus antigos compromissos com os favelados, como uma saída honrosa para as imposições da política habitacional federal". Tratava-se portanto de uma maneira de fazer aceitar a política autoritária de habitação que pretendia fazer do Rio a cidade brasileira com o maior número de favelas,[216] um exemplo para o conjunto do país.

O regime autoritário acabou por aceitar a CODESCO na medida em que pretendia demonstrar o quanto era capaz de conduzir uma política diversificada: por um lado, graças a algumas raras experiências piloto de urbanização de favelas; por outro, à grandiosa política de remoção que seria desenvolvida em grande escala pela CHISAM (Coordenação de Habitação de Interesse Social da Área Metropolitana do Grande Rio), instituição federal criada nessa mesma época. Tratava-se de mostrar que o regime militar era capaz de admitir um certo pluralismo.

No entanto, a boa convivência entre as duas instituições não durou muito tempo: a CODESCO só foi tolerada durante a sua primeira fase de ação (1968-1971), e alguns até consideram que se tratava de comprovar, através de um esperado fracasso, que a urbanização de favelas correspondia a uma ilusão, uma ação impossível (Santos, 1981:80).

O projeto da CODESCO visava manter os habitantes na favela, organizar sua participação nos trabalhos de remanejamento de seus espaços; assegurar a implantação das redes de infra-estrutura (água, esgoto, eletricidade); fornecer pequenos financiamentos às famílias para melhoria ou reconstrução de suas casas; oficializar a ocupação dos terrenos pela venda aos residentes de lotes individuais (Silva & Santos, 1969).

Não pretendemos analisar aqui detalhadamente a ação da CODESCO, nem avaliar os seus impactos reais, isto já foi realizado por diversos autores.[217] Vamos nos ater à mudança de perspectiva que ela tornou manifesta em certos atores das políticas públicas, especialistas e universitários associados a essa experiência: a visão da favela como solução e não como problema. Constatação já presente na análise de Mangin (1967) e Turner (1969).

Se a favela podia ser vista como uma solução, em grande parte isto era devido ao reconhecimento e à valorização do "saber fazer popular", da participação, da "voz do povo" a partir dos anos 1960. A Igreja contribuiu fortemente para essa valorização na América Latina — lembremos que os anos 1960 foram os anos das comunidades eclesiais de base, do Concílio Vaticano II, da "opção pelos pobres", e essa perspectiva se difundiu entre os jovens

---

[216] Lembremos que o Rio de Janeiro era, de fato, a cidade do Brasil com o maior número de favelas. Em São Paulo o fenômeno de expansão das favelas só se desenvolve a partir dos anos 1970 (Taschner, 1978; Veras & Taschner, 1990).

[217] Para uma análise detalhada da ação da CODESCO na favela de Brás de Pina, considerada caso paradigmático de urbanização de favelas, ver os trabalhos de Blank (1980) e Santos (1981).

profissionais que participavam das pastorais populares como "assessores permanentes e de acompanhamento", durante os anos 1960 e 1970.[218] Segundo Doimo (1995:74-76), a partir do início dos anos 1970 a idéia do "povo como sujeito" estava muito presente no discurso de muitos atores sociais importantes, entre os quais ela cita: "a Igreja Católica, especialmente os seus setores progressistas; o ecumenismo, particularmente aqueles de perfil secular, ligado à ética do compromisso social; segmentos da intelectualidade acadêmica, principalmente os que fundaram centros independentes de pesquisa em resposta ao expurgo das universidades impetrado pelo regime militar; e agrupamentos de esquerda, então dilacerados pela ditadura e tão logo desencantados com as fórmulas violentas de ação transformadora". A inspiração assistencialista dos programas de desenvolvimento comunitário, como aqueles financiados pela Aliança para o Progresso (cf. capítulo II, parte sobre o *Peace Corps*), voltou à cena com o aumento do antiimperialismo, assim como com a influência de novas correntes européias como a "filosofia da práxis" e a interpretação marxista da sociedade e da cidade.

Sem dúvida, foi esse desejo do "fazer solidário", alimentado pelo respeito ao saber-fazer popular, que levou um grupo de arquitetos do Rio interessados pelas favelas, a tornarem-se conselheiros da FAFEG e participarem ativamente no programa da CODESCO na favela de Brás de Pina.[219]

Os artigos escritos por Carlos Nelson Ferreira dos Santos trazem títulos que demonstram a inquietação de seu grupo[220] e a vontade de sua geração marcar uma diferença em relação aos arquitetos que defendiam pontos de vista e práticas mais tradicionais: "Estarão as pranchetas mudando de rumo?" (Santos, 1978). "Como projetar de baixo para cima uma experiência em favela" (Santos, 1980a). Esse grupo, QUADRA, foi contratado pela CODESCO e tornou-se responsável por uma experiência pioneira única, em que arquitetos e moradores redesenharam juntos bairros e casas, dentro de um processo de aprendizado mútuo em que a liberdade de escolha dos habitantes foi respeitada.[221]

Durante os anos 1980, o tema da participação popular tornou-se central no pensamento dos sociólogos da esquerda brasileira, conforme assinala Doimo (1995). Nos encontros nacionais da ANPOCS, um dos grupos de trabalho (GTs) mais produtivos durante os anos 1980, 1981 e 1982 foi justamente o dos movimentos sociais urbanos.[222]

De uma concepção passiva da participação, passou-se a outra, fundamentada no reconhecimento da "capacidade ativa do povo", partilhada pela maioria dos sociólogos brasileiros (Doimo, 1995:75) e, com freqüência, mais militante do que sociológica. Conforme

---

[218] A FASE foi criada em 1961. Esta ONG nos anos 1965-1968 era uma agência de projetos destinada à formação de equipes para assessoria e auxílio técnico às comunidades de bases (Doimo, 1995).

[219] Santos (1981:43) relata as razões desse engajamento: "...concluímos que chegava de falar tanto em realidade sem ir lá ver onde é que ela estava. Decidimos que precisávamos de ações concretas, de práticas sobre assuntos relativos ao nosso campo profissional empírico: a cidade e seus problemas de habitação. Isso poderia servir como matéria-prima para embasar nossos conhecimentos, que, pelas famosas lacunas de formação universitária, eram muito incompletos".

[220] Os outros arquitetos do grupo eram Rogério Aroeira Neves, Sylvia Lavenère-Wanderley, Sueli de Azevedo e Fernando Casério de Almeida.

[221] Uma etnografia detalhada das diferentes etapas da participação em Brás de Pina, está em Santos (1981:32-85).

[222] Para uma lista completa das comunicações apresentadas nesses anos ver Boschi (1987:177-178).

Boschi (1987) observou em seu balanço dos estudos sobre os movimentos sociais urbanos no Brasil, a maioria das análises que consideravam tais movimentos coletivos como elementos-chave da mudança política do país, nos anos 1980, estava marcada pelo viés ideológico.

O estudo, realizado por Santos (1981), da intervenção da CODESCO em Brás de Pina tem o grande interesse de fornecer, além de uma análise fina do processo de reestruturação espacial da favela, um olhar menos ideológico sobre a participação popular. O autor faz uma leitura nem romântica nem utópica dos diferentes atores, entre os quais a população local e a associação de moradores. Sua observação etnográfica, naquilo que chama de "participação observante",[223] mostra a coexistência de vários tipos diferentes de demanda, recusa, alianças diversas e conflitos internos, nos quais o Estado pode ser "amigo" ou "inimigo" em função dos interesses em jogo.

Esse jogo complexo de negociações e trocas entre as agências do Estado, através de seus funcionários de baixo e médio escalão, e o mundo popular, foi também abordado em *Passa-se uma casa*, publicado alguns anos antes (Valladares, 1978a) e centrado sobre a análise da participação dos moradores das favelas no processo de remoção empreendido durante a ditadura militar. Nesse livro, analisamos o comportamento dos residentes no caso de uma operação imposta, contrária às suas demandas e interesses. Através de uma observação participante, foi possível identificar inúmeros mecanismos informais desenvolvidos ao longo do processo. Desde o anúncio da mudança de uma favela até a inauguração do novo conjunto habitacional, com as famílias instaladas nas novas moradias, e um novo modo de vida imposto aos ex-favelados, agora promitentes compradores (Valladares, 1978a:47-81). Laços sociais foram desfeitos, outros novos construídos e práticas inesperadas desenvolvidas, tornando-se correntes para alguns. Tudo isto dentro de um quadro em que as autoridades públicas (assistentes sociais, pequenos e altos funcionários), diferentes componentes da população (dirigentes das associações de moradores e de outras organizações locais, além dos próprios residentes em sua diversidade) embaralhavam-se e misturavam-se através de recíprocas trocas de serviços.

A nossa explicação tanto contesta a leitura tradicional dessas relações como puramente hierárquicas, quanto questiona a interpretação da resposta social dos moradores à remoção como um movimento social urbano (Castells, 1980). Preferimos o modelo do *free-rider,* que salienta os interesses pessoais e as vantagens que podem ser obtidas de uma situação determinada. A prática do "jeitinho brasileiro"[224] também contribuiu para o desenvolvimento de mecanismos e meios formais e informais para obter benefícios. Se a participação dos favelados foi ativa e criativa, ela também se reconhece mais individual do que

---

[223] "Participação observante" graças ao duplo papel do autor, arquiteto durante o processo de urbanização de Brás de Pina e antropólogo para sua tese de mestrado no Museu Nacional. No artigo "Como e quando pode um arquiteto virar antropólogo?" o autor descreve sua "transformação" e os efeitos do novo olhar através de sua formação em antropologia (Santos, 1980b).

[224] Barbosa (1992:79-80), que estudou o jeitinho brasileiro, distingue neste drama social, entre outras, as características seguintes: a) usa a barganha e a argumentação; b) parte do pressuposto igualitário, sendo acessível a todos da sociedade; c) não depende de laços mais profundos com a sociedade mas de atributos individuais; d) pode começar e terminar anonimamente, apesar de ser uma prática reconhecida; e) é tomado como elemento de identidade social de forma explícita; f) suscita reciprocidade difusa positiva.

coletiva, cada um tentando captar vantagens particulares, sugerindo ser a ideologia utilitária e a ética individualista mais fortes do que a orientação para agir coletivamente.

Essa desmistificação da participação popular não foi retomada, e o processo de valorização da favela que já estava em curso ganhou força tanto no pensamento erudito, quanto entre os planejadores e os especialistas das agências públicas, aliás bastante próximos. Essa valorização, como já demonstramos, reuniu dois tipos de argumento: a) argumentos quanto às vantagens urbanas objetivas da favela para seus residentes (acesso à moradia, flexibilidade do investimento para a autoconstrução adaptada às flutuações dos recursos, proximidade do lugar de trabalho e dos serviços públicos), apesar da qualidade das construções ser inferior às normas técnicas e a infra-estrutura deficiente; e b) argumentos sobre a capacidade de participação e da ação coletiva dos favelados contribuindo para a melhoria técnica e social das soluções. Malgrado a pequena sobrevida da CODESCO e o contexto político da ditadura militar, essa visão da favela como solução participativa tornou-se, progressivamente, um referencial comum aos atores das políticas públicas (Projeto Mutirão da Secretaria Municipal de Desenvolvimento Social — SMDS — de 1979), e modelo dos meios universitários.

A evolução da produção erudita sobre as favelas do Rio de Janeiro

A partir dos anos 1970 a reflexão sobre as favelas cariocas assume uma nova amplitude na universidade através do desenvolvimento de estudos de pós-graduação. As representações da favela serão cada vez mais marcadas pelas contribuições da pesquisa universitária. A mudança é qualitativa, em virtude dos atores e dos tipos de trabalho, mas é também quantitativa, em virtude do grande número de teses, artigos, relatórios e livros produzidos no decorrer dos últimos 30 anos.

Pareceu-nos interessante procurar dar conta dessa produção em seu conjunto, com o objetivo de definir as suas características, ao invés de seguir o procedimento clássico dos balanços da literatura em ciências sociais que consideram a periodização da produção erudita, os paradigmas que orientam os autores, a delimitação do campo e suas linhas principais de pesquisa, os principais trabalhos e pesquisas já realizados e os temas a serem desenvolvidos. Um procedimento que nós mesmos seguimos em balanços anteriores sobre a habitação no Brasil (Valladares & Figueiredo, 1981), sobre a pobreza urbana e o mercado de trabalho (Coelho & Valladares, 1982), e a respeito dos estudos sobre a infância no Brasil (Alvim & Valladares, 1988).[225]

Nosso *corpus* está constituído por um conjunto de 838 textos sobre as favelas do Rio de Janeiro reunido a partir de pesquisa realizada pelo URBANDATA-Brasil,[226] incluindo as pu-

---

[225] O BIB — *Boletim Informativo e Bibliográfico de Ciências Sociais*, especializado na produção de resenhas temáticas, já publicou mais de 55 volumes.

[226] A base de dados URBANDATA-Brasil registra para cada publicação as seguintes características bibliográficas: autor, título, data e lugar de publicação, editora, tipo de documento (artigo de periódico, tese, livro, relatório de pesquisa); mas também informações relativas ao tipo de pesquisa realizado (estudo de caso, pesquisa por amostragem, análise de fontes secundárias, diagnóstico ou avaliação, estudo comparativo, estudo histórico), disciplina(s) do(s) autor(es), espaços estudados, áreas temáticas de acordo com uma classificação em 26 Ats (áreas temáticas). Um resumo acompanha cada publicação, podendo todas as palavras do resumo atuar como palavras-chave.

blicações até 2002. Vale lembrar que, em trabalho anterior, já havíamos publicado (Valladares & Medeiros, 2003) uma bibliografia analítica com 668 referências cobrindo o período de 1906 a 2000. Trabalho que reúne, sem dúvida, a mais completa bibliografia sobre o assunto.[227]

Foram consultadas 46 bibliotecas diferentes do Rio de Janeiro, bases bibliográficas acessíveis pela internet, brasileiras, norte-americanas e francesas. O *corpus* compreende artigos de periódicos brasileiros e estrangeiros (37,8%), teses (20,4%), relatórios de pesquisa (11,9%), livros (13,7%), comunicações em colóquios não publicadas (9,6%), anais de colóquios (4,2%) e outros documentos (2,1%).[228]

Em grande parte, a análise que apresentaremos a seguir está baseada no conjunto de dados extraído do referido *corpus* bibliográfico.[229]

A distribuição das publicações por ano permite uma primeira leitura das evoluções de conjunto. O gráfico mostra três períodos que correspondem, aproximadamente, aos capítulos I, II e III.

Gráfico 1

Bibliografia sobre as favelas do Rio de Janeiro. Textos por ano de publicação e participação das favelas na população do Rio de Janeiro

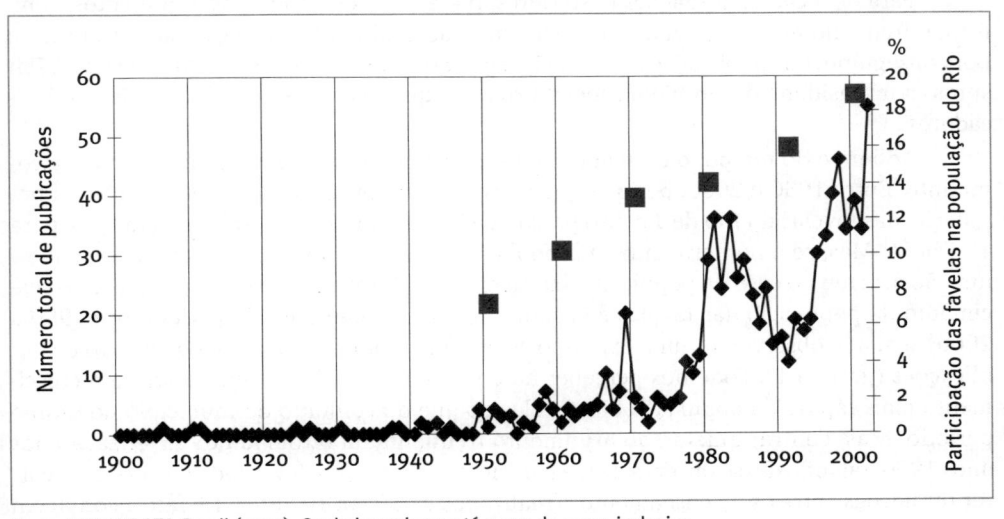

Fonte: URBANDATA-Brasil (2004). Os dados cobrem até o ano de 2002, inclusive.

---

[227] Antes de Valladares & Medeiros (2003) só existiam as seguintes bibliografias: Parisse (1969b) e a publicação de Pino (2000), bastante incompleta. A anunciada bibliografia realizada pelos Leeds — Bibliografia latino-americana sobre *housing settlement types*, nunca foi publicada.

[228] O URBANDATA-Brasil não registra artigos de jornais nem hebdomadários, exceto suplementos especiais, como o relatório da SAGMACS (1960). Tampouco registra os relatórios técnicos internos de instituições.

[229] O longo trabalho de leitura e coleta de textos foi realizado pela equipe do URBANDATA-Brasil. A pesquisadora Lídia Medeiros dirigiu ao longo dos cinco últimos anos os bolsistas do CNPq, da FAPERJ e da UERJ.

O pequeno número de publicações registrado até os anos 1940 demonstra que o pensamento erudito ainda estava em formação. Conforme analisamos no capítulo I, as publicações se limitavam a ensaios, narrativas e relatos de visitas e impressões.

O segundo período começa ao final dos anos 1940 e vai até meados dos anos 1960. Conforme assinalamos, foram os recenseamentos de 1948 e 1950 que provocaram um primeiro aumento significativo no número de estudos com caráter científico.

Em meados dos anos 1960 começa o terceiro período. É este que pretendemos analisar aqui, marcado por um forte crescimento do número de publicações. Só ele reúne um pouco mais de 90% do conjunto dos textos. No entanto, é também marcado por consideráveis flutuações. De fato, observamos no gráfico 1 três subperíodos de forte progressão: o final dos anos 1960; a primeira metade dos anos 1980; e, finalmente, a segunda metade dos anos 1990, sendo os dois primeiros seguidos por períodos de refluxo bastante sensíveis.

Durante a década de 1960, os estudos começam a se tornar mais sistemáticos.[230] Esta fase diz respeito à descoberta do trabalho de campo na favela pelos primeiros pesquisadores americanos e brasileiros; e o ponto culminante dessa curva do gráfico 1 corresponde ao número da revista *América Latina* de 1969, já citado, que simboliza a consolidação da descoberta do tema pelas ciências sociais.

Para explicar as flutuações posteriores, pode-se recorrer a vários argumentos. Uma forma, freqüentemente utilizada, consiste em relacionar a intensificação das pesquisas, e por conseguinte das publicações, à intensificação do próprio processo de "favelização". Em suma, a intensidade do problema social urbano é que geraria a mobilização dos pesquisadores.

Ao longo do tempo, o crescimento dos dois fenômenos é indiscutivelmente concomitante. Entre 1950 e 2000, período que assiste à forte progressão das publicações, a população das favelas do Rio de Janeiro passou de 7% da população total do município, para 18,7%.[231] Mas, se o número anual das publicações sofreu importantes flutuações, o mesmo não ocorreu no caso da população das favelas. Conforme demonstra o gráfico 2, o crescimento da população das favelas é bastante regular no conjunto do período (de 1950 a 2000) sem que observemos uma explosão espetacular como ocorreu com o número de publicações (gráfico 1). Podemos perceber no entanto uma inflexão que mostra um crescimento mais rápido da população das favelas do que do conjunto do município no último período. Mas, contrariamente ao argumento freqüente da retomada da favelização nos anos 1990, tal inflexão se observa desde o início dos anos 1980. É verdade que podem ocorrer flutuações entre os recenseamentos (realizados de 10 em 10 anos). De fato a contagem de 1996 mostra uma desaceleração na primeira metade dos anos 1990 com uma taxa anual de crescimento da população das favelas de 1,54%, seguida de uma aceleração na segunda metade dos anos 1990 com uma taxa de 3,5% (Cezar, 2002:11, quadro 2). São porém inflexões bastante limitadas, sem comparação com as inflexões constadas do número de publicações.

---

[230] Entre o início de uma pesquisa e a publicação de seus resultados o intervalo é pelo menos de dois anos; e, cinco ou mais, no caso das teses. Inúmeras publicações da segunda metade dos anos 1960 correspondem, então, a trabalhos iniciados na primeira metade da mesma década.

[231] Segundo o trabalho de Cezar (2002) que analisa os dados mais recentes do IBGE.

Gráfico 2

**Evolução da população do Rio de Janeiro. Município e favelas
(milhões)**

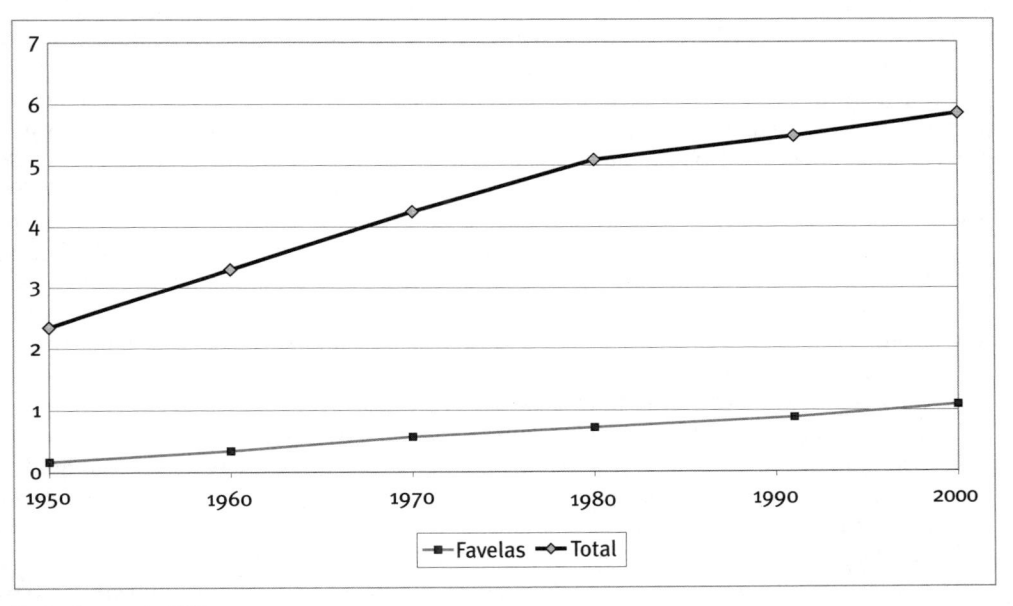

Fonte: Censos do IBGE.

Ora, quando da publicação dos resultados dos recenseamentos de 1991 e de 2000, o Instituto Pereira Passos havia sublinhado que 85 das 545 favelas identificadas haviam surgido entre 1980 e 1991. Por conseguinte, a visibilidade das novas favelas, ligada à sua localização, pode, também, ser um fator de estímulo aos pesquisadores. As novas favelas identificadas haviam surgido dentro do município do Rio, quando se pensava que elas só apareceriam na longínqua periferia.[232] Os novos aglomerados foram se localizar nas zonas de expansão da cidade, como Jacarepaguá e Barra da Tijuca, que assistiu ao desenvolvimento das favelas paralelamente à expansão dos condomínios fechados, destinados às classes médias altas (Ribeiro, 1997).

---

[232] C.N. Santos (1977) foi o primeiro a perceber a marcha das favelas para a periferia metropolitana do Rio de Janeiro. Em artigo posterior ao de Santos, baseado em dados do IPLAN-RIO, discutimos (Valladares & Ribeiro, 1994) o retorno da favela ao município do Rio, tanto pela densificação das já existentes quanto pela criação de novos aglomerados. Cardoso (1997) lembra que as informações sobre a favelização nos municípios da periferia da Região Metropolitana do Rio de Janeiro são pouco confiáveis, e que as estatísticas oficiais subestimam o fenômeno. O Cadastro de Favelas encontra-se atualmente incluído no SABREN do Instituto Pereira Passos e só registra aquelas presentes no município do Rio de Janeiro. Cardoso (1997) também sugere que o peso das favelas teria aumentado em toda a região metropolitana do Rio.

Durante os anos 1990 o surgimento de novas favelas foi também bastante sensível: o IBGE registrou 681 no lugar das 545 existentes em 1991, havendo portanto 136 novas favelas. Vale assinalar que o crescimento da população favelada foi devido não apenas à densificação daquelas já existentes na Zona Sul mas sobretudo ao forte crescimento das também já existentes e novas favelas na Zona Oeste do município do Rio ou na região da Barra da Tijuca-Jacarepaguá (Cezar, 2002). Esta evolução marca uma nova inflexão na geografia tradicional das favelas do município do Rio de Janeiro.

Um último argumento a favor dos fatores "objetivos", estimulando o interesse pelas favelas, é a evolução da pobreza. Segundo Rocha (1994:126),[233] a proporção de pobres na população da Região Metropolitana do Rio de Janeiro havia aumentado nitidamente entre 1981 e 1990, passando de 27% a 32%, enquanto a média para o conjunto das regiões metropolitanas do Brasil havia baixado ligeiramente de 29,1% para 28,9%.

Assim, esse aumento da pobreza, medido no início dos anos 1990, e sua visibilidade ressaltada poderiam ter contribuído para a intensificação das pesquisas sobre as favelas.

No entanto, percebemos que esses fatores objetivos não constituem uma explicação convincente: seja porque a explicação não se sustenta — posto que, na verdade o que ocorreu não foi a "retomada do crescimento" das favelas, mas o seu crescimento contínuo; seja porque o aumento da população pobre, por si só, não bastaria para explicar o desenvolvimento das pesquisas — caso do crescimento da pobreza no Rio.

De fato, faz-se necessário ir mais além para entender as flutuações da agenda de pesquisa. Iremos explorar outras explicações, distinguindo os processos externos e internos que envolvem e atingem a universidade.

Os "efeitos da política e da conjuntura" constituem uma outra pista importante para explicar as variações observadas. A hipótese é que o interesse pelo estudo da favela estaria ligado às políticas públicas e urbanas referentes a ela, com intensidade e orientação variáveis, de acordo com os períodos. Essa explicação permite dar conta do aumento do número de publicações nos anos 1970. As políticas antifavela de Carlos Lacerda, Negrão de Lima e Chagas Freitas, estes dois últimos apoiados pelo BNH, foram massivas e fortemente divulgadas pelos meios de comunicação, ao mesmo tempo que suscitavam debates, críticas e oposições. A nítida diminuição das publicações dos anos 1980 corresponde a um período de ausência de qualquer política pública de envergadura após a era das remoções. Enfim, a forte retomada da curva nos anos 1990 corresponde a uma nova política pública ambiciosa, lançada em 1993, novamente com forte influência da mídia. Trata-se do Programa Favela-Bairro, que retoma e amplia, consideravelmente, a experiência pioneira da CODESCO de urbanização de favelas. Esse modo de intervenção tornou-se hoje o referencial incontestável das políticas públicas.

Esse retorno da favela à agenda de pesquisa no último período pode ser explicado, em primeiro lugar, como efeito de uma política de estímulo à investigação, impulsionada por agências governamentais como a FINEP e a Caixa Econômica. Dois anos após o anúncio do Programa Favela-Bairro em 1993, cerca de 15 estudos foram encomendados a diferentes centros de pesquisa ou a programas de pós-graduação, no quadro do desenvolvimento pela FINEP de um "Sistema de avaliação do Programa Favela-Bairro". Em 1994, a Prefeitura do Rio havia lançado, com o apoio do IAB (Instituto dos Arquitetos do Brasil) um con-

---

[233] Sonia Rocha calcula a linha de pobreza a partir do preço da cesta básica.

curso público para selecionar os projetos que deveriam ser implantados nas 19 primeiras favelas estabelecidas pelo novo programa. No quadro desse concurso, os escritórios de planejamento também deveriam apresentar propostas metodológicas que pretendessem, além das soluções técnicas, "transformar as favelas em verdadeiros bairros populares, buscando os meios para promover a integração dessas duas faces tão distintas do mundo urbano brasileiro: a cidade formal e a cidade informal" (Duarte et al., 1996:13).

Uma centena de profissionais, professores e pesquisadores responderam a essas diferentes iniciativas, obtendo financiamentos para suas atividades de pesquisa ou de estudo. Suas equipes, também compostas por alunos de pós-graduação, utilizaram métodos consagrados das ciências sociais: estudos de caso com entrevistas semidiretivas, observação participante ou pesquisa por amostragem, combinados com entrevistas junto aos diversos atores sociais e representantes da população local. Estas 15 propostas iniciais se multiplicaram em inúmeras teses de mestrado e doutorado, livros, artigos e comunicações em congressos, alimentando o fluxo das publicações sobre as favelas do Rio.

Nesse sentido, podemos afirmar que na última década a favela voltou à moda nas publicações acadêmicas e institucionais, devido ao estímulo das políticas públicas em especial do Programa Favela-Bairro.

Um segundo elemento da conjuntura política que seguiu esse mesmo rumo foi o trabalho de investigação desenvolvido por iniciativa de várias ONGs (organizações não-governamentais), que muitas vezes combinavam ações a pesquisas. Com o apoio de organismos de cooperação multilateral, como o Banco Mundial e a Fundação Ford, inúmeras delas desenvolveram-se no Rio a partir dos anos 1970.[234] Como assinala Landim (1998:69), essas ONGs são, de fato, bastante ligadas ao mundo universitário: além dos programas de cooperação com instituições acadêmicas, muitos de seus militantes são universitários, docentes e discentes, sendo bastante numerosos os estudantes que nelas fazem estágios e participam de suas múltiplas atividades. Várias delas têm sites na internet,[235] publicam livros, revistas, manuais e documentação militante, muitas vezes na fronteira das publicações acadêmicas. Além disto, as ONGs também priorizam as favelas, fazendo-se intensamente presentes nestes territórios, em detrimento das outras áreas de pobreza da cidade. A produção das ONGs tornou-se, de fato, substancial e integra, hoje, grande parte da bibliografia sobre as favelas do Rio de Janeiro.

No entanto, essa mobilização da universidade em torno de programas ligados às políticas públicas, assim como a atuação político-acadêmica das ONGs não podem ser explicadas apenas pela facilidade de obter financiamento. A forte tradição de envolvimento político dos intelectuais brasileiros é outro elemento que também tem servido de estímulo ao grande número de trabalhos sobre as favelas cariocas.

É bom lembrar que, no Brasil, o campo intelectual e o campo político têm apresentado imbricações e interações importantes. Conforme afirma Pécaut (1990:6), os intelectuais brasileiros, ao contrário dos intelectuais europeus, são engajados: "Já há muito tempo haviam-se colocado a serviço do conhecimento da 'realidade nacional' e da formação da so-

---

[234] São exemplos o IBASE, criado em 1981, que liderou a Campanha contra a Fome, Miséria e pela Vida; o ISER, criado na década de 1970, de onde saiu em 1993 a ONG Viva-Rio, que hoje abriga o portal Viva-Favela, criado em 2001. Sobre o Viva-Rio e o Viva-Favela, ver Sorj (2003).

[235] São exemplos de sites: <www.vivafavela.com.br>, <www.favelatemmemória.com.br>, <www.cufa.com.br>, <www.observatoriodefavelas.org.br>.

ciedade". Nos últimos 20 anos, após o retorno à democracia, os especialistas em ciências sociais contribuíram, como pesquisadores e como cidadãos, para pensar as transformações e as dificuldades da sociedade brasileira. Em seu duplo papel, participaram ativamente nos partidos, sindicatos e ONGs, mas também através de suas idas e vindas entre posições universitárias e cargos de especialistas, às vezes ocupando posições de comando em agências públicas, poderes locais, regionais e ministérios.

Essas solicitações ou mobilizações externas à universidade, nas quais os pesquisadores estão envolvidos, são acompanhadas por processos internos do meio acadêmico. A retomada do interesse pelas favelas resulta, igualmente, da inscrição na agenda das ciências sociais de dois temas de grande relevância: violência e exclusão social.

Se a participação popular, vista da perspectiva dos movimentos sociais, foi prioritária na agenda dos pesquisadores durante os anos 1970 e 1980 no Brasil (Valladares & Coelho, 1995:88-90), a violência urbana passou ao primeiro plano nos anos 1990, conforme demonstraram Zaluar (1999), Lima, Misse & Miranda (2000) em suas resenhas sobre violência, crime e segurança pública no Brasil, em especial, no Rio de Janeiro.

No decorrer dos últimos 20 anos, as populações das grandes cidades brasileiras foram atingidas por uma grande sensação de insegurança. Em 1984 a Rede Globo de Televisão, em parceria com o IBOPE (instituto de opinião pública), distribuiu questionários em toda a região metropolitana do Rio para a campanha "O Rio contra o Crime",[236] procedimento que já demonstrava a importância desse fenômeno para a população. A partir daí, imprensa e meios de comunicação em geral vêm divulgando insistentemente informações e imagens sobre atos de violência individuais e coletivos. Crimes, seqüestros, massacres e violências diversas, entre as quais os arrastões, realizados por bandos organizados que aterrorizam os freqüentadores das praias de Copacabana e Ipanema, aparecem com freqüência nas manchetes dos jornais e noticiários da televisão.

Essa representação, que se intensificou a partir dos anos 1990, permitiu imaginar que estaria ocorrendo um aumento da violência, capaz de criar uma situação incontrolável para os poderes públicos. Acontecimentos como o massacre da Candelária e de Vigário Geral levaram à denúncia da polícia por corrupção, tanto pelas ONGs nacionais quanto por organismos internacionais atuando a favor dos direitos humanos. Mais recentemente, a imprensa e outros meios de comunicação começaram a publicar informações sobre o envolvimento de policiais com a corrupção, os seqüestros e o tráfico de drogas.

A universidade, seguindo a sua tradição de engajamento e sensibilidade quanto à conjuntura política e social, envolveu-se intensamente no debate sobre a explicação das diferentes formas assumidas pela criminalidade e pela violência nas cidades brasileiras, ao final do século XX. Segundo Zaluar (1999), os pobres figuram na literatura acadêmica, ao mesmo tempo como protagonistas da violência e suas vítimas mais freqüentes. Muitos trabalhos coletivos importantes (Soares, 1996; Velho & Alvito, 1996) procuram analisar o papel da pobreza e das desigualdades sociais e sua contribuição para o aumento da violência em suas diferentes formas. Machado da Silva (Silva, 1994:150) defende a idéia de que se desenvolveu entre os jovens uma sociabilidade violenta, ou seja, uma transformação da violência em uma forma nova de sociabilidade, para satisfazer seus interesses. Essa forma de interpretar os fatos explicaria a difusão e aceitação da violência por uma grande parcela da

---

[236] Campanha analisada por Zaluar (1989) e posteriormente por Soares & Carneiro (1996).

população pobre. De fato, a obra coletiva de Vianna (1997) testemunha a importância atribuída pelos pesquisadores brasileiros ao tema da violência entre os jovens, especialmente no Rio de Janeiro, onde as favelas são cada vez mais identificadas como o território principal do tráfico de drogas, mas também como o lugar dos bailes *funk*. Estes, muito apreciados pelos jovens, inclusive das classes mais altas, e das "galeras" cariocas, conforme se convencionou chamar os bandos de jovens dos meios populares que se definem através das identificações de grupo e pelos enfrentamentos coletivos.

O livro *Cidade partida*, escrito por um jornalista que freqüentou durante 10 meses a favela de Vigário Geral, após o massacre de 21 de seus habitantes pela polícia em 1993, insiste na imagem de um mundo em que "a república não chegou" (Ventura, 1994:12) e descreve, como já resume o título do livro, um verdadeiro *apartheid* socioespacial entre o mundo das favelas e o resto da cidade do Rio de Janeiro.

Essa idéia de um *apartheid* social (Buarque, 1993) difundiu-se rapidamente no pensamento sociológico brasileiro, apoiado no argumento da dualidade e da polarização favela/asfalto: apesar do retorno ao regime democrático, o afastamento entre ricos e pobres não deixou de aumentar, o esforço dos ricos para preservar seus privilégios passou a ser cada vez mais vigoroso e o abandono social pelo Estado mais manifesto. As categorias populares, abandonadas à sua sorte e excluídas de qualquer projeto de transformação social, assistiram ao espaço urbano ser privatizado e à segregação atingir uma intensidade até então desconhecida. Nas análises acadêmicas, a chave de leitura da exclusão tornou-se, freqüentemente, utilizada por quase todos os estudos sobre a pobreza e, por extensão, pelos estudos realizados sobre as favelas ou centrados em seus habitantes. As favelas adquirem uma nova dinâmica social, caracterizada em particular pelo papel crescente do tráfico de drogas, inclusive no financiamento dos serviços locais, no domínio das associações de moradores e na vida local. Nesta representação, as favelas passam a ser consideradas como o lugar por excelência da exclusão social moderna.[237] Às tradicionais imagens depreciativas, inspiradas pela favela e sua população no tempo da teoria da marginalidade, acrescentou-se agora um novo estigma ligado às conseqüências sociais e políticas negativas da globalização (Fausto Neto, 1995). As idéias de fragmentação social, de fratura social, tornaram-se dominantes nessa nova dinâmica intelectual em que a participação das ONGs, e de suas pesquisas, colabora para aproximar as noções de exclusão social e de cidadania parcial ou incompleta.

As disciplinas e o campo de pesquisa

Essas transformações e representações que acabamos de observar vêm ampliando, progressivamente, as áreas acadêmicas envolvidas no estudo das favelas. Hoje em dia, são poucas as disciplinas que não participam desse campo de pesquisa, na medida em que as favelas foram legitimadas pelas ciências sociais e pelas mídias como território, por excelência, da pobreza.

O gráfico 3 mostra a distribuição do conjunto das publicações recenseadas segundo a disciplina dos autores.

---

[237] Uma analise da representação favela/asfalto encontra-se em Leite (2000).

Vinte e nove disciplinas diferentes foram registradas nos textos recenseados.[238] Sociologia urbana (19%), planejamento urbano e arquitetura (18%) e antropologia urbana (14%) são as mais representadas e responsáveis pela metade (51%) do conjunto do *corpus*. Geografia urbana e serviço social vêm em seguida, representando juntas 13%.

Os 9% relativos à "produção institucional" correspondem às publicações oficiais realizadas ou encomendadas pelos diversos organismos de planejamento: recenseamentos, textos oficiais de análise de resultados, pesquisas sobre populações ligadas a diversas políticas públicas, relatórios técnicos com projetos etc. Também figuram nessa categoria as publicações das ONGs, sem o nome dos autores. Esses relatórios e pesquisas tornam-se, aliás, cada vez mais numerosos e não podemos negligenciar sua contribuição ao subgrupo "produção institucional".

Gráfico 3

**Bibliografia sobre as favelas do Rio de Janeiro.
Publicações segundo as disciplinas dos autores**

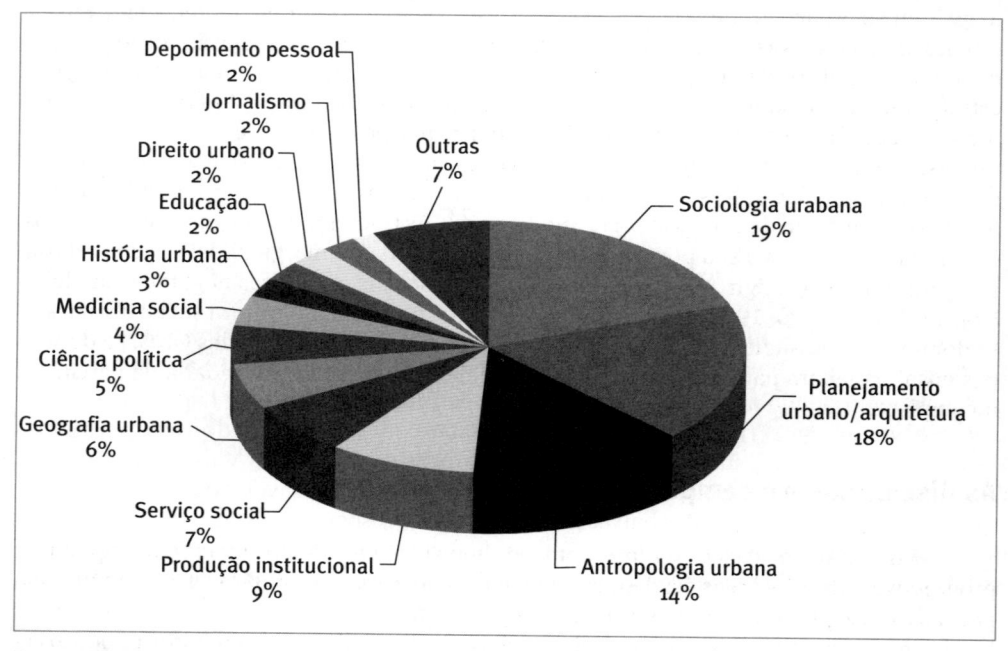

Fonte: URBANDATA-Brasil, 2004.

---

[238] A disciplina referida corresponde à disciplina do autor. Quando um mesmo texto tem dois ou mais autores, provenientes de disciplinas diversas, todas foram consideradas. Além disto, os textos assinados por instituições e sem nome de autor foram classificados como "produção institucional", sem considerar a disciplina.

Além das disciplinas indicadas no gráfico encontramos, reunidos no subgrupo "outros", as seguintes disciplinas: psicologia e psiquiatria, engenharia, administração pública, demografia, economia, filosofia, comunicação social, cinema, segurança pública, desenvolvimento social, enfermagem, estatística, história da arte, teologia e geologia.

Essa longa lista mostra que a favela tornou-se objeto de interesse para pesquisadores de disciplinas muito numerosas e bem diferentes. Mas, ao mesmo tempo, tal ampliação nos leva a pensar que o interesse pelas favelas como forma social urbana ficou diluído, e que pouco a pouco essa mesma favela se tornou um cenário para estudar os temas mais diversos: violência, habitação, associativismo, educação, comportamento político, esporte, religião etc. Em outros termos, a favela é o lugar das pesquisas, mas nem tanto o seu objeto.

As abordagens utilizadas e os tipos de pesquisa levados a efeito, são de certa forma sinais de que a favela virou "campo". O gráfico 4, considerando apenas os textos nos quais foi possível identificar o tipo de pesquisa realizado — excluindo testemunhos pessoais —, é bastante esclarecedor.[239]

Os estudos de caso correspondem a bem mais de um terço do total (44%), o que nos parece significativo quanto à valorização da favela como campo de pesquisa empírica. O recurso maciço a esse método de abordagem corresponde à importante contribuição dos antropólogos (14% na distribuição por disciplinas) e dos sociólogos (19%).[240] No entanto, sabendo que nem todas as análises sociológicas recorrem a essa abordagem, torna-se claro que esta é também praticada por outras disciplinas.

O fato de 20,4% do total das produções recenseadas corresponderem a teses, entre as quais predominam estudos de tipo monográfico, qualquer que seja a disciplina, certamente contribui para o peso dos estudos de caso.

O segundo e o terceiro tipo de pesquisa correspondem aos estudos de diagnóstico (16%) e às pesquisas por amostragem, baseadas em *surveys* (16%). No primeiro caso, essa percentagem pode ser explicada pelo peso da produção institucional, tanto das agências públicas quanto das ONGs, que precisam conhecer — antes de intervir — as características sociais e espaciais, ou os efeitos posteriores à sua ação. O percentual das pesquisas por amostragem (16%) é indicativo das dificuldades para obter uma amostra representativa da população das favelas, tendo em vista a complexidade de acesso ao universo de cada favela.

Podemos ainda notar o peso reduzido das pesquisas baseadas em dados estatísticos secundários ou em séries estatísticas (9%), assim como o dos estudos comparativos (8%).[241] Estes podem estar se referindo à comparação entre duas favelas, à comparação entre uma favela e um outro bairro pobre, ou à comparação entre favelas do Rio e de outras cidades. A explicação para essas baixas percentagens diz respeito à falta de tradição de pesquisa comparativa no Brasil, e à insuficiência de formação estatística dos pesquisadores, assim como às dificuldades encontradas pela maioria destes últimos para ter acesso aos da-

---

[239] Este gráfico corresponde a 385 publicações.

[240] Vale notar que os pesquisadores brasileiros, com raras exceções, não desenvolvem uma reflexão metodológica e epistemológica sobre o trabalho de campo. Ao contrário de pesquisadores franceses como Mauger (1991), Schwartz (1993), Olivier de Sardin (1995), Kaufmann (1996), Laplantine (1996), Pinçon & Pinçon-Charlot (1997), Beaud & Weber (1997), Memmi (1999).

[241] No subgrupo estudos comparativos, consideramos os trabalhos que tiveram como base empírica mais de um caso, mesmo em se tratando de dois estudos de caso.

dos. Nem a existência do Cadastro de Favelas, criado em 1981 (atual SABREN) nem o fato de o IBGE ter distinguido desde o recenseamento de 1950 os aglomerados subnornais (favelas) do restante dos setores censitários, tem estimulado o uso intensivo dessas fontes pelos pesquisadores.

Gráfico 4

**Bibliografia sobre as favelas do Rio de Janeiro.
Publicações por modalidade da pesquisa**

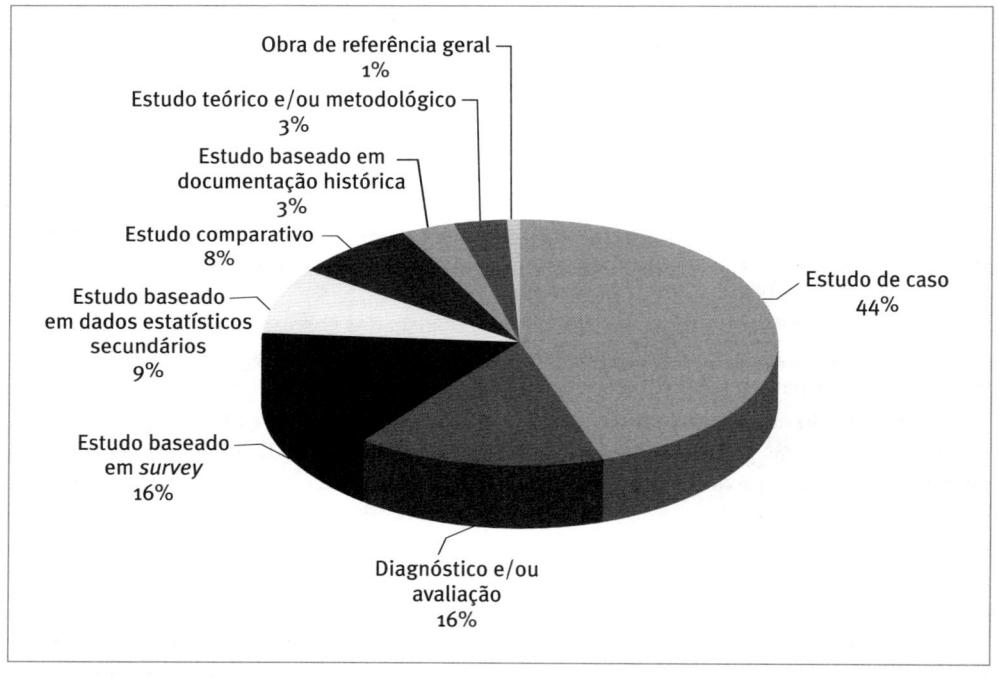

Fonte: URBANDATA-Brasil, 2004.

Muito embora os estudos de caso constituam a opção metodológica mais privilegiada pelos pesquisadores, de um total de 752 favelas[242] apenas algumas foram analisadas. Parece mesmo haver uma "preferência" do mundo acadêmico e institucional por algumas determinadas favelas ou complexos de favelas.

O gráfico 5 permite esclarecer que casos atraíram mais especialmente os pesquisadores.[243]

---

[242] Cf. dados da SABREN.
[243] Na construção deste gráfico só foram consideradas as publicações que tratam de favelas claramente identificadas.

Em um universo de 752 favelas levantadas pelo SABREN do Instituto Pereira Passos em 2002, apenas 19 atraíram verdadeiramente a atenção dos pesquisadores (15 publicações ou mais). E essas 19 favelas reúnem 416 publicações, ou seja, 43% do total.[244]

Nota-se, antes de tudo, uma concentração particularmente significativa para as favelas mais pesquisadas: a Rocinha — deu origem a 82 publicações; e o Complexo da Maré (que reúne várias favelas) que conta com 75 trabalhos publicados. A seguir vem as favelas com mais de 20 e até 39 publicações dentre as quais se destacam Jacarezinho e Morro de Santa Marta, Praia do Pinto (destruída pelo programa de remoção), Brás de Pina, Mata Machado, Cantagalo, Vidigal, Mangueira e o Conjunto Habitacional Cidade de Deus, também considerado favela por diversos autores. No outro extremo do gráfico, encontramos 189 favelas que somente deram origem a uma publicação, 44 a duas e 20 a três.

Gráfico 5
Bibliografia sobre as favelas do Rio de Janeiro.
Número de publicações por favela

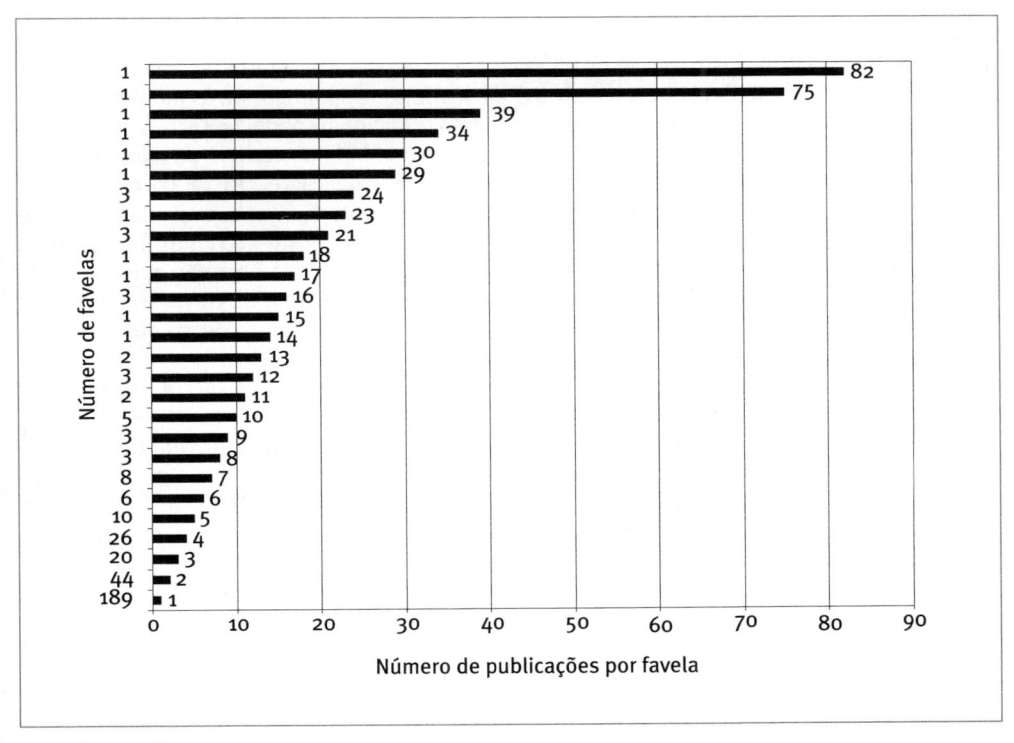

Fonte: URBADATA-Brasil, 2004.

---

[244] Na medida em que certas publicações se referem a mais de uma favela, registramos os dois ou mais casos para a produção do gráfico.

A lista das 19 favelas mais estudadas suscita algumas hipóteses quanto às razões de seu "sucesso" entre os pesquisadores. Por que umas e não outras?

Seis hipóteses, não excludentes, nos parecem cabíveis. A primeira é a proximidade das universidades: caso da Rocinha, junto à PUC-Rio; do Complexo da Maré, que inclui a Nova Holanda, próximas ao *campus* da UFRJ na Ilha do Fundão e da Escola de Saúde Pública da Fundação Oswaldo Cruz. Estar próximo da universidade, ao redigir uma tese, dissertação ou pesquisa, é ter um laboratório social ao lado, acesso facilitado às redes sociais da favela e participar de trabalhos comunitários e voluntários, muitas vezes promovidos pela própria universidade.

A segunda é o fato de terem sido alvos de políticas públicas: caso da Praia do Pinto e da Catacumba, destruídas pelo programa de remoção da CHISAM; da Cidade de Deus, conjunto habitacional para o qual foram removidos moradores de diversas favelas; de Brás de Pina e Mata Machado, casos paradigmáticos nos anos 1960-1970 de urbanização de favelas promovidos pela CODESCO; do Pavão-Pavãozinho e Cantagalo, experiência do Programa Cada Família um Lote do governo Brizola; da Serrinha e da Mangueira, considerados casos exemplares do Programa Favela-Bairro; do Complexo da Maré, área de aplicação do Projeto Rio.

A terceira hipótese é a visibilidade negativa ligada à violência e ao tráfico de drogas. Desta são exemplos: Cidade de Deus, o Morro Santa Marta, Vigário Geral, Parque Acari, Nova Holanda e Morro do Borel, favelas que carregam o estigma da violência e da criminalidade, associadas a histórias de chacinas e confrontos entre bandidos.

A quarta diz respeito à notoriedade ligada aos conflitos políticos ou às mobilizações associativas: Jacarezinho e Morro do Borel eram favelas tradicionais onde o movimento operário foi importante, local de residência de várias lideranças, símbolo de resistência e luta dos moradores — caso também do Vidigal, com a importante participação da Pastoral de Favelas.

A quinta estaria ligada a um efeito de utilização cultural, que remete à imagem tradicional da favela como lugar central do samba, das cabrochas e do malandro: caso da Mangueira e do Morro do Salgueiro, cujas escolas de samba estão entre as mais conhecidas, além do Morro da Babilônia, conhecido pelo samba e pela bossa nova, que também serviu como cenário para o filme *Orfeu Negro*, de Marcel Camus. E o Morro Santa Marta, que também simboliza uma estética ideal do espaço da favela.

Curiosamente, o Morro da Favela ou Morro da Providência, que serviu de arquétipo a esse tipo de bairro popular, inspirou apenas 16 publicações.

Finalmente, a sexta hipótese sugere que não devemos descartar um efeito "bola-de-neve", resultado da notoriedade e da facilidade de acesso às redes da favela, através das ONGs que atuam nestes espaços, em particular na Rocinha, onde a ONG Viva-Rio[245] mantém inúmeras atividades; e no Complexo da Maré, onde está a sede da CEASM,[246] a maior ONG de origem local do Rio de Janeiro.

Os dogmas

À primeira vista, o exame detalhado da literatura sobre a favela produzida pela universidade e demais instituições, no decorrer dos últimos 30 anos, mostra um aumento do

---

[245] O site do Viva-Rio <http://www.vivario.org.br> contém informações sobre os seus vários programas, inclusive o Viva-Favela, que tem a sua própria página <http://www.vivafavela.com.br>.
[246] Sobre a CEASM e suas atividades, ver o site <http://www.ceasm.org.br>.

leque de disciplinas, métodos, temas abordados e, em menor medida, favelas pesquisadas. Não tentaremos repertoriar aqui todos os temas e assuntos abordados pelos pesquisadores, preferindo remeter à publicação *Pensando as favelas do Rio de Janeiro 1906-2000* (Valladares & Medeiros, 2003).

No entanto, a leitura particular deste conjunto da literatura, realizada por nós para este livro, deixa antever a convergência de um certo número de características básicas atribuídas à favela carioca. Freqüentemente, tais características correspondem, apenas, a pressupostos não discutidos pelos autores no decorrer da pesquisa e, às vezes, incluídos no início da definição do objeto e da escolha do método.

Apesar das nuanças, a existência de um consenso sobre umas poucas características da favela nos pareceu tão evidente que fomos levados a considerar tais características como verdadeiros "dogmas": compartilhados pela maior parte dos pesquisadores, não discutidos e, de alguma forma, constituindo a base implícita desse campo de pesquisa. Mais do que a multiplicidade dos temas e assuntos que inspiram os estudos sobre e nas favelas, é a esse pequeno número de dogmas que gostaríamos de questionar.

O primeiro "dogma" trata da especificidade da favela. Por sua história particular e seu modo de crescimento diferente dos demais bairros, a favela tem sido considerada, desde sempre, um espaço absolutamente específico e singular.

Os geógrafos e os pesquisadores urbanos em geral sublinham a maneira peculiar como ela ocupa o espaço urbano, fora da regularidade e das normas urbanas, sem ruas bem traçadas, com poucos ou ausentes serviços e equipamentos coletivos (Lopes, 1955; Pearse, 1961; Parisse, 1970; Cavallieri, 1986). Na verdade, de início foi essa ocupação diferenciada do espaço construído que permitiu identificar uma favela.

Já os arquitetos e urbanistas valorizam as diferenças engendradas por um hábitat, um urbanismo e uma estética pouco comuns, distantes de todos os modelos e padrões da racionalidade arquitetônica (Drummont, 1981; Guimarães & Cavalcanti, 1984; Casé, 1996; Berenstein-Jacques, 2001a e b).

Os organismos oficiais justificam uma abordagem específica das favelas, lembrando incessantemente, há décadas, que essa forma de ocupação do solo não está de acordo com as normas, que a favela é irregular e ilegal, fazendo-se necessário criar procedimentos específicos para resolver tal situação (Bronstein, 1982; Poggiese, 1985; Fernandes, 2001).

Os juristas sublinham o pluralismo legal existente nas favelas, onde uma relativa autonomia resulta da ilegalidade coletiva das habitações frente ao Direito (B. S. Santos, 1977). Alguns favelados têm direitos de "*squatters*", ou seja, de posse (Conn, 1968). A situação fundiária, apesar de variar caso a caso, não deixa de ser específica à favela e gerar conflitos entre os invasores e os proprietários dos terrenos (Carvalho, 1991). O Estatuto da Cidade e o usucapião especial urbano são fórmulas novas para tentar a regularização dos assentamentos informais (Fernandes, 2001).

Indicadores demográficos são utilizados para mostrar que, nesses espaços, a população é mais jovem, os migrantes mais numerosos, a densidade por unidade habitacional mais elevada e a taxa de crescimento maior do que no conjunto da cidade (Goulart, 1957; Parisse, 1969a). A qualidade da vida urbana nas favelas também é nitidamente inferior à média (IPLAN-RIO, 1997). Finalmente, as categorias do recenseamento definidas pelo IBGE cristalizam essa diferença: para o Instituto Brasileiro de Geografia e Estatística, a favela é um "aglomerado subnormal" de 50 habitações pelo menos.[247]

Trabalhos de sociólogos ou antropólogos também concluem pela afirmação dessa especificidade na medida em que freqüentemente fazem referência a uma "cultura da favela". Um bom exemplo disto é o livro *Um século de favela*, coordenado por Zaluar & Alvito (1998), publicado por ocasião do centenário da favela: entre 12 contribuições, quatro tratam da cultura popular — samba, carnaval, capoeira, bailes e grupos *funk*; cinco abordam crime, medo, droga e delinqüência, ou seja, a violência na favela; e apenas três tratam de mudanças políticas e estrutura social.

A academia vem insistindo em que a favela, inicialmente berço do samba (Oliveira & Marcier, 1998), é hoje o reino do *funk* e do *rap* (Cunha, 1996; Vianna, 1997; Oliveira, 1997; Cechetto, 1997). Outrora sede do jogo do bicho, é agora identificada como território do tráfico de drogas no Rio de Janeiro (Ventura, 1994; Guimarães, 1998; Barbosa, 1998; Deccache-Maia, 1999). Espaço propício à difusão de diferentes formas de religiosidade popular, é um terreno fértil onde florescem a umbanda (Birman, 1980) e mais recentemente uma multiplicidade de cultos evangélicos (Ventura, 1994; Cunha, 1996; Alvito, 2001). Lugar onde até mesmo a própria política apresentaria uma forma diferente, a partir do desenvolvimento de relações específicas dessa política com as associações de moradores. Outrora prisioneiras de mecanismos forjados pelo clientelismo político, as associações estariam agora sob o controle do narcotráfico, que substitui um Estado ausente (Centro de Defesa dos Direitos Humanos Bento Rubião, 1994).

Em suma, o que todos afirmam é a forte identidade desses espaços, marcados não apenas por uma geografia própria, mas também pelo estatuto de ilegalidade da ocupação do solo, pela obstinação de seus moradores em permanecer na favela (conforme ilustra a música *Opinião*,[248] de Zé Kéti, popularizada por Nara Leão) e por um modo de vida cotidiano diferente, capaz de garantir a sua identidade. A trajetória social típica dos jovens favelados seria o fracasso escolar e, pela atração exercida pelo poder e pelo dinheiro, o ingresso no "movimento"[249] do tráfico de drogas (Zaluar, 1985; Barbosa, 1998; Guimarães, 1998). Assim, a favela condicionaria o comportamento de seus habitantes, em uma reativação do postulado higienista ou ecologista da determinação do comportamento humano pelo meio.[250]

---

[247] A definição do IBGE é analisada no capítulo I deste livro. Recentemente Cezar (2002:1) relembra que, para o IBGE, "aglomerados subnormais são grupos de mais de 50 unidades habitacionais dispostos de modo 'desordenado e denso', sobre solo que pertence a terceiros, e 'carente de serviços públicos essenciais'. Opõem-se aos setores normais, que por exclusão constituem a cidade formal. Não podemos ver aí categorias de conteúdo sociológico. O IBGE utiliza essa divisão mais para efeitos de organização do trabalho de coleta de dados em campo".

[248] "Podem me prender/ Podem me bater/ Podem até deixar-me sem comer/ Mas eu não mudo de opinião/ Aqui do morro eu não saio não..."

[249] Na linguagem do tráfico, a palavra "movimento" se refere a uma conotação positiva das atividades ligadas ao tráfico de drogas.

[250] A imagem da favela veiculada pelo cinema brasileiro contemporâneo também reforça a idéia de que o meio condiciona o homem (Bentes, 1999)

O segundo "dogma" corresponde a uma outra idéia amplamente compartilhada da favela, e que diz respeito ao seu território e à caracterização social de seus habitantes: a favela é o *locus* da pobreza, o território urbano dos pobres.

Este é um dogma particularmente forte, que as ciências sociais retomaram das representações anteriores. Vem de longe a idéia de um lugar dos pobres, que lhes seria próprio, desde a época em que o Prefeito Pereira Passos destruiu os cortiços da Avenida Central (1904-1910), obrigando a população pobre a subir os morros ou deslocar-se para os subúrbios. Como já mostramos no capítulo I, o relato do crescimento das favelas é o relato da invasão dos pobres: pobres migrantes e pobres soldados.

A teoria da marginalidade, primeira chave de leitura utilizada pelos cientistas sociais no sentido de compreender o fenômeno, também faz da favela o hábitat e o lugar dos pobres (Perlman, 1977). O debate dos anos 1970 e 1980, quando critica a teoria da marginalidade social, provoca uma mudança de perspectiva, tornando a favela não mais um problema, porém uma solução para a moradia das camadas populares (Santos, 1981; Brasileiro et al., 1982). No entanto permanece a idéia de ser a favela o espaço próprio dos pobres urbanos.

Na favela, os pobres estão em sua casa. Na medida em que formam uma cidade dentro da cidade, a cidade ilegal dentro da cidade legal, os residentes demarcam seu território, verdadeiro enclave onde a marca identitária é onipresente. Assim percebida, a favela teria uma economia própria, leis intramuros e códigos particulares, desenvolvidos nesses espaços entregues à própria sorte e abandonados pelos poderes públicos. Território da partição, a favela seria o próprio símbolo da segregação socioespacial das grandes metrópoles brasieleiras, em especial do Rio de Janeiro. O jornalista Zuenir Ventura, em seu já mencionado livro *Cidade partida,* oferece uma boa síntese dessa territorialização da pobreza, tradução urbana da exclusão social.

Elegendo a favela como território privilegiado para o estudo da pobreza e das desigualdades sociais, os pesquisadores não hesitam quando se trata de estudar os pobres: vão para a favela. Mostram, assim, sua adesão a esse dogma, ao mesmo tempo em que contribuem para o seu fortalecimento. Para a favela são enviados estudantes e assistentes de pesquisa, pois o pressuposto é incontestável: a favela é o lugar de residência dos pobres, o espaço popular por excelência. Transformada em campo, nela são estudados todos os fenômenos associados à pobreza e ao universo popular: violência, religião, saúde, política, associativismo, setor informal, música, mulheres, crianças, jovens, educação, evasão escolar etc. Em suma, enquanto território da pobreza a favela passou a simbolizar o território dos problemas sociais, numa associação do espaço físico ao tecido social.

É importante lembrar que o termo favelado, originalmente o habitante da favela, ou seja, de um lugar determinado, passou a designar de maneira pejorativa quem quer que ocupe qualquer lugar social marcado pela pobreza ou pela ilegalidade. Nesta representação, o morador de uma favela não só pertence ao mundo popular como também ao mundo dos problemas sociais. Com a crescente difusão da imagem da favela como enclave, reafirma-se a pobreza engendrando a pobreza, e a pobreza engendrando problemas. Será que não estamos diante do círculo vicioso da estigmatização?

O terceiro "dogma" afirma a unidade da favela, quer seja na análise científica ou no plano político. É no singular que se pensa a favela, na literatura científica, na ficção e, sobretudo, na ação. Ainda que todos reconheçam tratar-se de uma realidade múltipla, todos se deixam levar pelo hábito de reduzir um universo plural a uma categoria única. A representação social dominante só reconhece ou trata a favela como um tipo no singular e não na sua diversidade.

É verdade que os dados oficiais e os estudos distinguem entre a favela de ocupação antiga ou recente, pequenas, médias ou grandes, consolidadas ou precárias, implantadas em terreno acidentado ou plano, no Centro, Zona Sul, Norte, Oeste ou na periferia da cidade (IPLAN-RIO, 1983a, 1993). Reconhecem tratar-se de um universo muito variado geográfica e demograficamente. No entanto, de maneira curiosa, negam as suas diferenças de natureza sociológica.

Falar da favela no singular tem implicações importantes, por exemplo a adoção da homogeneidade como pressuposto, e o desinteresse pela diversidade, de tal maneira que as diferenças internas ao mundo das favelas se tornam automaticamente secundárias. Ocultam-se a diversidade, a pluralidade das formas, das relações e das situações sociais. A evocação sistemática de um tipo-ideal ou de um arquétipo é recorrente nos discursos sobre a favela carioca (Preteceille & Valladares, 2000). Assim, "a" favela é obrigatoriamente um morro, uma zona ocupada ilegalmente, fora da lei, um espaço subequipado, lugar de concentração dos pobres na cidade. Numa mesma denominação genérica, a palavra favela unifica situações com características muito diferentes nos planos geográfico, demográfico, urbanístico e social.

Este "dogma" tem conseqüências metodológicas importantes, por exemplo, o recurso freqüente à comparação estatística entre o conjunto das favelas, por um lado, e o restante da cidade, por outro. O estudo da SAGMACS havia inaugurado essa prática acompanhada, no entanto, por estudos de caso, atentos às diferenças entre favelas. Muitos pesquisadores vêm reproduzindo esse procedimento sem atentar para as diferenças. Comparando o conjunto das favelas ao resto da cidade, não são consideradas as diferenças entre favelas, nem aquelas que demarcam diferentes espaços sociais dentro delas quando, na verdade, diferenças inter e entre favelas não podem ser negligenciadas (Preteceille & Valladares, 1999, 2000). Também não são consideradas as diferenças internas do "resto da cidade", ainda que sejam consideráveis, por exemplo, entre os bairros de Copacabana, Ipanema, Leblon e Barra da Tijuca e os bairros populares da periferia (Preteceille & Ribeiro, 1999; Ribeiro, 2000). A escolha metodológica que compara favela e não-favela levou Ribeiro & Lago (2001) a concluir uma dualização da cidade do Rio de Janeiro, através do afastamento crescente entre as favelas e o resto — atribuído à acentuação da exclusão social concentrada nas favelas. No entanto, um estudo mais detalhado das transformações da segregação social mostra que foram os bairros mais ricos que se afastaram da média dos outros, tendo as favelas uma evolução bem próxima dos outros bairros populares e "médios", cuja evolução tampouco é homogênea (Preteceille & Ribeiro, 1999; Ribeiro, 2000).

Uma realidade desconcertante: a favela virtual e o recenseamento

Essa visão construída e coerente do universo das favelas, que resulta da articulação dos três "dogmas" que acabamos de apresentar, choca-se hoje com a emergência de uma realidade mais complexa e desconcertante, resistente à proposta de uma categorização redutora. Realidade que se deixa perceber, claramente, através de vários canais.

www.rocinha.com: que especificidade?

As favelas cariocas passaram a fazer parte de uma realidade virtual. Alguns exemplos são os inúmeros sites de ONGs (Viva Rio, CEASM, Observatório de Favelas), de programas sociais ou assistenciais (Favela Faces, Favela tem Memória, CIEDS), de agências de notícias (Agência de Notícia das Favelas, Central Única das Favelas), de escolas de samba (G.R.E.S. Estação Primeira de Mangueira, G.R.E.S da Rocinha), de agências de turismo que operam em favelas (Exotic Tours, Favela Tour, JeepTour), e até mesmo de uma pensão (Pousada Favelinha). Os sites não visam apenas os internautas brasileiros. Vários deles têm páginas em inglês, francês e alemão com fotografias, permitindo ao mundo o acesso às favelas cariocas.

A favela corresponde hoje a uma realidade muito diversa do fenômeno que esteve em sua gênese e de que tratamos no capítulo I deste livro.

Já em 1999 o anúncio do site TV ROC no alto de um imóvel de cinco andares situado na Rocinha era visível para todos que atravessavam o Túnel Dois Irmãos, ligando os bairros elegantes de São Conrado e Barra da Tijuca à Zona Sul do Rio de Janeiro (Leblon, Ipanema e Copacabana). Bastava clicar na Web para o internauta ter acesso a informações sobre a localização exata e a história da favela da Rocinha, projetos em curso e empreendimentos. Estavam ali disponíveis as notícias divulgadas pelo jornal local, o *Correio da Zona Sul*. Este site, criado em 1997 por iniciativa da TV ROC, fornecedora da TV a cabo para a favela, anunciava claramente: "A Rocinha é um verdadeiro caldeirão. Tudo o que vocês puderem imaginar acontece aqui. Pessoas com quem falar, instituições a procurar. Tudo isto on line e editado para levar até você as informações completas sobre a Rocinha e as outras comunidades carentes do Brasil hoje".

Atualmente, uma assinatura mensal da TV a cabo custa R$ 25,00 mais R$ 50,00 pela adesão, dando acesso a 42 canais. Exclusiva para os habitantes da Rocinha, o número de assinaturas é cerca de 28 mil, e a renda mensal por família de assinantes varia entre R$ 800,00 e R$ 1.000,00, lembrando que o salário mínimo atual no Brasil é hoje de R$ 300,00.

Figura 12

Página de abertura do site da TV ROC, da Rocinha, em 1999*

* Esta página está hoje inativa, mas o site da TV ROC pode ser acessado: <http://www.tvroc.com.br>.

Se pela TV a cabo os habitantes têm acesso a imagens e acontecimentos de um mundo cada vez mais globalizado, pelo site da TV ROC o mundo se informa sobre a Rocinha, sua população e atividades. Em 1999 o site contava com cerca de 1.500 visitantes por mês, dos quais a maioria era de originários dos Estados Unidos. Em 1999, o site dava informações sobre uma pesquisa feita pela TV ROC junto a consumidores das classes "C" e "D" (que correspondem no Brasil aos carentes): o sabão em pó majoritariamente utilizado é a marca internacional OMO e as marcas de televisão mais correntes — 97% dos pesquisados — Phillips ou Sony.

Outros elementos, além do canal de TV exclusivo, permitem apreciar o grau de inserção desse imenso espaço construído nos circuitos econômicos e comerciais da cidade, do país e do mundo. Quando adentramos a Rocinha, ficamos espantados ao encontrar, ao mesmo tempo, uma sorveteria franqueada da cadeia McDonald, aberta dia e noite (que em abril de 2000 teve a maior venda de sorvetes do Rio), três sucursais da loja de material fotográfico De Plá, três pontos de venda de telefones celulares (Nokia, entre outros), videoclubes em profusão, agências bancárias (inclusive a Caixa Econômica Federal), assim como uma agência dos Correios. Encontramos também padarias modernas, lojas de eletrodomésticos sofisticados, entregas de pizza em domicílio, uma loja de vinhos, um estacionamento particular etc.

As ONGs internacionais também estabeleceram ali um território de intervenção: propuseram cursos de informática e inglês para jovens e outros interessados; o Viva-Cred[251] financia os comerciantes locais sem exigir as garantias exigidas pelos empréstimos bancários tradicionais.

O perfil típico do empresário local foi estudado pelo SEBRAE/RJ (Serviço Brasileiro de Apoio às Micros e Pequenas Empresas): ele tem entre 30 e 40 anos, nível de instrução secundária, montou seu negócio com recursos próprios (605 dos casos), ou com o apoio de parentes (10%). Para coordenar os interesses comerciais locais, foi criada uma Associação Comercial e Industrial do Bairro. Os cartões de crédito — Visa, Credicard, American Express —, aceitos em vários comércios, atestam o poder de compra da população local e sua participação no mercado brasileiro e internacional de consumo.

Serviços médicos privados, clínicas particulares, entre as quais um centro médico de exames, tais como ecografia, ultra-sonografia, prevenção pré-operatória; laboratórios de análises clínicas, dentistas, médicos especializados, ginecologistas, entre outros, estão instalados para receber os pacientes da favela. Encontramos também pelo menos um veterinário. Escritórios de advocacia especializados em direito penal e do trabalho estão implantados na Rocinha. As oito agências imobiliárias da favela (a maior delas gerenciando 1.500 contratos) negociam a locação de locais de uso residencial ou comercial. O problema crucial dos transportes é resolvido através de uma linha de ônibus privada (120 ônibus), assim como de moto-táxis[252] (cerca de 200) que servem à Rocinha a partir de sete pontos diferentes. Uma empresa de táxis tem ali a sua central com telefone, atendendo a todos os bairros da Zona Sul do Rio de Janeiro. Um empresário local também teve a idéia de propor um ônibus escolar às famílias que desejam garantir aos filhos a segurança do trajeto até a escola pública.

A descoberta da favela pelo turismo profissional parece ter sido um sinal da integração desses espaços à modernidade e à economia de mercado: a Rocinha é visitada por cerca de 2 mil turistas/mês.[253] O Jeep tour, criado em 1992, pega o turista nos hotéis, e oferece pela quantia de 30 dólares, um passeio de três horas acompanhado de um guia em

---

[251] O Viva-Cred é um prolongamento da assistência econômica da ONG Viva-Rio. Os financiamentos aos comerciantes vêm do BIRD.
[252] As moto-táxis servem aos moradores tanto para a circulação dentro da favela quanto para fora dela. Ver "Cruzando a Rocinha em duas rodas", *Jornal do Brasil,* 25 dez. 1999.
[253] Cf. o artigo "Rocinha terá guia turístico", *Jornal do Brasil,* 10 abr. 2000.

inglês, francês ou espanhol. A visita se dá primeiro em viatura e depois a pé (incluindo a parada numa moradia) à "maior favela da América Latina". Para o turista ter acesso a creches, escolas ou à associação de moradores, são necessárias doações feitas diretamente aos locais visitados. O sucesso dessa nova atividade coloca a visita à Rocinha no mesmo plano da Floresta da Tijuca, Corcovado, Santa Tereza ou Grumari e Costa Verde. Mais recentemente um outro grupo, o Exotic Tours, também começou a explorar essa fonte, mas sob a forma de "turismo social". Um plano para a formação de guias locais, todos residentes, se concretizou através de uma Oficina de Turismo, onde aprendem inglês, geografia e história da Rocinha, para melhor mostrar aos turistas esse espaço que não corresponde à imagem dominante de bastião controlado pelo tráfico de drogas. Pontos onde os turistas podem tirar fotos são indicados e a venda de produtos artesanais locais faz também parte da visita.

Figura 13

Posto de recepção ao turista

As iniciativas se multiplicam e a lista poderia se estender bastante.[254] O fato é que hoje as favelas não podem ser reduzidas, simplesmente, ao habitat da população pobre do Rio de Janeiro. Tornaram-se também um grande mercado, sendo para alguns dos seus atores sociais, sinônimo de "negócio". O solo e as moradias estão entre os primeiros bens que dão lugar ao forte desenvolvimento de uma atividade de produção e comércio. Sobre um

---

[254] Há outras operadoras de turismo como o Favela Tour que preferem as vans aos jeeps abertos. A Prefeitura do Rio de Janeiro dá também apoio ao turismo na favela.

terreno de que não eram proprietários, muitos moradores não só conseguiram construir a própria moradia como também uma segunda, talvez uma terceira, quem sabe até uma quarta para locação ou venda. Aliás, é possível vender apenas a laje superior de sua própria casa, como se fosse um terreno criado. Assim, transações imobiliárias se desenvolvem em um mercado paralelo àquele gerido pelos tabeliães da cidade. Ao lado desse mercado imobiliário bastante ativo — tanto para venda quanto para locação —, desenvolveu-se também um enorme mercado de serviços em plena modernização para responder às demandas cada vez mais diversificadas de uma população consumidora de produtos ligados direta ou indiretamente à globalização. Entre os produtos de consumo "modernos", a droga é que chama mais a atenção, sobretudo pelas práticas violentas a que estão associadas. Mas o mercado da droga está voltado principalmente para o exterior das favelas, e não se poderia reduzir a economia das favelas à economia das drogas. Inúmeras outras atividades econômicas que nelas se desenvolvem, talvez menos espetaculares para os meios de comunicação, são os motores e signos de importantes transformações em suas estruturas socioeconômicas.

Frente a esse desenvolvimento e à realidade da vida cotidiana (da qual a Rocinha é um exemplo), torna-se difícil fazer funcionar uma análise fundamentada nos dogmas acima evocados. De que especificidade estamos falando? Em que reside exatamente o corte com a cidade? É possível considerar pobre um empresário local? As diferenças sociais entre esse "pobre" e seu vizinho desempregado impedem qualquer amálgama que permita considerar a população das favelas uma categoria social única. A miséria não é, pelo menos não é mais, uma característica geral e a precariedade dos equipamentos deve ser fortemente relativizada.

O recenseamento como revelador da diversidade

Os dados do censo também questionam a visão excessivamente homogeneizadora das favelas. Os resultados são evidentes: nem homogeneidade, nem especificidade das favelas, nem unidade entre elas e, no caso das grandes, nem mesmo dentro delas. Estudos que realizamos a partir de dados do recenseamento de 1991 (Preteceille & Valladares, 1999, 2000) permitiram demonstrar que, ao contrário da visão dominante, as favelas apresentam sinais evidentes de heterogeneidade — em sua realidade física, espacial e social — a tal ponto que se torna impossível alinhá-las em uma categoria única e distinta. No conjunto dos 10.542 setores censitários da Região Metropolitana do Rio, os 1.291 setores (12% do total) considerados pelo IBGE como setores de favelas, foram comparados ao conjunto dos setores da metrópole de não-favelas, a partir de uma tipologia tripla que ressalta o equipamento urbano (água, saneamento, recolhimento de lixo), a ocupação (da construção e do terreno), a escolaridade e a renda do chefe de família. O estudo da distribuição das favelas em cada uma dessas três tipologias mostrou que, mesmo estando mais presentes em certas modalidades das três tipologias, as favelas também são encontradas em proporções razoáveis em todas as outras, exceto nas modalidades de nível superior.

A pretensa homogeneidade das favelas do Rio não foi confirmada em nenhuma das três dimensões estudadas: equipamento, estatuto de ocupação e nível social. Quanto à sua especificidade, algumas têm efetivamente características distintas em matéria de equipamento urbano, mas uma boa parte dos setores censitários de favela está classificada nos mesmos tipos de muitos setores censitários de não-favela. No que se refere à miséria social e urbana, o trabalho mostrou que, de fato, ela caracteriza efetivamente uma parte dos espaços de favela, mas apenas uma parte; por outro lado as condições de miséria também caracterizam um número bastante importante de outros setores de não-favela, tais como loteamentos periféricos, bairros populares pobres etc.

Não há dúvida de que o número de favelas, fora do município do Rio, está subestimado, em virtude da ausência de cadastramento nos demais municípios da região metropolitana. Conforme assinalamos, apenas no município do Rio de Janeiro, o Instituto Pereira Passos, antigo IPLAN-RIO, vem realizando um levantamento sistemático neste sentido. Além disso, a distinção entre favela e não-favela é muito mais difícil de realizar nas periferias populares. Preferimos a hipótese de a identidade da favela afirmada pelos dogmas prender-se muito mais ao contraste violento com os bairros de classe média e alta que lhes são próximos ou, até mesmo, vizinhos, do que às suas supostas características. Proximidade espacial com distância social.[255]

No entanto, hoje, até mesmo essa identificação apresenta problemas. A definição de favela como "aglomerado subnormal" utilizada pelo IBGE excluiria, por exemplo, uma grande parte do território da Rocinha e também de outras favelas.

A quem pode interessar a permanência dos dogmas?

Por que será, então, que as mudanças recentes, mais do que evidentes e confirmadas pelo próprio recenseamento, não parecem abalar os defensores dos dogmas? Como explicar essa resistência? Haveria algum interesse em fazê-los perdurar? Até que ponto sua persistência no imaginário coletivo traria benefícios às favelas e aos seus habitantes? É verdade que o "turismo social" depende de uma imagem exótica, é verdade que jornalistas, a mídia e escritores preferem, sem dúvida, essa imagem um tanto fascinante de um universo que seria marginal, diferente e com especificidades locais. Mas é possível que outros grupos sociais também tenham interesse que a imagem da favela não venha a se modificar tão depressa.

Os responsáveis pelas políticas públicas

Os responsáveis pelas políticas públicas desde sempre sustentaram a especificidade do universo das favelas. Programas bem diferentes como a remoção dos moradores ou a urbanização das favelas partem de um mesmo pressuposto: zonas ilegais, fora das normas e subequipadas, devem ser objeto de medidas especiais. Caso contrário, como justificar uma política específica em relação a esses espaços? Como legitimar todo um arsenal de instrumentos e procedimentos técnicos, uma legislação especializada, medidas e "soluções" alternativas que, em diferentes momentos, foram elaborados por diversos organismos públicos?

Que argumento seria melhor do que a especificidade da favela para pleitear a realização de uma política em larga escala? Pareceria mais "adequado" trabalhar com uma categoria única, "a favela", referida a normas consensuais, a partir de critérios e definições simples e compartilhadas. Apesar da existência de diferenças entre as favelas e den-

---

[255] Como dizem Chamboredon & Lemaire (1970) a propósito dos conjuntos habitacionais na França.

tro delas — dado que os poderes públicos não ignoram — é sempre mais eficaz prever um alvo homogêneo ao qual corresponderão exatamente programas especiais, *ad hoc*, capazes de resolver problemas sociais bem identificados, não contestados pela base nem pelos políticos. Daí o interesse pelo postulado do caráter uniforme do espaço das favelas, do qual é possível deduzir rapidamente e sem qualquer dificuldade a homogeneidade de seus habitantes, privilegiando suas características dominantes. A permanência da expressão "população de baixa renda" empregada desde a época do BNH, criado em 1964, até o atual Programa Favela-Bairro, testemunha essa tendência. Apesar dos habitantes das favelas estarem inseridos de maneira diferenciada no mercado de trabalho (assalariados, autônomos, trabalhadores informais), recebendo rendimentos regulares ou ocasionais, baixos ou médios, pagando aluguel ou sendo proprietários, analfabetos ou diplomados em nível superior, estarão sempre assimilados a um grupo único: "os pobres". Mas será que os objetivos políticos e operacionais justificam a sua construção como um grupo único, como uma totalidade?

As associações e as ONGs: o mapa da pobreza

As autoridades públicas e os técnicos não são os únicos a considerar as favelas território específico da pobreza. As associações de moradores, apesar de uma longa história que alterna oposição ao governo e práticas de cooperação, também usam o mesmo argumento da especificidade. Os dirigentes dessas associações, para qualificar o conjunto de moradores que representam, utilizam o termo "comunidade", o que manifesta a vontade de substituir o termo "favela", considerado pejorativo, por uma noção positiva. O uso deste termo também legitima o seu próprio estatuto como representante investido pela comunidade, mas também oculta todas as diferenças e conflitos existentes entre os diversos espaços ou entre os próprios habitantes. A noção de comunidade supõe uma idéia de união — que nem sempre tem sido característica dessas associações e de seus territórios. E assim mascara a diversidade das situações sociais e a multiplicidade dos interesses presentes em uma estrutura freqüentemente mais atomizada do que comunitária.

Não esqueçamos que, na tradição política carioca, a ajuda à pobreza dá votos e que as associações de moradores sempre representaram uma parte ativa nesse jogo, como bem demonstrou Medina em *A favela e o demagogo* (1964) e Diniz em *Voto e máquina política* (1982). Os políticos continuam utilizando a tradição clientelista da "bica d'água", em que votos são trocados por vantagens para uma pessoa ou em benefício do próprio bairro. Mesmo o Programa Favela-Bairro, de existência mais recente, não escapa desse procedimento.

As associações de moradores, em seu papel de mediação, quando reafirmam a especificidade dos espaços por elas representados, querem sublinhar o estado precário de seus habitantes quanto ao estatuto jurídico da ocupação do solo, e do equipamento urbano, além da cidadania. Para garantir o auxílio de que, evidentemente, necessitam, as associações retomam, incessantemente, a imagem da "comunidade carente". As favelas sempre necessitam tudo, na medida em que são espaços inacabados, fragmentários, dependentes da ajuda dos outros e das agências públicas às quais precisam necessariamente recorrer. Aliás, podemos nos questionar se essa insistência dos líderes associativos sobre a carência, que faz parte do jogo da defesa de seus interesses, não vem a ser reforçada pelas práticas dos próprios moradores. Prova disto é que estes investem por último na melhoria do aspecto exterior de suas moradias, prolongando a percepção dos espaços precários, ainda que o conforto do interior das casas tenha progredido de maneira considerável.[256]

As ONGs também fazem parte desse elenco de atores sociais que oferecem ao imaginário coletivo essa representação da favela, participando ativamente em sua permanência. Mais próximas aos "pobres" do que muitas outras instituições, na medida em que suas sedes ou filiais funcionam na própria favela, elas retomam o discurso das associações de moradores continuando a insistir sobre a noção de "comunidade" e suas conotações de união, solidariedade e coesão. Muitas vezes, essas organizações têm clientelas bem específicas — mulheres, crianças, jovens, negros etc. — e domínios de ação particulares, mas sempre ressaltam uma visão mais global que insiste sobre os excluídos, as vítimas da violência, as mulheres chefes de família etc., como segmentos da pobreza. Um discurso globalizante que, opondo os "pobres" a todo o resto, só pode continuar produzindo a uniformidade.

Ainda que as próprias ONGs constituam um conjunto heterogêneo,[257] já que não se definem pelas mesmas crenças nem pela mesma ideologia, nem tampouco pelo mesmo público-alvo, todas elas utilizam o discurso da pobreza para justificar a sua existência. No caso das organizações estrangeiras, sobretudo de países europeus que desejam ajudar o Terceiro Mundo, esse discurso é um recurso indispensável para garantir a continuidade do fluxo financeiro necessário ao prosseguimento do trabalho. Na medida em que representam a sociedade civil engajada e realizam acordos de parceria com os poderes públicos brasileiros, sem dúvida nenhuma as ONGs prestam um importante serviço às "comunidades carentes". Mas, assim fazendo, também reforçam a representação redutora da favela como lugar de pobreza e espaço social específico.

A importância atribuída à identificação entre as favelas e a questão da pobreza urbana acabaram por se transformar em uma faca de dois gumes relativa à defesa dos menos favorecidos. De fato, a representação das favelas como espaço dos pobres por excelência, se é que traz para elas algum benefício, deixa na sombra os outros setores da cidade, bastante numerosos, e talvez ainda mais carentes, com grande necessidade de investimentos públicos, como os loteamentos irregulares, subúrbios pobres ou certas partes degradadas das zonas centrais. O Instituto Pereira Passos, em abril de 1999, havia cadastrado 604 favelas, mas também 783 loteamentos irregulares e 508 conjuntos habitacionais. Na ausência de uma indicação específica destas duas últimas categorias no recenseamento, não sabemos qual a sua importância em número de moradias e habitantes, mas sem dúvida percebemos que ela é considerável.

E os pesquisadores?

A análise sistemática da literatura (Valladares & Medeiros, 2003) demonstra claramente que a aceitação dos dogmas é partilhada pela maioria dos pesquisadores, com algumas exceções. Na verdade, os pesquisadores deveriam ser os primeiros a denunciar essa visão redutora, mas, ainda que a referida representação tenha certos efeitos benéficos,

---

[256] Haja vista as facilidades de crédito ao consumidor, bastante generalizadas nos últimos anos.
[257] Ver os trabalhos de Landim (1993, 1998), que discute este universo de militância, caridade, assistência em pleno desenvolvimento no Brasil e no Rio de Janeiro.

dentro de uma lógica "militante" que apóia as reivindicações dos moradores, ela também tem efeitos de ocultação ou de codificação dos problemas sociais, bem menos benéficos. As razões pelas quais o dogma perdura entre os pesquisadores parecem resultar de quatro registros.

O primeiro remete à análise da história acadêmica do Brasil. Como lembra Pécault (1990:14), gerações de intelectuais brasileiros tinham a convicção de que lhes cabia uma responsabilidade no sentido de evidenciar os problemas da sociedade, dirigindo um olhar crítico sobre o funcionamento do Estado, sugerindo soluções. Em grande parte, isto explica a legitimidade das favelas como objeto de estudo. Em um primeiro tempo, esse reconhecimento, de um amplo campo de pesquisa, passou pela sua nítida identificação e descrição. No entanto, a busca das regularidades, semelhanças e especificidades levou à constituição de um domínio definido, circunscrito e operacional. E, uma vez constituída essa categorização, tornou-se muito difícil romper com ela.

A dupla inscrição de numerosos pesquisadores brasileiros à academia e também à militância, sem dúvida explica a dificuldade por parte dos pesquisadores de estabelecer nuanças, sobretudo quando se dirigem a um público que prefere versões simplificadas e simplórias, características tanto dos responsáveis políticos quanto dos meios de comunicação. O pesquisador, portanto, é levado a simplificar para atender às demandas.

Enfim, e de forma geral, é sempre muito difícil questionar a si mesmo, e mais difícil ainda desconstruir uma categorização ou uma categoria que ajudamos a construir. Operação arriscada, de desmonte, que nem sempre se ousa fazer.

O segundo é o registro do pragmatismo: pesquisar favela é um "bom negócio". Todo pesquisador concorda que é muito mais fácil conseguir financiamento para uma pesquisa quando o patrocinador compartilha as categorias de percepção e de análise do pesquisador. Considerada a posição redutora dos financiadores, podemos compreender o porquê de inúmeros projetos se apoiarem em postulados admitidos pelas agências financiadoras da pesquisa.

Mas é preciso não esquecer tampouco o caráter estruturante (e tranqüilizador) dos dogmas. O pesquisador navega em águas bem conhecidas e corre pouco risco de naufragar. Funcionar com categorias já experimentadas permite a repetição e acumulação de dados, e sempre haverá tempo para discuti-los depois.

Finalmente, com muita freqüência, os pesquisadores são também professores e, para passar a mensagem aos estudantes, é por vezes mais eficaz a simplificação. A favela, como campo de experiência, aparece para muitos professores como um lugar privilegiado de pesquisas, sobretudo quando se trata das monografias de seus alunos. É o meio mais econômico de "expatriar" o mestrando ou doutorando originário das classes médias, e também o meio de confrontá-los com a "diferença", de fazê-los realizar, "no familiar", as suas primeiras experiências de campo. As monografias, que correspondem ao gênero mais corrente, representam um modo de recolher muitos dados sem precisar estabelecer comparações capazes de desestabilizar o pensamento e a pesquisa do neopesquisador.

O terceiro registro coloca a questão da ideologia. A tradição do sociólogo engajado passa, necessariamente, no Brasil, pela valorização dos trabalhos sobre as categorias populares, a cidadania, a exclusão social, as desigualdades e tudo que tem a ver com a "comunidade". A análise dos dogmas deixa ver, através da categorização proposta, o desejo de ressaltar, de forma positiva, a especificidade das favelas; de mostrar as "comunidades" das favelas como lugares de elaboração de uma cultura diferente, com seus recursos próprios, seus valores e códigos.

Em suma, estudar as favelas, e acreditar nos dogmas, é um procedimento "politicamente correto", no qual se reúnem duas dimensões, a intelectual (estudar o que é diferente e valorizá-lo) e a militante (ajudar os estigmatizados).

E o quarto registro é alimentado pela competição acadêmica internacional. A favela, tal como foi construída pelos dogmas, é um "instrumento" teórico relativamente fácil de vender nas comparações internacionais, pois corresponde perfeitamente — ao mesmo tempo em que a reforça — à percepção atual dominante dos fenômenos de dualização induzidos pelo processo de mundialização: dualização das metrópoles urbanas, das sociedades e do planeta (Preteceille, 1995).

Na sociologia urbana, mais precisamente na sociologia da segregação social, a favela corresponde a uma determinada leitura da realidade, ao mesmo tempo original, posto que definida em um contexto local preciso mas, também, "produto de exportação". Por parecer evidente, a categoria "favela" construída pelos dogmas apresenta-se ainda mais sedutora, na medida em que parece poder ser utilizada em outros contextos, inclusive os mais diferentes.

E o futuro? Dos "doutores em favela" aos "doutores da favela"

O questionamento dos dogmas, passagem obrigatória para uma verdadeira renovação dos trabalhos realizados não apenas sobre as favelas, mas, também, sobre a pobreza, a segregação urbana e as conseqüências da urbanização, possivelmente será influenciado pelo surgimento de um novo tipo de ator: aquele oriundo da favela com um diploma superior.

Um número da revista *Veja*, publicada em outubro de 1999, apresenta na capa o retrato de um morador da Maré, que acabava de defender a sua tese em ciências sociais sobre jovens favelados que tiveram acesso à universidade: Jailson de Souza e Silva, em uma tese de doutorado defendida na PUC,[258] analisa o percurso e as histórias de vida de 11 moradores que obtiveram diplomas de ensino superior, e iniciaram carreiras profissionais continuando a residir na favela. Haveria, então, uma outra carreira para os residentes nas favelas, além do tráfico de drogas, conforme já havíamos observado em um estudo sobre crianças e jovens da Rocinha (Valladares, 1991).

A trajetória, certamente atípica, desses indivíduos apresenta uma nova questão às ciências sociais brasileiras: a necessidade de desenvolver uma sociologia da mobilidade social, até hoje pouco presente na pesquisa.[259] O desenvolvimento dessa área temática permitiria justamente abandonar a limitação da categoria construída pelos dogmas, fazendo aparecer claramente o complexo processo de diferenciação social que está ocorrendo na

---

[258] A tese foi publicada em livro sob o título de *Por que uns e não outros? Caminhada de jovens pobres para a universidade* (Silva, 2003). A repercussão e a descoberta de que havia universitários bem-sucedidos na favela foram sem dúvida fundamentais para o desenvolvimento da ONG dirigida pelos "doutores da favela" CEASM, cujas atividades são divulgadas no site <www.ceasm.ong.org>, apoiada pela Fundação Ford e várias outras fundações nacionais e internacionais.

[259] São raríssimos os estudos sobre a mobilidade social nas favelas, excetuando-se o trabalho de Abramo (2002). Há, no entanto, trabalhos sobre mobilidade social no Brasil, destacando-se os de Silva (1988) e Scalon (1999).

sociedade brasileira, inclusive nas favelas. É possível ser pobre e não residir em uma favela, ou morar na favela acreditando na possibilidade de uma ascensão social.

Se deixarmos de confundir os processos sociais observados na favela com os processos sociais causados pela favela, será possível compreender fenômenos que, apesar de se manifestarem de fato nas favelas, também se manifestam em outros lugares. Ou, melhor dizendo, na medida em que certos problemas deixassem de ser estudados exclusivamente na favela, eles assumiriam uma outra dimensão. Nossa proposta é que as favelas deixem de ser o campo sistematicamente utilizado para estudar as mais variadas questões ligadas à pobreza. Só assim deixaremos de confundir favela e pobreza.

Referências bibliográficas

ABRAMO, Pedro. Uma teoria econômica da favela: quatro notas sobre o mercado imobiliário informal em favelas e a mobilidade residencial dos pobres. *Cadernos IPPUR*, Rio de Janeiro, ano XVI, n. 2, p. 103-134, ago./dez. 2002.

ABREU, Alzira Alves; BELOCH, Israel (Orgs.). *Dicionário histórico biográfico brasileiro, 1930-1983*. Rio de Janeiro: Forense Universitária, CPDOC/FGV, FINEP, 2001.

ABREU, Maurício de Almeida. *Evolução urbana do Rio de Janeiro*. Rio de Janeiro: Zahar, IPLAN-RIO, 1987.

————. Estudo geográfico da cidade no Brasil: evolução e avaliação (contribuição à história do pensamento geográfico brasileiro). *Revista Brasileira de Geografia*, Rio de Janeiro, v. 56, n. 1/4, p. 2-122, dez./jan. 1994a.

————. Reconstruindo uma história esquecida: origem e expansão inicial das favelas do Rio. *Espaço e Debates*, São Paulo, v. 14, n. 37, p. 34-46, 1994b.

————; VAZ, Lilian Fessler. Sobre a origem das favelas. In: ENCONTRO NACIONAL DA ANPUR, 4., 1991, Salvador. *Anais...* Salvador: ANPUR, 1991.

ABREU, Regina. *O enigma de Os sertões*. Rio de Janeiro: FUNARTE, Rocco, 1998.

AGACHE, Alfred (Org.). *Cidade do Rio de Janeiro: extensão — remodelação — embelezamento*. Rio de Janeiro: Prefeitura do Distrito Federal; Paris: Foyer Brésilien, 1930.

ALMEIDA, Cícero Antônio F. de. *Canudos: imagens da guerra — os últimos dias da guerra de Canudos pelo fotógrafo expedicionário Flávio de Barros*. Rio de Janeiro: Museu da República, Lacerda, 1997.

ALMEIDA, Maria Hermínia Tavares de. Dilemas da institucionalização das ciências sociais no Rio de Janeiro. In: MICELI, Sérgio (Org.). *História das ciências sociais no Rio de Janeiro*. São Paulo: Vértice, Editora Revista dos Tribunais, IDESP, 1989. p. 188-216. v. 1.

ALMEIDA, Roberto Schmidt de. *A geografia e os geógrafos do IBGE no período 1938-1998*. Tese (Doutorado em Geografia) — Programa de Pós-Graduação em Geografia, Instituto de Geociências/UFRJ, Rio de Janeiro, 2002.

ALVIM, Rosilene; VALLADARES, Licia do Prado. Infância e sociedade no Brasil: uma análise de literatura. *BIB — Boletim Informativo e Bibliográfico de Ciências Sociais*, Rio de Janeiro, n. 26, p. 3-37, 1988.

ALVITO, Marcos. *As cores de Acari — uma favela carioca*. Rio de Janeiro: FGV, 2001.

AMMANN, Safira. *Ideologia de desenvolvimento de comunidade no Brasil*. São Paulo: Cortez, 1997.

ANDERSON, Nels. *The Hobo. The sociology of the homeless man*. Chicago: The University of Chicago Press, 1923.

ARAGÃO, Maria Luiza Muniz de. Favela — vivem ou vegetam as 1.111 famílias da Barreira do Vasco?. *Serviço Social*, n. 54, p. 65-75, 1949.

ASTIER, Isabelle; LAE, Jean-François. La notion de communauté dans les enquêtes sociales sur l'habitat en France. *Genèses*, n. 5, p. 81-106, sept. 1991. (Dossier Observer, Classer, Administrer).

AZEVEDO, Aluízio. *O cortiço*. São Paulo: Martins, 1890.

AZEVEDO, Cecília. O sentido da missão no imaginário político norte-americano. *Revista de História Regional*, São Paulo, v. 3, n. 2, 1998.

———. As contradições e os limites da "americanização" da América Latina. In: CONGRESO DE HISTORIA ECONÓMICA, 13., 2002, Buenos Aires. *Anales...* Buenos Aires: Associação Internacional de História Econômica, 2002.

BACKHEUSER, Everardo. Habitações populares. In: *Relatório apresentado ao Exmº. Sr. Dr. J. J. Seabra, ministro da Justiça e Negócios Interiores*. Rio de Janeiro: Imprensa Nacional, 1906.

BARBOSA, Antonio Carlos Rafael. *Um abraço para todos os amigos; algumas considerações sobre o tráfico de drogas no Rio de Janeiro*. Niterói: EDUFF, 1998.

BARBOSA, Lívia. *O jeitinho brasileiro: a arte de ser mais igual que os outros*. 2. ed. Rio de Janeiro: Campos, 1992.

BARRET-DUCROCQ, Françoise. *Pauvreté, charité et morale à Londres au XIXe siècle: une sainte violence*. Paris: La Découverte, 1991.

BEAUD, Stéphane; WEBER, Florence. *Guide de l'enquête de terrain: produire et analyser des données ethnographiques*. Paris: La Découverte, 1997.

BECKER, Howard. Introduction. In: SHAW, Clifford. *The Jack Roller. A delinquent boy's own story: with a new introduction by Howard S. Becker*. London: The University of Chicago Press, 1966. p. V-VIII.

———. Whose side are we on? In: BECKER, Howard. *Sociological work*. Chicago: Aldine, 1970. p. 123-134.

BENCHIMOL, Jaime Larry. *Pereira Passos: um Haussmann tropical — a renovação urbana da cidade do Rio de Janeiro no início do século XX*. Rio de Janeiro: Secretaria Municipal de Cultura, Turismo e Esporte, 1990. (Coleção Biblioteca Carioca).

BENTES, Ivana. The sertão and the favela in contemporary Brazilian film. In: VIEIRA, João Luiz (Org.). *Cinema Novo and beyond*. New York: Museum of Modern Art, 1999.

BERENSTEIN-JACQUES, Paola. *Les favelas de Rio: un enjeu culturel*. Paris: L Harmathan, 2001a.

———. *Estética da ginga: a arquitetura das favelas através da obra de Hélio Oiticica*. Rio de Janeiro: Casa da Palavra, RIOARTE, 2001b.

BERNARDES, Lysia Maria Cavalcanti. Pescadores da Ponta do Caju; aspectos da contribuição de portugueses e espanhóis para o desenvolvimento da pesca na Guanabara. *Revista Brasileira de Geografia*, v. 20, n. 2, p. 49-69, abr./jun. 1958.

BERTAUX, Daniel. From the life history approach to the transformation of sociological practice. In: BERTAUX, Daniel (Ed.). *Biography and Society,* Beverly Hills/London, p. 29-45, 1981.

BIRMAN, Patricia. *Feitiço, carrego e olho grande, os males do Brasil são: estudo de um centro umbandista numa favela do Rio de Janeiro.* Dissertação (Mestrado em Antropologia Social) — Universidade Federal do Rio de Janeiro/Museu Nacional, Rio de Janeiro, 1980.

BISILLIAT, Jeanne. *La construction populaire au Brésil: une expérience à São Paulo.* Paris: Karthala, L'Orstom, 1995.

BLANK, Gilda. Brás de Pina: experiência de urbanização de favela. In: VALLADARES, Licia (Org.). *Habitação em questão.* Rio de Janeiro: Zahar, 1980. p. 93-124.

BOMBART, Jean Pierre. Les cultes protestants dans une favela de Rio de Janeiro. *América Latina*, Rio de Janeiro, v. 12, n. 3, p. 137-159, jul./set. 1969.

BONDUKI, Nabil; ROLNIK, Raquel. Periferia da Grande São Paulo. Reprodução do espaço como expediente de reprodução da força de trabalho. In: MARICATO, Ermínia (Org.). *A produção da casa (e da cidade) no Brasil industrial.* São Paulo: Alfa-Ômega, 1979. p. 117-154.

BONILLA, Frank. Rio's favelas: the rural slum within the city. Report. *East Coast South America Series*, Rio de Janeiro, v. 8, n. 3, p. 1-15, 1961. (American Universities Field Staff).

BOSCHI, Renato. *A arte da associação; política de base e democracia no Brasil.* São Paulo: Vértice, Editora Revista dos Tribunais; Rio de Janeiro: IUPERJ, 1987.

————; VALLADARES, Licia do Prado. Movimentos associativos de camadas populares urbanas: análise comparativa de seis casos. In: BOSCHI, Renato (Org.). *Movimentos coletivos no Brasil urbano.* Rio de Janeiro: Zahar, 1982. p. 103-143.

————; ————. Problemas teóricos na análise de movimentos sociais: comunidade, ação coletiva e o papel do Estado. *Espaço e Debates*, São Paulo, n. 8, p. 64-77, 1983.

BOURDIEU, Pierre (Dir.). *La misère du monde.* Paris: Seuil, 1993.

————; CHAMBOREDON, Jean-Claude; PASSERON, Jean-Claude. *Le métier de sociologue: préalables épistémologiques.* Paris: La Haye; New York: Mouton, 1980.

BRANDÃO, Alonso Caldas (Org.). *Código de Obras e legislação complementar: Decreto 6.000 de 1-7-1937.* 4. ed. Rio de Janeiro: A. Coelho Branco Filho Editor, 1964. 2 v. (Coleção de Códigos e Leis Vigentes).

BRASILEIRO, Ana Maria et al. Extending municipal services by building on local initiatives: a project in the favelas of Rio de Janeiro. *Assignement Children — UNICEF*, n. 57/58, p. 67-100, 1982.

BRESCIANI, Maria Stella. *Londres e Paris no século XIX: o espetáculo da pobreza.* 2. ed. São Paulo: Brasiliense, 1984.

BRETAS, Marcos Luiz. *A guerra das ruas: povo e polícia na cidade do Rio de Janeiro.* Rio de Janeiro: Arquivo Nacional, 1997.

BRITTO, Ana Lúcia Nogueira de Paiva. *Les modes de gestion des services d'eau et d'assainissement à Rio de Janeiro (1975-1986): logique technico-sectorielle nationale vs logiques politiques locales.* Tese (Doctorat en Urbanism) — Institut d'Urbanisme de Paris, Paris XII, Paris, 1995.

BRONSTEIN, Olga. De cima para baixo ou de baixo para cima? Considerações em torno da oferta de um serviço público nas favelas do Rio de Janeiro. In: ENCONTRO NACIONAL DA ANPOCS, 6., 1982, Friburgo. *Anais...* Friburgo: ANPOCS, 1982.

BROWN, Diana. *Macumba and umbanda in Brazil.* Tese (PhD) — Columbia University, 1972.

BRUANT, Catherine. Donat Alfred Agache (1875-1959) l'architecte et le sociologue. *Les Études Sociales*, n. 122, p. 23-61, 1994.

————. Un architecte à "l'école d'énergie" Donat Alfred Agache, du voyage à l'engagement colonial. *Revue du Monde Musulman et de la Méditerranée/Figures de l'Orientalisme en Architecture*, Aix-en-Provence, n. 73/74, p. 99-117, 1996.

BUARQUE, Cristovam. *O que é apartação: o aparelho social no Brasil.* São Paulo: Brasiliense, 1993.

BULMER, Martin. *The Chicago School of Sociology: institutionalization, diversity and the rise of sociological research.* Chicago, London: The University of Chicago Press, 1984.

BURGESS, Ernest W. The growth of a city: an introduction to a research project. In: PARK, Robert; BURGESS, Ernest W.; McKENZIE, Roderick D. *The city.* Chicago: The University of Chicago Press, 1925.

BURGOS, Marcelo Baumann. Dos parques proletários ao Favela-Bairro: as políticas públicas nas favelas do Rio de Janeiro. In: ALVITO, Marcos; ZALUAR, Alba (Orgs.). *Um século de favela.* Rio de Janeiro: FGV, 1998. p. 25-60.

BUTLER, Rémy; NOISETTE, Patrice. *Le logement social en France 1815-1981. De la cité ouvrière au grand ensemble.* Paris: La Découverte, Maspero, 1983.

CARDOSO, Adauto Lúcio. Em torno da cidade partida: dualização, segregação e produção do espaço no Rio de Janeiro. In: ENCONTRO NACIONAL DA ANPUR, 7., 1997, Recife. *Anais...* Recife: ANPUR, 1997. p. 1314-1333. v. 2.

CARDOSO, Fernando Henrique; REYNA, José Luis. Industrialização, estrutura ocupacional e estratificação social na América Latina. *Dados*, Rio de Janeiro, v. 2, n. 3, p. 4-31, 1967.

CARLOS, Ana Fani Alessandri (Org.). *Os caminhos da reflexão sobre a cidade e o urbano.* São Paulo: EDUSP, 1994.

CARRÉ, J.; REVAUGER, J. P. (Dirs.). *Ecrire la pauvreté; les enquêtes sociales britanniques aux XIX et XX siècles.* Paris: L'Harmattan, 1995.

CARVALHO, Eduardo. *O negócio da terra: a questão fundiária e a justiça.* Rio de Janeiro: UFRJ, 1991.

CARVALHO, José Murilo de. *Os bestializados: o Rio de Janeiro e a República que não foi.* São Paulo: Cia. das Letras, 1987.

CARVALHO, Lia de Aquino. *Contribuição ao estudo das habitações populares: Rio de Janeiro, 1886-1906.* Rio de Janeiro: Prefeitura da Cidade do Rio de Janeiro/Secretaria Municipal de Cultura, 1986. (Coleção Biblioteca Carioca).

CARVALHO, Maria Alice Rezende de. *Quatro vezes cidade*. Rio de Janeiro: Sete Letras, 1994.

CASÉ, Paulo. *Favela: uma exegese a partir da Mangueira*. Rio de Janeiro: Relume-Dumará, PMRJ, 1996.

CASTEL, Robert. *Les métamorphoses de la question sociale. Une chronique du salariat*. Paris: Fayard, 1994.

CASTELLS, Manuel. Y a-t-il une sociologie urbaine?. *Revue Sociologie du Travail*, v. 10, n. 1, p. 72-90, 1968.

CASTRO, Josué de. *Geografia da fome — o dilema brasileiro*. Rio de Janeiro: Civilização Brasileira, 2001.

CAVALLIERI, Paulo Fernando. Favelas cariocas: mudanças na infra-estrutura. In: IPLAN-RIO (Org.). *Quatro estudos*. Rio de Janeiro: IPLAN-RIO, 1986. p. 19-35.

CECHETTO, Fátima. As galeras *funk* cariocas: entre o lúdico e o violento. In: VIANNA, Hermano (Org.). *Galeras cariocas*. Rio de Janeiro: UFRJ, 1997. p. 95-118.

CEFAI, Daniel. Combining methods in field studies: a few things we learn from Chicago sociology. In: BLASIUS, Jorge (Ed.). *Social science methodology in the new millenium*. Koln, 2000. CD-ROM.

CENTRO DE DEFESA DOS DIREITOS HUMANOS BENTO RUBIÃO. *Favelas e as organizações comunitárias*. Petrópolis: Vozes, 1994.

CEZAR, Paulo Bastos. *Evolução da população de favelas na cidade do Rio de Janeiro: uma reflexão sobre os dados mais recentes*. Rio de Janeiro: Prefeitura da Cidade do Rio de Janeiro/Armazém de Dados da Prefeitura, fev. 2002. (Coleção Estudos da Cidade). Disponível em: <www. armazemdedados.rio.rj.gov.br>. Acesso em: mar. 2002.

CHALHOUB, Sidney. *Cidade febril: cortiços e epidemias na corte imperial*. São Paulo: Cia. das Letras, 1996.

CHAMBOREDON, Jean-Claude; LEMAIRE, Madeleine. Proximité spatiale et distance sociale: les grands ensembles et leur peuplement. *Revue Française de Sociologie*, v. 11, p. 3-33, 1970.

CHAPOULIE, Jean-Michel. *La tradition sociologique de Chicago, 1892-1961*. Paris: Seuil, 2001.

CHOMBART DE LAUWE, Paul-Henri. *Paris et l'agglomération parisienne*. Paris: PUF, 1952. t. I: L'espace social dans une grande cité.

CLIFFORD, James. Notes on (field) notes. In: SANJEK, Roger (Ed.). *Fieldnotes; the makings of anthropology*. Ithaca, London: Cornell University Press, 1990. p. 44-70.

COELHO, Magda; VALLADARES, Licia do Prado. Pobreza urbana e mercado de trabalho — uma análise bibliográfica. *BIB — Boletim Informativo e Bibliográfico de Ciências Sociais*, Rio de Janeiro, n. 14, p. 5-28, 2 sem. 1982.

CONN, Stephen. The "squatters" rights of favelados. *Ciências Econômicas e Sociais*, São Paulo, v. 3, n. 2, p. 50-142, dez. 1968.

CONNIFF, Michael. *Urban politics in Brazil: the rise of populism, 1925-1945*. Pittsburgh: University of Pittsburgh Press, 1981.

COPANS, Jean. *L'enquête ethnologique de terrain*. Paris: Nathan. 1999. (Collection 128).

CORREA, Marisa (Org.). *História da antropologia no Brasil; testemunho: Emilio Willems e Donald Pierson*. Campinas: Unicamp, 1987.

COSTALLAT, Benjamim. A favela que eu vi. In: COSTALLAT, Benjamim. *Mistérios do Rio*. [1924]. Rio de Janeiro: Prefeitura Municipal da Cidade do Rio de Janeiro/Secretaria Municipal de Cultura, 1995.

COULON, Alain. *L'École de Chicago*. Paris: PUF, 1994.

CRESSEY, Paul. *The Taxi-Dance Hall. A sociological study in commercialized recreation and city life*. Chicago: The University of Chicago Press, 1932.

CUNHA, Euclides da. *O sertões: (campanha de Canudos)*. [1902]. São Paulo: Ateliê Editorial, Imprensa Oficial do Estado, Arquivo do Estado, 2001. (Edição, prefácio, cronologia, notas e índices de Leopoldo M. Bernucci).

CUNHA, Olívia Maria Gomes da. Cinco vezes favela — uma reflexão. In: VELHO, Gilberto; ALVITO, Marcos (Orgs.). *Cidadania e violência*. Rio de Janeiro: UFRJ, FGV, 1996. p. 188-217.

DaMATTA, Roberto. O ofício do etnólogo ou como ter "anthropological blues". In: NUNES, Edson (Org.). *Aventura sociológica*. Rio de Janeiro: Zahar, 1978.

————. *Carnaval, malandros e heróis: para uma sociologia do dilema brasileiro*. 5. ed. Rio de Janeiro: Rocco, 2000.

DAMAZIO, Sylvia F. *Retrato social do Rio de Janeiro na virada do século*. Rio de Janeiro: UERJ, 1996. 180p.

DAVIDOVITCH, Fany. Programa Favela-Bairro e tendências de restauração da metrópole — o caso do Rio de Janeiro. In: ENCONTRO NACIONAL DA ANPUR, 7., 1997, Recife. *Anais...* Recife: ANPUR, 1997. p. 1473-1483. v. 2.

————. *Repensando a favela: tendências e questões*. In: ENCONTRO ANUAL DA ANPOCS, 23., 1999, Caxambu. *Anais...* Caxambu: ANPOCS, 1999. 20p.

DE SOTO, Hernando. *Economia subterrânea — uma análise da realidade peruana*. Rio de Janeiro: Globo, 1987.

DECCACHE-MAIA, Eliane. Esporte e juventude no Borel. *Estudos Históricos*, Rio de Janeiro, v. 13, n. 23, p. 192-206, 1999.

DEPAULE, Jean-Charles; TOPALOV, Christian. La ville à travers ses mots. *Enquête*, n. 4, p. 247-266, 1996.

DESROSIERES, Alain. *La politique des grands nombres: histoire de la raison statistique*. Paris: La Découverte, 1993.

DIEGUES JÚNIOR, Manuel. Apresentação. *América Latina*, Rio de Janeiro, v. 12, n. 3, p. 3-6, jul./set. 1969.

DINIZ, Eli. *Voto e máquina política: patronagem e clientelismo no Rio de Janeiro*. Rio de Janeiro: Paz e Terra, 1982.

————. Engenharia institucional e políticas públicas: dos conselhos técnicos às câmaras setoriais. In: PANDOLFI, Dulce (Org.). *Repensando o Estado Novo*. Rio de Janeiro: FGV, 1999. p. 21-38.

DOIMO, Ana Maria. *A vez e a voz popular; movimentos sociais e participação política no Brasil pós-70*. Rio de Janeiro: Relume-Dumará, 1995.

DRUMMONT, Didier. *Architectes des favelas*. Paris: Dunod, 1981.

DUARTE, Cristiane R. de Siqueira et al. (Orgs.). *Favela, um bairro: propostas metodológicas para a intervenção pública em favelas do Rio de Janeiro*. São Paulo: Grupo de Pesquisas HABITAT, Pro-Editores, 1996.

DURHAM, Eunice; CARDOSO, Ruth. O ensino da antropologia no Brasil. *Revista de Antropologia da USP*, São Paulo, v. 9, n. 1-2, p. 91-107, jul./dez. 1961.

EDMUNDO, Luiz. *O Rio de Janeiro do meu tempo*. [1938]. Rio de Janeiro: Imprensa Nacional, 1957.

ENGELS, Frederick. *The condition of the working class in England: from personal observation and authentic sources*. London: Panther Books, 1969.

EUFRÁSIO, Mário A. *Estrutura urbana e ecologia humana — a Escola de Sociologia de Chicago (1915-1940)*. São Paulo: Editora 34, 1999.

EVENSON, Norma. *Two Brazilian capitals: architecture and urbanism in Rio de Janeiro and Brasilia*. New Haven, [1845]. London: Yale University Press, 1973.

FALCÃO, Edgar de Cerqueira. *Oswaldo Cruz monumento histórico*. São Paulo: Brasília Documenta, 1971. t. 1: A incompreensão da época.

FARIA, Vilmar. Desenvolvimento, urbanização e mudanças na estrutura do emprego: a experiência brasileira nos últimos trinta anos. In: SORJ, Bernardo; ALMEIDA, Maria Hermínia (Orgs.). *Sociedade política no Brasil pós-64*. São Paulo: Brasiliense, 1983. p. 118-163.

FASSIN, Didier. Exclusion, underclass, marginalidad: figures contemporaines de la pauvreté urbaine en France, aux États-Unis et en Amérique Latine. *Revue Française de Sociologie*, ano XXXVII, p. 37-75, 1996.

FAUSTO NETO, Ana Maria Quiroga. Violência e dominação: as favelas voltam à cena. *Revista Sociedade e Estado*, ano X, n. 2, p. 417-438, jul./dez. 1995.

FERNANDES, Edésio. Perspectivas para a renovação das políticas de legalização de favelas no Brasil. *Cadernos IPPUR*, Rio de Janeiro, ano XV, n. 1, jan./jul. 2001.

FERNANDES, Ruben César. *Privado porém público: terceiro setor na América Latina*. 2. ed. Rio de Janeiro: Relume-Dumará, Civicus, 1994.

FERREIRA, Aurélio Buarque de Holanda. *Novo Aurélio século XXI: o dicionário da língua portuguesa*. 3. ed. Rio de Janeiro: Nova Fronteira, 1999.

FERREIRA, Francisco Whitaker. Dans le sillage de Lebret au Brésil. In: HOUE, Paul. *Un éveilleur d'humanité*. Paris: L'Atelier, Ouvrières, 1997. p. 134-148.

FERREIRA, Marieta de Moraes. Diario personal, autobiografía y fuentes de Pierre Deffontaines. *Historia, Antropología y Fuentes Orales*, Barcelona, n. 24, p. 95-106, 2000.

FIGUEIREDO, Marcus. O financiamento das ciências sociais; a estratégia de fomento da Fundação Ford e da FINEP. *BIB — Boletim Informativo e Bibliográfico de Ciências Sociais*, Rio de Janeiro, n. 26, p. 38-55, 1988.

FINE, Gary Alan (Org.). *A second Chicago School? The development of a postwar American Sociology.* Chicago, London: The University of Chicago Press, 1995.

FISCHER, Fritz. *Making them like us: Peace Corps Volunteers in the 1960's.* Washington, London: Smithsonian Institution Press, 1998.

FRAIHA, Silvia; LOBO, Tiza. *Bairros do Rio (neighborhoods). Gávea, Rocinha e São Conrado.* Rio de Janeiro: Fraiha, [s.d.].

FRIDMAN, Fania. *Donos do Rio em nome do rei: uma história fundiária da cidade do Rio de Janeiro.* Rio de Janeiro: Zahar, Garamond, 1999.

FRIED, Albert; ELMAN, Richard. *Charles booth's London.* Harmondsworth: Penguin Books, 1971.

FRIEDMAN, John. *Empowerment: the politics of alternative development.* Cambridge, Mass., Oxford: Blackwell, 1992.

FUNDAÇÃO OSWALDO CRUZ. Brasil ser tão Canudos. *História, Ciências, Saúde: Manguinhos,* ano V, jul., 1998. il. (Número especial).

————. *Oswaldo Cruz — inventário analítico.* Rio de Janeiro: Fundação Oswaldo Cruz, 2003. 214p.

GALVÃO, Walnice Nogueira. *Edição crítica de Os sertões.* São Paulo: Brasiliense, 1985.

————. *Diário de uma expedição.* São Paulo: Cia. das Letras, 2000. (Coleção Retratos do Brasil).

GARCIA, Maria Japor de Oliveira; FÜRSTENEU, Vera Maria. *O acervo de Euclides da Cunha na Biblioteca Nacional.* Rio de Janeiro: Fundação Biblioteca Nacional; Campinas: Unicamp, 1995.

GARREAU, Lydie. *L. J. Lebret, un homme traqué (1897-1996).* Villeurbanne, Bruxelles: Golias, 1997.

GILBERT, Alan; WARD, Peter. *Housing, the State and the poor.* Cambridge, London, New York: Cambridge University Press, 1985.

GLASS, Ruth. Urban sociology in Great Britain: a trend report. *Current Sociology,* UNESCO, ano IV, n. 4, p. 2-76, 1955.

GODOY, Armando Augusto de. A urbs e os seus problemas. *Jornal do Commercio,* Rio de Janeiro, 1943. (Artigos publicados entre 1925 e 1936).

GOFFMAN, Erving. *Stigma.* Englewood Cliffs, New Jersey: Prentice Hall, 1963.

GOIRAND, Camille. *La politique des favelas.* Paris: Karthala, 2001. (Collection Recherches Internationales, Centre d'Études et de Recherches Internationale — CERI).

GOLDSTEIN, Donna. *Laughter out of place: race, class, violence and sexuality in a Rio shantytown.* California: University of California Press, 2003.

GOLDWASSER, Maria Julia. *O palácio do samba. Estudo antropológico da Escola de Samba Estação Primeira de Mangueira.* Rio de Janeiro: Zahar, 1975.

GOMES, Angela de Castro. Ideologia e trabalho no Estado Novo. In: PANDOLFI, Dulce (Org.). *Repensando o Estado Novo.* Rio de Janeiro: FGV, 1999. p. 53-72.

————; FERREIRA, Marieta de Moraes. Industrialização e classe trabalhadora no Rio de Janeiro: novas perspectivas de análise. *BIB — Boletim Informativo e Bibliográfico de Ciências Sociais*, Rio de Janeiro, n. 24, p. 11-40, 2 sem. 1987.

GOMES, Manoel. *As lutas do povo do Borel*. Rio de Janeiro: Muro, 1980. (Prefácio de Luiz Carlos Prestes).

GOULART, José Alípio. *As favelas do Distrito Federal*. Rio de Janeiro: Ministério da Agricultura/ Serviço de Informação Agrícola, 1957.

GRABOIS, Gisélia Potengy. *Em busca da integração: a política de remoção de favelas do Rio de Janeiro*. Dissertação (Mestrado em Antropologia Social) — UFRJ/Museu Nacional, Rio de Janeiro, 1973.

GRAFMEYER, Yves. *Sociologie urbaine*. Paris: Nathan, 1994.

————; JOSEPH, Isaac. *L'École de Chicago* [1979]. Paris: Aubier Montaigne, 1984. (Textos selecionados e traduzidos).

GRIGNON, Claude; PASSERON, Jean-Claude. *Le savant et le populaire; misérabilisme et populisme en sociologie et en littérature*. Paris: Hautes Études, Gallimard, Seuil, 1989.

GUERRAND, R. H.; RUPP, M. A. *Brève histoire du service social en France 1896-1976*. Toulouse: Privat, 1978.

GUIMARÃES, Alberto Passos. As favelas do Distrito Federal. *Revista Brasileira de Estatística*, Rio de Janeiro, v. 14, n. 55, p. 250-278, jul./set. 1953.

GUIMARÃES, Dinah; CAVALCANTI, Lauro. *Morar: a casa brasileira*. Rio de Janeiro: Avenir, 1984.

GUIMARÃES, Eloisa. *Escola, galeras e narcotráfico*. Rio de Janeiro: UFRJ, 1998.

GUNN, Philip; CORREIA, Telma de Barros. O urbanismo, a medicina e a biologia nas palavras e imagens da cidade. *Revista PÓS*, São Paulo, n. 10, p. 34-61, 2002.

HALBWACHS, Maurice. Chicago, expérience ethnique. *Annales d'histoire économique et sociale*. Paris: Armand Colin, 1932. t. IV. (Reeditado em GRAFMAYER, Yves; JOSEPH, Isaac. *L' École de Chicago; naissance de l'écologie urbaine*. Paris: Aubier Montaigne, 1984. p. 279-327).

HASENBALG, Carlos; SILVA, Nelson do Valle. *Estrutura social, mobilidade e raça*. São Paulo: Vértice, 1998.

HERPIN, Nicolas. *Les sociologues américains et le siècle*. Paris: PUF, 1973.

HERSCHMANN, Micael; PEREIRA, Carlos Alberto Messeder. *A invenção do Brasil moderno: medicina, educação e engenharia nos anos 20-30*. Rio de Janeiro: Rocco, 1994.

————; KROFF, Simone; NUNES, Clarisse. *Missionários do progresso: médicos, engenheiros e educadores no Rio de Janeiro — 1870-1937*. Rio de Janeiro: Diadorim, 1996.

HEYE, Ana Margareth. *Mata Machado: um estudo sobre moradia urbana*. Dissertação (Mestrado em Antropologia Social) — Universidade Federal do Rio de Janeiro, Rio de Janeiro, 1979.

HIMMELFARB, Gertrude. *The idea of poverty: England in the early industrial age*. London, Boston: Faber and Faber, 1984.

HOCHMAN, Gilberto. *A era do saneamento: as bases da política de saúde pública no Brasil*. São Paulo: Hucitec/ANPOCS, 1998a.

———. Logo ali, no final da avenida: os sertões redefinidos pelo movimento sanitarista da 1ª República. *História, Ciências, Saúde: Manguinhos*, ano V, p. 217-235, jul. 1998b. (Suplemento).

HOENACK, Judith. Marketing, supply and their social ties in Rio favelas. In: CONFERÊNCIA INTERNACIONAL DE AMERICANISTAS, 37., 1966, Mar del Plata. *Anais...* Mar del Plata, 1966.

HOFFMAN, Elizabeth Cobbs. *All you need is love: the Peace Corps and the spirit of the 1960's.* Cambridge, Mass.: Harvard University Press, 1998.

HOFFMAN, Helga. *Desemprego e subemprego no Brasil*. São Paulo: Ática, 1977.

HOUE, Paul. *Un éveilleur d'humanité: Louis Joseph Lebret*. Paris: L'Atelier, Ouvrières, 1997.

HUGHES, Everett C. *Le regard sociologique*. Essais choisis: Textes rassemblés et présentés par Jean-Michel Chapoulie. Paris: École des Hautes Études en Sciences Sociales, 1996.

IPLAN-RIO. *Cadastro de favelas*. 2. ed. Rio de Janeiro: Prefeitura da Cidade do Rio de Janeiro/ Secretaria Municipal de Desenvolvimento Social, jan. 1983a. v. 1.

———. *Cadastro de favelas: manual do usuário*. Rio de Janeiro: Prefeitura da Cidade do Rio de Janeiro/Secretaria Municipal de Desenvolvimento Social, jan. 1983b. v. 2.

———. *Favelas cariocas: alguns dados estatísticos*. Rio de Janeiro: Prefeitura da Cidade do Rio de Janeiro, IPLAN-RIO, 1993.

———. *Favelas cariocas: índice de qualidade urbana*. Rio de Janeiro: Prefeitura da Cidade do Rio de Janeiro, 1997. (Coleção Estudos da Cidade).

JAMUR, Marilena. *Imaginaire du changement et idéologie de la permanence: la formation de assistants sociaux au Brésil (1936-1988)*. Tese (Doutorado) — École des Hautes Études en Sciences Sociales, Paris, 1990.

JESUS, Carolina Maria de. *Quarto de despejo*. Rio de Janeiro: Francisco Alves, 1960.

JONES, Gareth Stedman. *Outcast London: a study in the relationship between classes in victorian society*. Harmondsworth, Middlesex: Penguin Books, 1976.

KALAORA, Bernard; SAVOYE, Antoine. Frédéric Le Play, un sociologue engagé. In: LE PLAY, Frederic. *Ouvriers des deux mondes*. Paris: A l'enseigne de l'Arbre Verdoyant Editeur, 1983. p. 320-323.

KANTOR, Iris; MACIEL, Débora, A.; SIMÕES, Júlio Assis (Orgs.). *A Escola Livre de Sociologia e Política: anos de formação 1933-1953*. São Paulo: Escuta, 2001.

KAUFMANN, Jean-Claude. *L'entretien compréhensif*. Paris: Nathan, 1996.

KOWARICK, Lúcio. *Capitalismo e marginalidade na América Latina*. Rio de Janeiro: Paz e Terra, 1975.

———. *A espoliação urbana*. Rio de Janeiro: Paz e Terra, 1979.

———. *Trabalho e vadiagem: a origem do trabalho livre no Brasil*. São Paulo: Brasiliense, 1987.

KROPF, Simone Petraglia. Sonho da razão, alegoria de ordem: o discurso dos engenheiros sobre a cidade do Rio de Janeiro no final do século XIX e início do século XX. In: HERSCHMANN, Micael; KROPF, Simone; NUNES, C. *Missionários do progresso: médicos, engenheiros e educadores no Rio de Janeiro — 1870-1937*. Rio de Janeiro: Diadorim, 1996.

LAMBERT, Jacques. *Os dois Brasis*. Rio de Janeiro: INEP, 1959.

LAMPARELLI, Celso Monteiro. O ideário do urbanismo em São Paulo em meados do século XX: Louis-Joseph Lebret e a pesquisa urbano-regional no Brasil. *Cadernos de Pesquisa do LAP*, São Paulo, USP/Faculdade de Arquitetura e Urbanismo, n. 5, p. 27-54, mar./abr. 1995.

LANDIM, Leilah. *Para além do mercado e do Estado? Filantropia e cidadania no Brasil*. Rio de Janeiro: ISER, 1993.

———— (Org.). *Ações em sociedade: militância, caridade, assistência etc.* Rio de Janeiro: Nau, 1998.

LAPLANTINE, François. *La description ethnographique*. Paris: Nathan, 1996.

LASSAVE, Pierre. *Les sociologues et la recherche urbaine dans la France contemporaine*. Toulouse: Presses Universitaires du Mirail, 1997.

LE PLAY, Frédéric. *La méthode sociale*. [1879]. Paris: Méridiens Klincksieck, 1989. (Apresentação de Antoine Savoy).

LEBRET, Louis-Joseph. *Introduction générale à l'économie humaine*. São Paulo, 1947. 4 v. (Curso ministrado na Escola de Sociologia e Política de São Paulo, de 14 abr.-5 jun. 1947).

————. Sondagem preliminar a um estudo sobre a habitação em São Paulo. *Revista do Arquivo*, ano CXXXIX, p. 7-52, 1951.

————. *Manuel de l'equêteur*. 1. Paris: PUF, 1952. v. 1.

————; BRIDE, R. *L'enquete urbaine: l'analyse du quartier et de la ville*. Paris: PUF, 1955. (Com a colaboração de HOLLARD, H. et al). v. 3.

LECLERC, Gerard. *L'observation de l'homme: une histoire des enquêtes sociales*. Paris: Seuil, 1979.

LEEDS, Anthony. *Economic cycles in Brazil: the persistence of a total culture-pattern: cacao and other cases*. Thesis (PhD) — Columbia University, 1957.

————. Brazilian careers and social structure: an evolutionary model and case history. *American Anthropologist*, n. 66, p. 1321-1347, 1964.

————. The anthropology of cities: some methodological issues. In: EDDY, Elizabeth (Ed.). *Urban anthropology: research perspectives and strategies*. Athens: University of Georgia Press, 1968. (Southern Anthropological Society Proceedings, 2.)

————. The significant variables determining the character of squatter settlements. *América Latina*, Rio de Janeiro, v. 12, n. 3, p. 44-86, jul./set. 1969.

————; LEEDS, Elizabeth. *A sociologia do Brasil urbano*. Rio de Janeiro: Zahar, 1978.

LEEDS, Elizabeth. *Forms of "squatment" political organization: the politics of control in Brazil*. 1972. Thesis — Department of Government, University of Texas, Austin, 1972.

————. Political complementarity of favelas with the larger society of Rio de Janeiro. *37th International Congress of Americanists*, Mar del Plata, 1966.

LEITE, Marcia Pereira. Entre o individualismo e a solidariedade: dilemas da política e da cidadania no Rio de Janeiro. *Revista Brasileira de Ciências Sociais,* ANPOCS, v. 15, n. 44, p. 73-90, out. 2000.

LEME, Maria Cristina da Silva. Apresentação. A pesquisa pioneira de Lebret sobre as condiçoes de habitação em São Paulo. *Espaço e Debates,* n. 24/25, p. 110-113, jan./jul. 2004.

————; LAMPARELLI, Celso. A politização do urbanismo no Brasil: a vertente católica. In: ENCONTRO NACIONAL DA ANPUR, 9., 2001, Rio de Janeiro. *Anais...,* Rio de Janeiro, 2001. p. 675-687. v. II.

LEPOUTRE, David. *Coeur de banlieue: codes, rites et langages.* Paris: Odile Jacob, 1997.

LEWIS, Oscar. *Five families; Mexican case studies in the culture of poverty.* New York: The New American Library; Toronto: Mentor Book, 1959.

————. *The children of Sanchez.* Autobiography of a Mexican family. Hardmondsworth, England: Penguin Books, 1961.

————. The culture of poverty. *Scientific American,* v. 215, n. 4, p. 19-25, Oct. 1966.

LIMA, Arlete Alves. *Serviço social no Brasil: a ideologia de uma década.* 3. ed. São Paulo: Cortez, 1987.

LIMA, Nísia Verônica Trindade. *O movimento de favelas do Rio de Janeiro: políticas do estado e lutas sociais (1954-1973).* Dissertação (Mestrado de Ciência Política) — Instituto Universitário do Rio de Janeiro, Rio de Janeiro, 1989.

————. *Um sertão chamado Brasil: intelectuais e representação geográfica da identidade nacional.* Rio de Janeiro: Revan, IUPERJ, UCAM, 1999.

LIMA, Roberto Kant de. *A antropologia da academia: quando os índios somos nós.* 2. ed. Niterói: EDUFF, 1997.

LIMONGI, Fernando. A Escola Livre de Sociologia e Política em São Paulo. In: MICELI, Sérgio (Org.). *História das ciências sociais no Brasil.* São Paulo: Vértice, Editora Revista dos Tribunais, IDESP, 1989. p. 217-233. v. 1.

LINS, Paulo. *Cidade de Deus.* São Paulo: Cia. das Letras, 1997.

LIRA, José Tavares de. Mots cachés: les lieux du mocambo à Recife. *Genèses,* n. 33, p. 77-106, déc. 1998.

————. O urbanismo e o seu outro: raça, cultura e cidade no Brasil (1920-1945). *Revista Brasileira de Estudos Urbanos e Regionais,* n. 1, p. 47-78, maio 1999.

LOEW, Jacques. *Enquête sur les dockers de Marseille (1941-1943).* Paris: Économie et Humanisme, 1945.

LOPES, Valdecir. Duas favelas do Distrito Federal. *Revista Brasileira dos Municípios,* Rio de Janeiro, v. 8, n. 32, p. 283-298, out./dez. 1955.

LOREDANO, Cassio (Org.); VENTURA, Zuenir. *O Rio de Janeiro de J. Carlos.* Rio de Janeiro: Lacerda, 1987.

LYND, Roberto; LYND, Helen. *Middletown: a study in modern American culture.* New York: Hartcourt Brace, 1929.

MAGRI, Susanna. Normalisation et différenciation sociale de l'usage du logement par les politiques de l'État. In: *Vie quotidienne en milieu urbain. Actes du Colloque de Montpellier (février, 1978)*. Paris: CRU, 1980. (Coll. Recherches et Débats).

MAIO, Marcos Chor. *A história do Projeto UNESCO: estudos raciais e ciências sociais no Brasil*. Tese (Doutorado em Ciência Política) — Instituto Universitário de Pesquisas do Rio de Janeiro, Rio de Janeiro, 1997.

———. Costa Pinto e a crítica ao negro como espetáculo. In: PINTO, Costa L. A. (Org.). *O negro no Rio de Janeiro: relações de raças numa sociedade em mudança*. Rio de Janeiro: UFRJ, 1998. p. 17-50.

MANGIN, William. Latin American squatter settlements: a problem and a solution. *Latin American Research Review*, n. 2, p. 65-98, 1967.

MARIANO FILHO, José; AMARANTE, Alberto Pires; CAMPELO, Américo. As *"favelas" do Rio de Janeiro*. In: CONGRESSO BRASILEIRO DE URBANISMO, 1., 1941. Rio de Janeiro. Anais... Rio de Janeiro: Departamento de Urbanismo do Centro Carioca, 1941.

MARICATO, Hermínia. Autoconstrução, a arquitetura possível. In: MARICATO, Ermínia (Org.). *A produção da casa (e da cidade) no Brasil industrial*. São Paulo: Alfa-Ômega, 1979. p. 17-93.

MARIÉ, Michel. *Les terres et les mots. Une traversée des sciences sociales*. Paris: Méridiens Klincksieck, 1989.

MARIN, Richard. *Dom Helder Camara, les puissants et les pauvres: pour une histoire de l'Eglise des pauvres dans le Nordeste brésilien (1955-1985)*. Paris: L'Atelier, 1995.

MARTINIÈRE, Guy. *Aspects de la coopération franco-brésilienne*. Paris: MSH, 1982.

MARTINS, Carlos Benedito et al. Mestres e doutores em sociologia. In: VELLOSO, Jacques (Org.). *A pós-graduação no Brasil: formação e trabalho de mestres e doutores no país*. Brasília: CAPES, UNESCO, 2002. p. 343-371.

MARTINS, Luis. *João do Rio: uma antologia*. Rio de Janeiro: Sabiá, 1971.

MASSI, Fernanda. Franceses e norte-americanos nas ciências sociais brasileiras 1930-1960. In: MICELI, Sérgio (Org.). *História das ciências sociais no Brasil*. São Paulo: Vértice, Editora Revista dos Tribunais, IDESP, 1989. p. 410-459. v. 1.

MATTOS MAR, José. Migration and urbanization — The barriadas of Lima: an example of integration into urban life. In: HAUSER, Philip (Ed.). *Urbanization in Latin America*. New York: Columbia University, 1961.

MAUGER, Gérard. Enquêter en milieu populaire. *Genèses*, n. 6, p. 125-143, 1991.

MEDEIROS, Lidia Alice. *Atendimento à pobreza no Rio de Janeiro durante a era Vargas; do albergue da Boa Vontade aos parques proletários: a atuação do Dr. Victor Tavares de Moura (1935-1945)*. Dissertação (Mestrado em Sociologia) — UERJ, Rio de Janeiro, 2002.

MEDINA, Carlos Alberto de. *A favela e o demagogo*. São Paulo: Martins, 1964. (Coleção Leituras do Povo).

———. A favela como uma estrutura atomística: elementos descritivos e constitutivos. *América Latina*, Rio de Janeiro, v. 12, n. 3, p. 112-136, jul./set. 1969.

————; VALLADARES, Licia do Prado. *Favela e religião: um estudo de caso*. Rio de Janeiro: CERIS, 1968.

MEIHY, José Carlos S. Bom; LEVINE, Robert M. *Cinderela negra: a saga de Carolina Maria de Jesus*. Rio de Janeiro: UFRJ, 1994.

————; ———— (Orgs.). *Carolina Maria de Jesus: meu estranho diário*. São Paulo: Xama, 1996.

MELATTI, Júlio Cézar. A antropologia no Brasil: um roteiro. *BIB — Boletim Informativo e Bibliográfico de Ciências Sociais*, Rio de Janeiro, n. 17, p. 3-52, 1984.

MELO, Marcus André B. C. de. A cidade dos mocambos: estado, habitação e luta de classes no Recife (1920-1960). *Espaço e Debates*, São Paulo, n. 14, p. 45-66, 1985.

MEMMI, Dominique. L'enquêteur enquête. De la "connaissance par corps" dans l'entretien sociologique. *Genèses*, n. 35, p. 131-145, jun. 1999.

MICELI, Sérgio (Org.). *História das ciências sociais no Brasil*. São Paulo: Vértice, Editora Revista dos Tribunais, IDESP, 1989. v. 1.

———— (Org.). *História das ciências sociais no Brasil*. São Paulo: Sumaré, 1995. v. 2.

MILLS, C. Wright. *L'imagination sociologique*. Paris: Maspero, 1967.

MINGIONE, Enzo (Ed.). *Urban poverty and the underclass: a reader*. Oxford: Basil Blackwell, 1996.

MONCORVO FILHO, Arthur. *Histórico da proteção à infância no Brasil: 1500-1922*. Rio de Janeiro: Empreza Graphica, 1926.

MOROCCO, David. *Carnival groups: mainteners and intensifiers of the favela phenomenon in Rio de Janeiro*. In: CONFERÊNCIA INTERNACIONAL DE AMERICANISTAS, 37., 1966, Mar del Plata. *Anais...* Mar del Plata, 1966.

MORSE, Richard. Recent research on Latin American urbanization: a selective survey with commentary. *Latin American Research Review*, v. 1, n. 1, p. 35-74, 1965.

————. Trends and issues in Latin American urban research, 1965-1970. *Latin American Research Review*, v. 6, n. 1, p. 3-52, 1971.

MOURA, Victor Tavares de. *Esboço de um plano para estudo e soluçao do problema das favelas do Rio de Janeiro*. 1940, dact. (apresentado ao Exmo. Sr. Dr. Jesuino de Albuquerque, Secretário Geral de Saúde e Assistência).

————. Favelas do Distrito Federal. In: *Aspectos do Distrito Federal*. Rio de Janeiro: Academia Carioca de Letras, 1943. p. 255-272.

NARO, Nancy. *Eviction! Land ternure, law, power and the favela*. In: CONFERÊNCIA INTERNACIONAL DE AMERICANISTAS, 37., 1966, Mar del Plata. *Anais...* Mar del Plata, 1966.

NEVES, Rogério Aroeira; SANTOS, Carlos Nelson Ferreira dos. Um tema dos mais solicitados: como e o que pesquisar em favelas. *Revista de Administração Municipal*, ano XXVII, n. 161, p. 8-19, out./dez. 1981.

NOVA, Sebastião Vila. *Donald Pierson e a Escola de Chicago na sociologia brasileira: entre humanistas e messiânicos*. Lisboa: Vega, 1998.

NUN, Jose. Sobrepoblacion relativa, ejercito industrial de reserva y masa marginal. *Revista Latinoamericana de Sociologia*, Buenos Aires, n. 2, p. 174-236, 1969.

OLIVEIRA, Jane Souto de. *A reposição do suor*. Dissertação (Mestrado em Antropologia Social) — Universidade Federal do Rio de Janeiro/Museu Nacional, 1980.

————. Repensando a questão das favelas. *Revista Brasileira de Estudos Populacionais*, Campinas, v. 2, n. 1, p. 9-29, jan./jun. 1985.

————. Os outros lados do *funk* carioca. In: VIANNA, Hermano (Org.). *Galeras cariocas*. Rio de Janeiro: UFRJ, 1997. p. 59-93.

————; MARCIER, Maria Hortense. A palavra é: favela. In: ZALUAR, Alba; ALVITO, Marcos. (Orgs.). *Um século de favela*. Rio de Janeiro: FGV, 1998. p. 61-114.

———— et al. *Favelas do Rio de Janeiro*. Rio de Janeiro: FIBGE, 1983.

OLIVEIRA, Lúcia Lippi. As ciências sociais no Rio de Janeiro. In: MICELI, Sérgio (Org.). *História das ciências sociais no Brasil*. São Paulo: Sumaré, 1995. p. 233-307. v. 2.

————. Interpretações sobre o Brasil. In: MICELI, Sérgio (Org.). *Que ler na ciência social brasileira: sociologia*. São Paulo: Sumaré, ANPOCS, CAPES, 1999. p. 147-181. v. 2.

————. Revolução de 1930: uma bibliografia comentada. BIB — *Boletim Informativo e Bibliográfico de Ciências Sociais*, Rio de Janeiro, n. 4, 1978, p. 8-18. Suplemento de Dados, n. 18, 1978.

OLIVEIRA, Ney dos Santos. *Parque Proletário da Gávea — uma experiência de habitação popular*. Dissertação (Mestrado em Sociologia) — UFRJ, Rio de Janeiro, 1981.

OLIVEN, Ruben George. Favelados não são marginais? *Coojornal*, Porto Alegre, ano 3, n. 32, p. 35, set. 1978. Leituras.

OLIVIER DE SARDIN, Jean-Pierre. La politique du terrain: sur la production de donnés en anthropologie. *Enquête*, n. 1, p. 71-109, 1995.

O'NEILL, Charles. Some problems of urbanization and removal of Rio favelas. In: CONFERÊNCIA INTERNACIONAL DE AMERICANISTAS, 37., 1996, Mar del Plata. *Anais...* Mar del Plata, 1996.

PANDOLFI, Dulce. *Camaradas e Companheiros; história e memória do PCB*. Rio de Janeiro: Relume Dumará, 1995.

————. *Pernambuco de Agamenon Magalhães: consolidação e crise de uma elite política*. Recife: Fundação Joaquim Nabuco, Massangana, 1984. (Série Estudos e Pesquisas n. 32).

————; GRYNSPAN, Mário. *ONGs, poder público e favelas: algumas questões*. 2000. ms.

PARISSE, Lucien. *Favelas do Rio de Janeiro — evolução, sentido*. Rio de Janeiro: CENPHA, 1969a. (Caderno do CENPHA n. 5).

————. Bibliografia cronológica sobre a favela do Rio de Janeiro a partir de 1940. *América Latina*, Rio de Janeiro, v. 12, n. 3, p. 221-232, jul./set. 1969b.

————. Las favelas en la expansión urbana de Rio de Janeiro: estudo geográfico. *América Latina*, Rio de Janeiro, v. 12, n. 3, p. 7-43, jul./set. 1969c.

————. *Favelas de l'agglomération de Rio de Janeiro: leur place dans le processus d'urbanisation*. Thèse — Centre de Géographie Appliquée, Université de Strasbourg, 1970.

PARK, Robert E.; BURGESS, Ernest. *The city: suggestions for Investigation of human behavior in the urban environment*. [1925]. Chicago, London: The University of Chicago Press, 1984. (With an Introduction by Morris Janowitz).

PAUGAM, Serge. *L' exclusion: l'état des savoirs*. Paris: La Découverte, 1996.

PEARSE, Andrew. Integração social das famílias de favelados. *Educação e Ciências Sociais*, Rio de Janeiro, v. 2, n. 6, nov. 1957, p. 245-277.

————. Some characteristics of urbanization in the city of Rio de Janeiro. In: HAUSER, Philip (Ed.). *Urbanization in Latin America*. New York: Columbia University Press, 1961. p. 191-205.

PECAUT, Daniel. *Os intelectuais e a política no Brasil — entre o povo e a nação*. São Paulo: Ática, 1990.

PECHMAN, Robert Moses. O urbano fora do lugar? Transferências e traduções de idéias urbanísticas nos anos 20. In: RIBEIRO, Luiz César de Queiroz; PECHMAN, Robert (Orgs.). *Cidade, povo e nação*. Rio de Janeiro: Civilização Brasileira, 1996. p. 331-362.

PEIRANO, Marisa. *A favor da etnografia*. Rio de Janeiro: Relume-Dumará, 1995.

PELLETIER, Denis. *Économie et humanisme: de l'utopie communautaire au combat pour le Tiers Monde 1941-1966*. Paris: CERF, 1996.

PEREIRA, Margareth da Silva. *A cidade planificada: o discurso dos médicos e a noção de interesse público entre o Império e a República: o caso do Rio de Janeiro*. In: SEMINÁRIO "CENTENÁRIO DA REPÚBLICA", 1989, Rio de Janeiro. *Anais...* Rio de Janeiro, 1989.

————. Pensando a metrópole moderna: os planos de Agache e Le Corbusier para o Rio de Janeiro. In: RIBEIRO, Luiz César de Queiroz; PECHMAN, Robert Pechman (Orgs.). *Cidade, povo e nação*. Rio de Janeiro: Civilização Brasileira, 1996a. p. 363-376.

————. O pan-americanismo e seu impacto na institucionalização do urbanismo no Brasil (1920-1945). In: SEMINÁRIO DE HISTÓRIA DA CIDADE DO URBANISMO "HERANÇA, IDENTIDADE E TENDÊNCIA DA CIDADE LATINO-AMERICANA", 4., 2. ed., *Anais...* Rio de Janeiro: UFRJ, 1996b. v. 2.

PERLMAN, Janice. *O mito da marginalidade: favelas e política no Rio de Janeiro*. Rio de Janeiro: Paz e Terra, 1977. (Prefácio de Fernando Henrique Cardoso; traduzido do inglês por Valdivia Portinho).

PIERSON, Donald. *Negroes in Brazil: a study of race contact at Bahia*. Chicago: University of Chicago Press, 1942.

————. *Teoria e pesquisa em sociologia*. [1945]. 15. ed. São Paulo: Melhoramentos, 1973.

PIMENTA, José Augusto de Mattos. *Para a remodelação do Rio de Janeiro, discursos pronunciados no Rotary Club do Rio de Janeiro*. Rio de Janeiro, 1926. ms.

PINÇON, Michel; PINÇON-CHARLOT, Monique. *Voyage en grande bourgeoisie: journal d'enquête*. Paris: PUF, 1997.

PINO, Julio César. Dark mirror of modernization; the favelas or Rio de Janeiro in the boom years 1948-1960. *Journal of Urban History*, v. 22, n. 4, p. 419-453, May 1996.

———. *Family and favela: the reproduction of poverty in Rio de Janeiro.* Westport, Connecticut: Greenwood Press, 1997a.

———. Sources on the history of favelas in Rio de Janeiro. *Latin American Research Review*, v. 32, n. 3, p. 111-122, 1997b.

———. *An annotated historical bibliography of the Rio de Janeiro favelas.* Florida: Center for Labor Research and Studies, Florida International University, 2000. (Latin American Labor Studies Publications, 8).

PINTO, Luiz Aguiar Costa. *O negro no Rio de Janeiro: relações de raça numa sociedade em mudança.* [1953]. Rio de Janeiro: UFRJ, 1998.

PIRES-SABOIA, Anita. Catalogue général de thèses soutenus en France sur le Brésil (1823-1999). *Cahiers du Brésil Contemporain — CRBC,* Paris, École des Hautes Études en Sciences Sociales, 2000. (N. Hors Série).

PLATT, Jennifer. *A history of sociological research methods in America, 1920-1960.* Cambridge: Cambridge University Press, 1996.

POGGIESE, Hector Atilio. Urbanização e propriedade da terra nas favelas do Projeto Rio. *Revista Brasileira de Planejamento,* Porto Alegre, v. 8, n. 15-16, p. 53-76, 1985.

POLANYI, Karl. *A grande transformação: as origens da nossa época.* Rio de Janeiro: Campus, 1980.

PONTUAL, Virginia. A cidade e o bem comum: o engenheiro Antônio Bezerra Baltar no Recife dos anos 50. In: ENCONTRO NACIONAL DA ANPUR, 9., 2001, Rio de Janeiro. *Anais...* Rio de Janeiro, 2001. p. 797-809. v. 2.

PREFEITURA DA CIDADE DO RIO DE JANEIRO. *O Rio de Janeiro e seus prefeitos: evolução urbanística da cidade.* Rio de Janeiro: Lidador, 1977. v. 3.

PREFEITURA DO DISTRITO FEDERAL. *Código de Obras de 1937.* Rio de Janeiro: Prefeitura do Distrito Federal, 1937.

———. *Censo das favelas: aspectos gerais.* Rio de Janeiro: Prefeitura do Distrito Federal/Secretaria Geral do Interior e Segurança/Departamento de Geografia e Estatística, 1949.

PRETECEILLE, Edmond. Ségrégations urbaines; introduction au dossier. *Sociétés Contemporaines,* n. 22/23, p. 5-14, juin./sept. 1995.

———; RIBEIRO, Luiz César de Queiroz. Tendências da segregação social em metrópoles globais e desiguais: Paris e Rio de Janeiro nos anos 80. *Revista Brasileira de Ciências Sociais,* v. 14, n. 40, p. 143-162, jun. 1999.

———; VALLADARES, Licia do Prado. Favelas no plural. In: ENCONTRO ANUAL DA ANPOCS, 23., out. 1999, Caxambu. *Anais...* Caxambu: ANPOCS, out. 1999.

———; ———. Favela, favelas: unidade ou diversidade da favela carioca. In: RIBEIRO, Luiz César de Queiroz (Org.). *O futuro das metrópoles: desigualdades e governabilidade.* Rio de Janeiro: Revan, FASE, 2000. p. 375-403.

PUC (Pontifícia Universidade Católica). *Três favelas cariocas*. Levantamento socioeconômico das favelas de Mata Machado, Morro União e Brás de Pina: dados preliminares. Rio de Janeiro: PUC/Escola de Sociologia e Política, 1967. ms.

QUEIROZ, Maria Isaura Pereira de. O Brasil dos cientistas sociais não-brasileiros. In: *Ciências sociais hoje/Anuário ANPOCS*. São Paulo: Vértice, Editora Revista dos Tribunais, 1990. p. 65-49.

QUIJANO, Anibal. La formacion de un universo marginal en las ciudades de America Latina. In: CASTELL, Manuel; VELEZ, P. (Eds.). *Imperialismo y urbanizacion en America Latina*. Barcelona: Gustavo Gili, 1971.

QUOIST, Michel. *La ville et l' homme*. Paris: Ouvrières, Économie et Humanisme, 1952.

RABINOW, Paul. *Reflections on fieldwork in Morocco*. Berkeley, Los Angeles, London: University of California Press, 1977. (Prefácio de Robert Bellah e posfácio de Pierre Bourdieu).

RAMALHO, José Ricardo. Uma prática de assessoria à pastoral popular. In: PAIVA, Vanilda (Org.). *Perspectivas e dilemas da educação popular*. Rio de Janeiro: Graal, 1984. p. 267-282.

REIS, Fernando; ARAGÃO, Fernando. *Retratos históricos: Rotary Club do Rio de Janeiro 70 anos*. Rio de Janeiro: Rotary Club do Rio de Janeiro, 1993.

REIS, Irene Monteiro. *Bibliografia de Euclides da Cunha*. Rio de Janeiro: Instituto Nacional do Livro, 1971.

REZENDE, Vera Lúcia Ferreira Motta. *Planejamento urbano e ideologia: quatro planos para a cidade do Rio de Janeiro*. Rio de Janeiro: Civilização Brasileira, 1982.

RIBEIRO, Luiz César de Queiroz. *Dos cortiços aos condomínios fechados: as formas de produção da moradia na cidade do Rio de Janeiro*. Rio de Janeiro: Civilização Brasileira, IPPUR, UFRJ, FASE, 1997.

————. Cidade desigual ou cidade partida? Tendências da metrópole do Rio de Janeiro. In: RIBEIRO, Luiz César de Queiroz (Org.). *O futuro das metrópoles; desigualdades e governabilidade*. Rio de Janeiro: Revan, FASE, 2000. p. 63-98.

————; LAGO, Luciana. A oposição favela-bairro no espaço social do Rio de Janeiro. *São Paulo em Perspectiva*, v. 15, n. 1, p. 144-154, 2001.

RIDINGER, Robert B. Marks. *The Peace Corps: an annotated bibliography*. Boston: G. K. Hall & Co., 1989.

RIO, João do. Os livres acampamentos da miséria. In: RIO, João do (Org.). *João do Rio (uma antologia)*. Rio de Janeiro: Instituto Nacional do Livro, Sabiá, 1911. p. 51-59.

RIOS, José Arhur. *Lebret: uma reflexão inatual*. [s.d] ms.

————. *Educação dos grupos*. Rio de Janeiro: Serviço Nacional de Educação Sanitária, 1957.

————. Favela. In: SILVA, Benedicto. *Dicionário de ciências sociais*. Rio de Janeiro: FGV, 1987. p. 466-468.

RIOS, Rute Maria Monteiro Machado. Amando de modo especial os menos favorecidos, 1945-1954. In: VALLA, Victor Vincent (Org.). *Educação e favela*. Políticas para as favelas do Rio de Janeiro — 1940-1985. Petrópolis: Vozes, 1986a. p. 43-61.

————. O desenvolvimento e as favelas: adaptar o favelado à vida urbana e nacional — 1955-1962. In: VALLA, Victor Vincent (Org.). *Educação e favela. Políticas para as favelas do Rio de Janeiro — 1940-1985.* Petrópolis: Vozes, 1986b. p. 62-84.

RIZZINI, Irene. *O Século Perdido: raízes históricas das políticas públicas para a infância no Brasil.* Rio de Janeiro: Amais, 1997.

RIZZINI, Irma. *Assistência à infância no Brasil: uma análise de sua construção.* Rio de Janeiro: EDUSU-CESPI/USU, 1993.

ROCHA, Oswaldo Porto. *A era das demolições: cidade do Rio de Janeiro: 1870-1920.* Rio de Janeiro: Prefeitura da Cidade do Rio de Janeiro/Secretaria Municipal de Cultura, 1986.

ROCHA, Sonia. Renda e pobreza nas metrópoles brasileiras. In: RIBEIRO, Luiz César de Queiroz; SANTOS JÚNIOR, Orlando Alves dos (Orgs.). *Globalização, fragmentação e reforma urbana: o futuro das cidades brasileiras na crise.* Rio de Janeiro: Civilização Brasileira, 1994. p. 121-145.

ROCKFELLER, Margaret Dulany. *Voluntary associations and social evolution: a case study of Brazilian favela associations.* Cambridge, Mass.: Department of Social Studies, Radcliffe College, 1969. ms.

RODRIGUEZ, Alfredo; ESPINOZA, Vicente; HERZER, Hilda. Argentina, Bolivia, Chile, Ecuador, Peru, Uruguay: urban research in the 1990s — A framework for an agenda. In: STREN, Richard. *Urban research in the developing world: Latin America.* Toronto: Center for Urban an Community Studies, 1995. p. 223-280.

———— et al. De invasores a invadidos. *Revista EURE,* Santiago, v. 2, n. 4, p. 101-142, 1972.

RUBIM, Christina de Rezende. Um pedaço de nossa história: historiografia da antropologia brasileira. *BIB — Boletim Informativo e Bibliográfico de Ciências Sociais,* Rio de Janeiro, n. 44, p. 31-72. 1997.

RUSSELL-WOOD, A. J. R. *Fidalgos e filantropos: a Santa Casa de Misericórdia da Bahia, 1550-1755.* Brasília: UnB, 1981.

SACHS, Celine. Le "mutirão" brésilien: la tradition de l'entraide rurale au secours de l'urbain. *Les Annales de la Recherche Urbaine,* Paris, n. 28, p. 61-69, oct. 1985.

SAGMACS, Comissão Municipal da Pesquisa Urbana — São Paulo. *Estrutura urbana da aglomeração paulistana.* São Paulo, 1958. ms.

————. Aspectos humanos da favela carioca. *O Estado de S. Paulo.* 13 e 15 abr. 1960. (Suplementos especiais).

SALMEN, Lawrence. A perspective on the resettlement of squatters in Brazil. *America Latina,* v. 12, n. 1, p. 73-93, Jan./Mar. 1969.

————. Housing alternatives for the carioca working class: a comparison between favelas and casa de comodos. *America Latina,* v. 13, n. 4, p. 51-70, Oct./Dec. 1970.

SANJEK, Roger. *Cities, classes and the social order — Anthony Leeds.* Ithaca, New York: Cornell University Press, 1994.

SANT'ANNA, Maria Josefina Gabriel; LIMA JUNIOR, Carlos Augusto Ferreira (Orgs.). *Quem faz a pesquisa urbana no Brasil? Catálogo de pesquisadores.* Rio de Janeiro: URBANDATA-BRASIL, UCAM, GURI, CNPq, UERJ, 2001.

SANTOS, Boaventura de Souza. The Law of the Oppressed: the construction and reproduction of legality in Pasargada. *Law and Society Review,* v. 12, n. 1, p. 5-126, Oct. 1977.

———. Sociologia na primeira pessoa: fazendo pesquisa nas favelas do Rio de Janeiro. *Revista da Ordem dos Advogados do Brasil,* São Paulo, n. 49, p. 39-79, primavera 1988.

SANTOS, Carlos Nelson Ferreira dos. Volviendo a pensar en "favelas" a causa de las periferias. *Nueva Sociedad,* San José de Costa Rica, n. 30, p. 22-38, mayo/jun. 1977.

———. Estarão as pranchetas mudando de rumo? *Revista Chão,* n. 1, p. 22-31, 1978.

———. Como projetar de baixo para cima uma experiência em favela. *Revista de Administração Municipal,* n. 156, p. 6-27, jul./set. 1980a.

———. Como e quando pode um arquiteto virar antropólogo? In: VELHO, Gilberto. *O desafio da cidade.* Rio de Janeiro: Campus, 1980b. p. 37-57.

———. *Movimentos urbanos no Rio de Janeiro.* Rio de Janeiro: Zahar, 1981.

———. Habitação — o que é mesmo que pode fazer quem sabe? In: VALLADARES, Licia do Prado (Org.). *Repensando a habitação no Brasil.* Rio de Janeiro: Zahar, 1983. p. 79-107.

———; VOGEL, Arno (Orgs.). *Quando a rua vira casa, a apropriação de espaços de uso coletivo em um centro de bairro.* Rio de Janeiro: IBAM, FINEP, 1981.

SANTOS, Cecília et al. *Le Corbusier e o Brasil.* São Paulo: Tessela, Projeto, 1987.

SANTOS, Milton. *A urbanização brasileira.* São Paulo: Hucitec, 1993.

SANTOS, Nubia M. & NONATO, José Antonio. *Era uma vez o Morro do Castelo.* Rio de Janeiro: IPHAN/Depron/Petrobras/Casa da Palavra, 2000.

SANTOS, Wanderley Guilherme dos. *Cidadania e justiça: a política social na ordem brasileira.* Rio de Janeiro: Campus, 1987.

SARMENTO, Carlos Eduardo. *O Rio de Janeiro na era Pedro Ernesto.* Rio de Janeiro: Editora FGV, 2001.

SCALON, Celi. *Mobilidade social no Brasil: padrões e tendências.* Rio de Janeiro: Revan, IUPERJ, 1999.

SCHWARTZ, Olivier. Présentation. In: ANDERSON, Nels. *Le Hobo. Sociologie du sans-abri.* Paris: Nathan, 1993. p. 5-21.

———. L'empirisme irréductible. In: ANDERSON, Nels. *Le Hobo. Sociologie du sans-abri.* Paris: Nathan, 1993. p. 265-308.

SEGALA, Lygia. *O riscado do balão japonês: trabalho comunitário na Rocinha (1977-1982).* Dissertação (Mestrado em Antropologia Social) — Universidade Federal do Rio de Janeiro/Museu Nacional, Rio de Janeiro, 1991.

SEVCENCO, Nicolau. *A revolta da vacina: mentes insanas em corpos rebeldes.* Sao Paulo: Brasiliense, 1984.

SHAW, Clifford R. *The Jack-roller. A deliquent boys's own story.* Chicago: The University of Cicago Press, 1930.

————; McKAY, Henry D. *Juvenile deliquency in urban areas*. Chicago: The University of Chicago Press, 1941.

————; ————. *Juvenile deliquency and urban areas*. Chicago: The University of Chicago Press, 1942.

SIEBER, R. Timothy. The life of Anthony Leeds: unity in diversity. In: SANJEK, Roger (Ed.). *Cities, classes and the social order.* Ithaca, London: Cornell University Press, 1994. p. 3-26.

SILBERSTEIN, Paul. Favela living: personal solution to 1arger problems. *América Latina*, Rio de Janeiro, v. 12, n. 3, p. 183-200, jul./set. 1969.

SILVA, Eduardo. *As queixas do povo*. Rio de Janeiro: Paz e Terra, 1988.

SILVA, Jailson de Souza. *Por que uns e não outros? Caminhada de estudantes da Maré para a universidade.* Tese (Doutorado em Educação) — PUC, Rio de Janeiro, 1999. (Publicada pela Sete Letras em 2003).

SILVA, Lucia. A trajetória de Alfred Donat Agache no Brasil. In: RIBEIRO, Luiz César Queiroz; PECHMAN, Robert Moses. *Cidade, povo e nação.* Rio de Janeiro: Civilização Brasileira, 1996. p. 397-410.

SILVA, Luiz Antonio Machado da. A política na favela. *Cadernos Brasileiros,* Rio de Janeiro, v. 9, n. 3, p. 35-47, maio/jun. 1967.

————. O significado do botequim. *América Latina,* Rio de Janeiro, v. 12, n. 3, p. 160-182, jul./ set. 1969.

————. *Mercados metropolitanos de trabalho manual e marginalidade.* Dissertação (Mestrado em Antropologia Social) — Universidade Federal do Rio de Janeiro/Museu Nacional, Rio de Janeiro, 1971.

————. Violência e sociabilidade: tendências na atual conjuntura urbana no Brasil. In: RIBEIRO, Luiz César de Queiroz; SANTOS JÚNIOR, Orlando Alves (Orgs.). *Globalização, fragmentação e reforma urbana.* Rio de Janeiro: Civilização Brasileira, 1994. p. 147-168.

————; SANTOS, Carlos Nelson. Les politiques d'intervention. *Économie et Humanisme,* n. 186, p. 53-60, mars/avril 1969.

SILVA, Maria Hortência do Nascimento e. *Impressões de uma assistente sobre o trabalho na favela.* Rio de Janeiro: Instituto Social, Prefeitura do Distrito Federal/Secretaria Geral de Saúde e Assistência, 1942. (Trabalho de conclusão de curso).

SILVA, Maria Laís Pereira da. A *"Batalha do Rio de Janeiro": combatentes e combatidos nas favelas cariocas 1947-1948.* 2001. ms.

————. *Percursos, significados e permanência das favelas cariocas (1930-1964).* Tese (Doutorado em Geografia) — Programa de Pós-Graduação em Geografia/UFRJ, Rio de Janeiro, 2003.

SIMMEL, George. *Les pauvres.* [1908]. Paris: Quadrige/PUF, 1998. (Introduction de Serge Paugam et Franz Schultheis).

SLOB, Bart. *Do barraco para o apartamento: a "humanização" e a "urbanização" de uma favela situada em um bairro nobre do Rio de Janeiro.* Vakgroep Talen en Culturen van Latijns-Amerika: Universiteit Leiden, Holanda, 2002. ms.

SOARES, Luiz Eduardo (Org.). *Violência e política no Rio de Janeiro.* Rio de Janeiro: ISER, Relume-Dumará, 1996.

———; CARNEIRO Leandro Piquet. Os quatro nomes da violência: um estudo sobre éticas populares e cultura política. In: SOARES, Luiz Eduardo (Org.). *Violência e política no Rio de Janeiro.* Rio de Janeiro: ISER, Relume-Dumará, 1996.

SORJ, Bernardo. *Brasil@povo.com* — *a luta contra a desigualdade na sociedade da informação.* Rio de Janeiro: Zahar, 2003.

STUCKENBRUCK, Denise Cabral. *Plano Agache e o ideário reformista dos anos 20.* Rio de Janeiro: Observatório de Políticas Urbanas, IPPUR, UFRJ, FASE, 1996.

TASCHNER, Suzana Pasternak. Favelas do município de São Paulo: resultados de pesquisa. In: BLAY, Eva (Org.). *A luta pelo espaço.* Petrópolis: Vozes, 1978. p. 125-148.

———. Favelas e cortiços no Brasil: 20 anos de pesquisas e políticas. *Cadernos de Pesquisa do LAP,* n. 18, mar./abr. 1997.

———; BOGUS, Lucia. A cidade dos anéis. In: RIBEIRO, Luiz César de Queiroz (Org.). *O futuro das metrópoles: desigualdades e governabilidade.* Rio de Janeiro: Revan; São Paulo: FASE, 2000. p. 247-284.

THERY, Hervé; DROULERS, Martine (Dirs.). *Pierre Monbeig: un géographe pionnier.* Paris: CREDAL, IHEAL, 1991.

THOMAS, Hélène. *La production des exclus: politiques sociales et processus de désocialisation socio-politique.* Paris: PUF, 1997.

THOMAS, William I. & ZNANIECKI, Florian. The polish peasant in Europe and America. (1918-1920). New York: Dover Publications, 1927.

TOLOSA, Hamilton. Dualismo no mercado de trabalho urbano. *Pesquisa e Planejamento Econômico,* v. 5, n. 1, p. 1-35, 1975.

———. Rio de Janeiro as a world city. In: FU-CHEN, L. O.; YEUNG, Yue-man (Eds.). *Globalization and the world of large cities.* Tokyo, New York, Paris: United Nations University Press, 1999. p. 203-227.

TOPALOV, Christian. *Naissance du chômeur: 1880-1910.* Paris: Albin Michel, 1994. (Collection L' Évolution de L' Humanité).

——— (Dir.). *Laboratoires du nouveau siècle; la nébuleuse réformatrice et ses réseaux en France 1880-1914.* Paris: EHESS, 1999.

TRINDADE, Helgio. *Integralismo: o fascismo brasileiro na década de 30.* São Paulo: Difel, 1979.

TURNER. John. Uncontrolled urban settlement: problems and policies. In: BREESE, Gerald (Ed.). *The city in newly developing countries: readings on urbanism and urbanization.* New Jersey: Englewood Cliffs, 1969.

———. *Housing by people.* London: Marion Boyars, 1976.

VALLA, Victor Vincent (Org.). *Educação e favela. Políticas para as favelas do Rio de Janeiro 1940-1980.* Petrópolis: Vozes, 1986.

VALLADARES, Licia do Prado. *Opération de relogement et réponse sociale: les cas des résidents des favelas à Rio de Janeiro.* Thèse (Doctorat de III Ciclo) — Université de Toulouse-le Mirail, 1974.

————. Favela, política e conjunto residencial. *Dados*, v. 12, p. 74-85, 1976.

————. Associações voluntárias na favela. *Ciência e Cultura*, v. 29, n. 12, p. 1390-1403, dez. 1977.

————. *Passa-se uma casa: análise do programa de remoções de favelas do Rio de Janeiro.* Rio de Janeiro: Zahar, 1978a.

————.Working the system: squatter response to resettlement in Rio de Janeiro. *International Journal of Urban and Regional Research*, v. 2, n. 1, p. 12-25, Mar. 1978b.

————. A propósito da urbanização de favelas. *Espaço e Debates*, São Paulo, v. 1, n. 2, p. 5-18, maio 1981.

————. Políticas alternativas de habitação popular: um vôo sobre a literatura internacional. *Espaço e Debates*, São Paulo, v. 5, n. 16, p. 33-51, 1985.

————. Family and child work in the favela. In: SATYA, Datta (Ed.). *Third World urbanization: reappraisals and new perspectives.* Stockholm: HSFR, 1990a. p. 149-167.

————. La investigación urbana en Brasil, una breve revisión. In: CARRION, Fernando (Ed.). *La investigación urbana en América Latina: caminos recorridos y por recorrer, una aproximacion desde los paises.* Quito: Ciudad, 1990b.

————. Cem anos pensando a pobreza (urbana) no Brasil. In: BOSCHI, Renato (Org.). *Corporativismo e desigualdade: a construção do espaço público no Brasil.* Rio de Janeiro: IUPERJ, Rio Fundo, 1991. p. 81-112.

————. La recherche urbaine au Brésil: parcours et tendances. In: JOUSSEMENT, Anita (Dir.). La recherche sur la ville au Brésil. In: JOURNÉES FRANCO BRÉSILIENNES DU PIR VILLES, 28-29 nov. 1994, Paris. *Actes...* Paris, CNRS. 1997. p. 37-64.

————. Qu'est-ce qu'une favela?. *Cahiers des Amériques Latines*, n. 34, p. 61-72, 2000a.

————. A gênese da favela carioca: a produção anterior às ciências sociais. *Revista Brasileira de Ciências Sociais/ANPOCS*, Rio de Janeiro, v. 15, n. 44, p. 5-34, out. 2000b.

————. Favela.com. In: FORUM AMERICA LATINA HABITAR 2000, maio 2001, Salvador. *Anais...* Salvador, maio 2001.

————. Le langage de la coopération internationale. Peace Corps et ONGs dans les favelas à Rio de Janeiro. In: CEFAI, Daniel; JOSEPH, Isaac (Dirs.). *L'héritage du pragmatisme. Conflits d'urbanité et épreuves de civisme.* Paris: L'Aube, 2002a. p. 175-191.

————. Favelas, mondialisation et fragmentation. In: NAVEZ-BOUCHANINE, Françoise (Dir.). *La fragmentation en question: des villes entre fragmentation spatiale et fragmentation sociale?* Paris: L'Harmattan, 2002b. p. 209-221.

————; COELHO Magda Prates. Urban research in Brazil and Venezuela: towards an agenda for the 1990's. In: STREN, Richard (Ed.). *Urban research in the developing world: Latin America.* Toronto: Centre for Urban an Community Studies, 1995. p. 43-142.

————; FIGUEIREDO, Ademir. Habitação no Brasil: uma introdução à literatura recente. *BIB — Boletim Informativo e Bibliográfico de Ciências Sociais*, Rio de Janeiro, n. 11, p. 25-49, 1981.

————; KAYAT Regina. *Invasões de terras no Rio de Janeiro de 1983: uma cronologia*. Rio de Janeiro: IUPERJ, 1983. (Série Estudos).

————; LIMA, Roberto Kant de. A Escola de Chicago: entrevista com Isaac Joseph. BIB — *Revista Brasileira de Informação Bibliográfica em Ciências Sociais*, Rio de Janeiro, n. 49, 1º semestre de 2000, p. 3-13.

————; MEDEIROS, Lidia. *Pensando as favelas do Rio de Janeiro: uma bibliografia analítica, 1906-2000*. Rio de Janeiro: Relume-Dumará, URBANDATA, UCAM, FAPERJ, 2003.

————; RIBEIRO Rosa Maria. The return of the favela; recent changes in intra-metropolitan Rio. *Urbana*, Caracas, n. 14/15, p. 59-73, 1994.

————; SANT'ANNA, Maria Josefina Gabriel (Orgs.). *Rio de Janeiro em teses; catálogo bibliográfico (1960-1990)*. Rio de Janeiro: URBANDATA, IUPERJ, CEP-RIO, UERJ, 1992.

————; ————; CAILLAUX, Ana Maria (Orgs.). *1001 teses sobre o Brasil urbano: catálogo bibliográfico (1940-1989)*. Rio de Janeiro: IUPERJ, URBANDATA, ANPUR, 1991.

———— et al. *Alternative housing policies in Brazil: self-help experiments in Rio de Janeiro*. Rio de Janeiro: IUPERJ, 1986. (Relatório final IDRC, IUPERJ).

VAZ, Lillian Fessler. Notas sobre o Cabeça de Porco. *Revista Rio de Janeiro*, v. 1, n. 2, p. 29-35, jan./abr. 1986.

————. Dos cortiços às favelas e aos edifícios de apartamentos: a modernização da moradia no Rio de Janeiro. *Análise Social*, v. 24, n. 127, p. 581-597, 1994. (Revista do Instituto de Ciências Sociais da Universidade de Lisboa).

VEKEMANS, Roger; VENEGAS, Ramon. *Marginalidad, incorporación e integracion*. Santiago: DESAL, 1966.

VELHO, Gilberto. *A utopia urbana: um estudo de antropologia social*. Rio de Janeiro: Zahar, 1972.

————. Favelas cariocas: o problema da marginalidade. *Anuário Antropológico*, Rio de Janeiro, n. 76, p. 321-324, 1977.

————. Observando o familiar. In: NUNES, Edson (Org.). *A aventura sociológica*. Rio de Janeiro: Zahar, 1978. p. 36-46.

———— (Org.). *O desafio da cidade: novas perspectivas da antropologia brasileira*. Rio de Janeiro: Campus, 1980.

————; ALVITO Marcos (Orgs.). *Cidadania e violência*. Rio de Janeiro: UFRJ, FGV, 1996.

————; MACHADO, Luiz Antonio. Organização social no meio urbano. *Anuário Antropológico*, Rio de Janeiro, n. 76, p. 71-82, 1977.

VELHO, Otávio Guilherme. Processos sociais no Brasil pós-64: as ciências sociais. In: SORJ, Bernardo; ALMEIDA, Maria Hermínia Tavares de (Orgs.). *Sociedade e política no Brasil pós-64*. São Paulo: Brasiliense, 1983. p. 240-261.

VENTURA, Zuenir. *Cidade partida*. São Paulo: Cia. das Letras, 1994.

VERAS, Maura Pardini Bicudo; TASCHNER Suzana Pasternak. Evolução e mudanças das favelas paulistanas. *Espaço e Debates,* v. 10, n. 31, p. 52-71, 1990.

VIANNA, Hermano (Org.). *Galeras cariocas: territórios de conflitos e encontros culturais.* Rio de Janeiro: UFRJ, 1997.

VIANNA, Luiz Werneck. *Liberalismo e sindicato no Brasil.* [1976] 4. ed. Belo Horizonte: UFMG, 1999.

————; CARVALHO, Maria Alice Rezende de; MELO, Manuel Palacios Cunha. As ciências sociais no Brasil: a formação de um sistema nacional de ensino e pesquisa. *BIB — Boletim Informativo e Bibliográfico de Ciências Sociais,* Rio de Janeiro, n. 40, p. 27-64, 1995.

VIDAL, Dominique. Concevoir la communauté. L' efficacité d'une catégorie socio-spatiale au Brésil. In: MONNET, Jérôme (Dir.). *Espace, temps et pouvoir dans le nouveau monde.* Paris: Anthropos, 1996. p. 213-233.

————. *La politique au quartier: rapports sociaux et citoyenneté à Recife.* Paris: Maison des Sciences de l'Homme, 1998.

VOGT, Carlos. Trabalho, pobreza e trabalho intelectual: o quarto de despejo de Carolina Maria de Jesus. In: SCHWARTZ, Robert (Org.). *Os pobres na literatura brasileira.* São Paulo: Brasiliense, 1983. p. 204-213.

WACQUANT, Löic. Banlieues françaises et ghetto noir américain: de l'amalgame à la comparaison. *French Politics & Society,* Paris, v. 10, n. 4, p. 81-103, Fall 1992.

WAGLEY, Charles; AZEVEDO, Thales; PINTO, Luiz Costa. Uma pesquisa sobre a vida social no estado da Bahia. *Publicações do Museu do Estado,* Salvador, Secretaria de Educação e Saúde, n. 11, 1950.

WARNER, W. Lloyd — *The social life of a modern community.* New-Haven and London: Yale University Press, 1946.

WHYTE, William Foote. *Street Corner Society: the social structure of an Italian slum.* Chicago, London: The University of Chicago Press, 1943.

WILSON, William Julius. *Les oubliés de l'Amérique.* [1987]: Paris: Desclée de Brouwer, 1994. (Trad. Ivan Ermakoff).

WIRTH, Louis. *The ghetto: studies in ethnicity. (With a new introduction by Hasia Diner).* [1928]. New Brunswick, NJ: Transaction Publishers, 1998.

ZALUAR, Alba. *A máquina e a revolta: as organizações populares e o significado da pobreza.* São Paulo: Brasiliense, 1985.

————. *O Rio contra o crime: imagens da justiça e do crime.* Rio de Janeiro: IUPERJ, 1989. (Relatório de pesquisa. Convênio OAB/FINEP).

————. *Violência e crime.* In: MICELI, Sérgio. *O que ler na ciência social brasileira (1970-1995). Antropologia.* São Paulo: Sumaré, ANPOCS, CAPES, 1999. p. 13-107. v. 1.

————; ALVITO, Marcos. *Um século de favela.* Rio de Janeiro: FGV, 1998.

ZILLY, Berthold. A guerra como painel e espetáculo: a história encenada em *Os sertões. História, Ciências, Saúde: Manguinhos,* ano V, p. 13-37, jul. 1998.

ZYLBERBERG, Sonia (Org.). *Morro da Providência: memórias da "favela".* Rio de Janeiro: Prefeitura da Cidade do Rio de Janeiro/Secretaria Municipal de Cultura, Turismo e Esportes, 1992. v. 1. (Coleção Memória das Favelas).

Siglas

AGB	Associação dos Geógrafos Brasileiros
AI 5	Ato Institucional nº 5
ANPOCS	Associação Nacional de Pós-Graduação e Pesquisa em Ciências Sociais
ANPUR	Associação Nacional de Pós-Graduação e Pesquisa em Planejamento Urbano e Regional
BID	Banco Interamericano de Desenvolvimento
BIRD	Banco Internacional para a Reconstrução e o Desenvolvimento
BEMDOC	Brasil-Estados Unidos Movimento para o Desenvolvimento e Organização da Comunidade
BNH	Banco Nacional de Habitação
CAPES	Coordenação de Aperfeiçoamento de Pessoal de Ensino Superior
CEBRAP	Centro Brasileiro de Análise e Planejamento
CEDEC	Centro de Estudos de Cultura Contemporânea
CEE	Comissão Estadual de Energia
CENPHA	Centro Nacional de Pesquisas Habitacionais
CEPAL	Comissão Econômica para a América Latina e o Caribe
CERIS	Centro de Estatística Religiosa e Investigações Sociais
CHISAM	Coordenação de Habitação de Interesse Social da Área Metropolitana do Grande Rio
CINAM	Compagnie d'Études Industrielles et d'Aménagement du Territoire
CLAPCS	Centro Latino-Americano de Pesquisas em Ciências Sociais
CNBB	Conferência Nacional dos Bispos do Brasil
CNDU	Conselho Nacional de Desenvolvimento Urbano
CNPq	Conselho Nacional de Desenvolvimento Científico e Tecnológico
CNRS	Centre National de la Recherche Scientifique

CODESCO	Companhia de Desenvolvimento de Comunidades
CPDOC	Centro de Pesquisa e Documentação de História Contemporânea do Brasil
COHAB-GB	Companhia de Habitação do Estado da Guanabara
COPPE	Coordenação de Pós-Graduação e Pesquisa de Engenharia
CREDAL	Centre de Recherche et de Documentation sur l'Amérique Latine
CSU	Cultures et Sociétés Urbaines
CTHS	Comité des Travaux Historiques et Scientifiques
DESCO	Centro de Estudios y Promocion del Desarollo
DESAL	Centro para el Desarollo Economico y Social de America Latina
DF	Distrito Federal
EAP	Escola de Administração Pública
EBAP	Escola Brasileira de Administração Pública
EBTU	Empresa Brasileira de Transportes Urbanos
EHESS	École des Hautes Études en Sciences Sociales
ELSP	Escola Livre de Sociologia e Política
FAFEG	Federação das Associações de Favelas do Estado da Guanabara
FAFERJ	Federação das Associações de Favelas do Rio de Janeiro
FAO	Organização das Nações Unidas para a Agricultura e a Alimentação
FAPERJ	Fundação de Amparo à Pesquisa do Estado do Rio de Janeiro
FAPESP	Fundação de Amparo à Pesquisa do Estado de São Paulo
FASE	Federação dos Órgãos para Assistência Social e Educacional
FAU	Faculdade de Arquitetura e Urbanismo
FFCL	Faculdade de Filosofia, Ciências e Letras
FGV	Fundação Getulio Vargas
FIBGE	Fundação Instituto Brasileiro de Geografia e Estatística
FIESP	Federação das Indústrias do Estado de São Paulo
FINEP	Financiadora de Estudos e Projetos
FNCT	Fundo Nacional para a Ciência e a Tecnologia
HSFR	Swedish Council for Research in the Humanities and Social Sciences
IAU	Instituto de Arquitetura e Urbanismo
IBAM	Instituto Brasileiro de Administração Municipal
IBASE	Instituto Brasileiro de Análises Sociais e Econômicas
IBGE	Instituto Brasileiro de Geografia e Estatística
IBOPE	Instituto Brasileiro de Opinião Pública e Estatística

IDESP	Instituto de Estudos Econômicos e Políticos de São Paulo
IFEA	Instituto Francês de Estudos Andinos
IHEAL	Institut des Hautes Études de l'Amérique Latine
INEP	Instituto Nacional de Estudos Pedagógicos
INSEE	Institut National de la Statistique et des Études Économiques
IPEA	Instituto de Pesquisa Econômica Aplicada
IPLAN-RIO	Instituto de Planejamento Municipal da Prefeitura da Cidade do Rio de Janeiro
IPPUR	Instituto de Pesquisa em Planejamento Urbano e Regional
IRESCO	Institut de Recherche sur les Sociétés Contemporaines
IRFED	Institut International de Recherche et de Formation Education au Développement
ISER	Instituto de Estudos da Religião
IUP	Institut d'Urbanisme de Paris
IUPERJ	Instituto Universitário de Pesquisas do Rio de Janeiro
JUC	Juventude Universitária Católica
LAP	Laboratório de Estudos sobre Urbanização, Arquitetura e Preservação
MDU	Mestrado em Desenvolvimento Urbano
MSH	Maison des Sciences de l'Homme
OEA	Organização dos Estados Americanos
OIT	Organização Internacional do Trabalho
ONG	Organização Não-Governamental
PADF	Partido Autonomista do Distrito Federal
PCB	Partido Comunista Brasileiro
PEA	População Economicamente Ativa
PIR-Villes	Programme Interdisciplinaire de Recherche sur la Ville
PREALC	Programa de Emprego para a América Latina e o Caribe
PROPUR	Programa de Pós-Graduação em Planejamento Urbano e Regional
PT	Partido dos Trabalhadores
PTB	Partido Trabalhista Brasileiro
PUC	Pontifícia Universidade Católica
PUR	Planejamento Urbano e Regional
RMRJ	Região Metropolitana do Rio de Janeiro
SABREN	Sistema Multimídia sobre os Assentamentos de Baixa Renda do Município do Rio de Janeiro

SAGMA	Société pour l'Application du Graphisme et de la Mécanographie à l'Analyse des Complexes Sociaux
SAGMACS	Sociedade de Análises Gráficas e Mecanográficas Aplicadas aos Complexos Sociais
SEBRAE	Serviço Brasileiro de Apoio às Micro e Pequenas Empresas
SMDS	Secretaria Municipal de Desenvolvimento Social
SERFHAU	Serviço Federal de Habitação e Urbanismo
SERPHA	Serviço Especial de Recuperação de Favelas e Habitações Anti-Higiênicas da Prefeitura do Distrito Federal
UCAM	Universidade Candido Mendes
UDN	União Democrática Nacional
UERJ	Universidade do Estado do Rio de Janeiro
UFBA	Universidade Federal da Bahia
UFF	Universidade Federal Fluminense
UFMG	Universidade Federal de Minas Gerais
UFPE	Universidade Federal de Pernambuco
UFRJ	Universidade Federal do Rio de Janeiro
UFRGS	Universidade Federal do Rio Grande do Sul
UFSC	Universidade Federal de Santa Catarina
UnB	Universidade de Brasília
UNESCO	Organização das Nações Unidas para a Educação, a Ciência e a Cultura
UNICAMP	Universidade de Campinas
UNICEF	Fundo das Nações Unidas para a Infância
URBANDATA-BRASIL	Banco de Dados Bibliográficos sobre a Pesquisa Urbana no Brasil
USAID	United States of America Aid for Development
USP	Universidade de São Paulo

Cronologia

Ano	Eventos Políticos e Institucionais	Instituições e Políticas Urbanas no Rio de Janeiro	Representações nas Mídias e Publicações
1880		Criação do Clube de Engenharia em torno do futuro do Rio.	
1888	Abolição da escravidão.		
1889	Proclamação da República por Marechal Deodoro da Fonseca.		
1891	Promulgação da primeira Constituição. Presidente: Marechal Floriano Peixoto.		Fundação do *Jornal do Brasil*.
1893		Guerra contra os cortiços, simbolizada pela destruição do cortiço *Cabeça de Porco*.	
1894	Eleição de Prudente de Morais, primeiro presidente civil.		
1896			Primeira edição do romance *O cortiço*, de Aluízio de Azevedo.
1897	Guerra de Canudos. Vitória do exército republicano sobre os sertanejos do interior baiano Os soldados retornam de Canudos e instalam-se no Rio sobre o Morro da Providência.		O jornal *O Estado de S. Paulo* publica reportagens sobre a Guerra de Canudos O Morro da Providência torna-se conhecido como *Morro da Favella*.

continua

Ano	Eventos Políticos e Institucionais	Instituições e Políticas Urbanas no Rio de Janeiro	Representações nas Mídias e Publicações
1901			Fundação do jornal *Correio da Manhã.*
1902	Eleição de Rodrigues Alves presidente da República. O engenheiro Pereira Passos é nomeado prefeito do Distrito Federal (1902-1906) pelo novo presidente.		Primeira edição de *Os sertões,* de Euclides da Cunha.
1903	Oswaldo Cruz, médico higienista, coordena os serviços federais de saúde pública (1903-1909).		
1904	Revolta da Vacina, manifestação contra as medidas higienistas — por Pereira Passos e Oswaldo Cruz.	Reforma Urbana de Pereira Passos que reestruturou o Centro da cidade.	
1905		Inauguração da *Avenida Central,* símbolo do Rio moderno.	
1906	O Marechal Souza Aguiar é nomeado prefeito do Distrito Federal (1906-1909) e continua as grandes obras de Pereira Passos.		Publicação do relatório *Habitações populares,* redigido pelo engenheiro E. Backheuser, contendo fotos do *Morro da Favela.*
1907			Duas caricaturas são publicadas na imprensa sobre o "saneamento" do *Morro da Favela.*
1908	Exposição Universal no Rio.		O escritor Coelho Neto qualifica a cidade do Rio como *Cidade Maravilhosa.* O jornalista/flâneur João do Rio descreve a visita ao *Morro de Santo Antônio.*
1917	O Brasil declara guerra à Alemanha.		

continua

Ano	Eventos Políticos e Institucionais	Instituições e Políticas Urbanas no Rio de Janeiro	Representações nas Mídias e Publicações
1920			A palavra favela passa de nome próprio singular a nome comum plural na imprensa do Rio.
1921		Criação do *Instituto Brasileiro de Arquitetos*, que deu origem ao atual IAB.	
1922	Criação do Rotary Club, o Rotary do Rio foi a primeira célula. Criação do Partido Comunista Brasileiro. Semana de Arte Moderna em São Paulo: manifestação contra as idéias européias.	Demolição do *Morro do Castelo* — abertura de um espaço no Centro da cidade.	Produção do quadro de Tarsila do Amaral intitulado *Morro da Favela.*
1924			Benjamin Costallat, jornalista, publica a crônica *A favela que eu vi.*
1925			Fundação do jornal *O Globo.*
1926	Prado Júnior, escolhido prefeito do Rio (1926-1930).	Prado Júnior encomenda a Alfred Agache o plano de urbanismo para a cidade do Rio.	Mattos Pimenta, apoiado pelo Rotary Club, lança uma campanha contra as favelas. O Rotary Club apoia o plano de Alfred Agache.
1927			O urbanista Alfred Agache é fotografado no *Morro da Favela.*
1928			O compositor J. B. da Silva introduz a favela na música popular.
1929			Le Corbusier, em visita ao Rio, desenha os croquis da favela
1930	Getúlio Vargas torna-se líder do governo provisório (Revolução de 1930).	Agache apresenta o plano de urbanismo para a cidade do Rio. Reforma do curso de arquitetura da *Escola Nacional de Belas Artes.*	Agache descreve a favela como uma lepra ameaçadora ao corpo urbano.
1931	Pedro Ernesto, médico, nomeado *interventor* do Distrito Federal.		Portinari pinta o quadro *Favela*, que se encontra no Museu de Arte Moderna de Nova York.

continua

Ano	Eventos Políticos e Institucionais	Instituições e Políticas Urbanas no Rio de Janeiro	Representações nas Mídias e Publicações
1932	Criação no Rio do *Instituto Católico de Estudos Superiores* (origem da PUC).	Criação da primeira Comissão do Plano da Cidade do Rio.	
1933	Fundação da *Escola Livre de Sociologia e Política* em São Paulo. O PADF ganha as eleições. Pedro Ernesto defende os favelados.		
1934	Nova Constituição que cria a Justiça do Trabalho. O salário mínimo é incluído na Constituição. Criação da *Faculdade de Filosofia, Ciências e Letras* da USP.		Primeiro longa-metragem sobre as favelas do Rio por H. Mauro: *Favelas dos Meus Amores.* Publicação do romance *O Bota Abaixo*; crônica de 1904, inspirada na reforma de Pereira Passos.
1935	Criação da *Universidade do Distrito Federal* por Anísio Teixeira. Pedro Ernesto é eleito prefeito do Rio por cinco anos. Tentativa de Revolução Comunista.		Publicação do romance *Salgueiro*, de Lucio Cardoso. Primeiro desfile oficial de escolas de samba.
1936	Pedro Ernesto vai para a prisão. Lei sobre o salário mínimo.	Criação do diploma de urbanismo da *Universidade do Distrito Federal.*	
1937	Golpe de Estado: Getúlio Vargas institui o *Estado Novo*, dissolve o Congresso e os partidos. Nova Constituição. Henrique Dodsworth é nomeado por Vargas *interventor* do Distrito Federal (1937-1945). Agamenon Magalhães é nomeado por Vargas *interventor* de Pernambuco.	Criação da segunda Comissão do Plano da Cidade do Rio. O código da construção foi promulgado. Criação do *Instituto Social* (escola de serviço social) pela PUC.	

continua

Ano	Eventos Políticos e Institucionais	Instituições e Políticas Urbanas no Rio de Janeiro	Representações nas Mídias e Publicações
1938	Criação do IBGE.		O jornalista L. Edmundo descreve o *Morro de Santo Antônio* em *O Rio de Janeiro do meu tempo*.
1939	Criação da *Faculdade Nacional de Filosofia da Universidade do Distrito Federal* — sob o modelo da USP. Agamenon Magalhães cria a *Liga Social Contra o Mocambo* em Pernambuco		
1940	Primeira aplicação do salário mínimo.		V. Tavares de Moura apresenta um *Esboço de um plano para estudo e solução de problema das favelas*.
1941		Criação de uma comissão para estudo dos problemas de higiene em torno das favelas. Demolição do *Morro de Santo Antônio* — abertura de um novo espaço no Centro da cidade.	Primeiro congresso brasileiro de urbanismo, onde a questão da favela é discutida.
1942	O Brasil declara guerra ao Eixo. Lei de congelamento de aluguéis. Morte de Pedro Ernesto. Favelados e membros de escolas de samba no seu funeral.	Início da política dos parques proletários (1942-1944) pelo Prefeito Henrique Dodsworth. O primeiro parque estava destinado a realocar os habitantes do *Largo da Memória*.	Publicação da dissertação da assistente social M. H. do Nascimento e Silva sobre a favela do *Largo da Memória*.
1943	CLT		
1944		Inauguração da *Avenida Presidente Vargas*	
1945	Eleições que transformaram as favelas em massa eleitoral. Vargas deposto, eleições gerais. O General Dutra é eleito presidente da República.	Criação do Departamento de Urbanismo da Prefeitura do Distrito Federal.	

continua

Ano	Eventos Políticos e Institucionais	Instituições e Políticas Urbanas no Rio de Janeiro	Representações nas Mídias e Publicações
1946	Nova Constituição.	Criação do Departamento de Habitação da Prefeitura do Distrito Federal. Criação do Departamento de Assistência Social dirigido pelo médico Victor Tavares de Moura. Inauguração da *Avenida Brasil.*	Eloy Pontes publica um romance com o título *Favela.*
1947	O Partido Comunista, bem colocado nas eleições no Rio de Janeiro, é declarado ilegal. Criação da *Fundação da Casa Popular* (órgão federal anterior ao BNH).	Criação da *Fundação Leão XIII* pela Igreja Católica. Criação de uma comissão federal para a supressão das favelas.	O Padre Lebret dá um curso de três meses na *Escola Livre de Sociologia e Política* de São Paulo.
1948			O jornalista Carlos Lacerda lança na imprensa a "Batalha do Rio" *contra as favelas.* Primeiro recenseamento de favelas pelo prefeito do Distrito Federal.
1949			Publicação dos resultados do recenseamento das favelas pelo prefeito do Distrito Federal.
1950	Getúlio Vargas é eleito presidente com 49% dos votos.		Primeiro recenseamento geral do país em que o IBGE define favelas como uma categoria nacional.
1951			Fundação do jornal *A Notícia*, de caráter eminentemente popular, por Chagas Freitas.
1952		Criação pela Prefeitura do Distrito Federal do Serviço de Reabilitação das Favelas.	
1953		Criação de uma nova comissão municipal sobre os problemas das favelas.	Publicação do livro do sociólogo Costa Pinto, *O negro no Rio de Janeiro.*

continua

Ano	Eventos Políticos e Institucionais	Instituições e Políticas Urbanas no Rio de Janeiro	Representações nas Mídias e Publicações
1954	Suicídio de Getúlio Vargas.	Criação da *União dos Trabalhadores Favelados*.	
1955	Juscelino Kubitschek é eleito presidente da República. 36º Congresso Eucarístico Internacional no Brasil.	Lançamento da *Cruzada São Sebastião* por D. Helder Câmara.	
1956		Criação do SERPHA (Serviço Especial de Recuperação de Favelas e Habitações Anti-Higiênicas).	
1957	Criação no Rio do CLAPCS por uma iniciativa da UNESCO.	Primeiro congresso dos favelados do Rio de Janeiro.	
1958			O cineasta francês Marcel Camus filma *Orfeu Negro* no Morro da Babilônia.
1960	Brasília é inaugurada, tornando-se a capital do Brasil. Carlos Lacerda eleito governador do novo Estado da Guanabara (1960-1965). O Distrito Federal se torna Estado da Guanabara (1960-1974).	Arthur Rios torna-se diretor do SERPHA.	*O Estado de S. Paulo* publica *Aspectos humanos da favela carioca* (SAGMACS). Publicação do livro-testemunho de Carolina Maria de Jesus, *Quarto de despejo*. Recenseamento das Favelas da Guanabara e o recenseamento geral do país.
1961	Jânio Quadros, eleito presidente da República, renuncia no mesmo ano. João Goulart torna-se presidente. *Acordo do Fundo do Trigo* entre o Brasil e os EUA para as favelas.		
1962		Criação por Lacerda da COHAB-GB — Companhia de habitação de capital misto. A Fundação Leão XIII, torna-se organismo público e é absorvida pela COHAB-GB.	

continua

Ano	Eventos Políticos e Institucionais	Instituições e Políticas Urbanas no Rio de Janeiro	Representações nas Mídias e Publicações
1963		Acordo de Lacerda com a USAID para o financiamento da remoção dos favelados. Início das obras. Lacerda cria a CEE (comissão de eletricidade do Estado) para os favelados.	Seminário sobre Habitação e Reforma Urbana reivindica uma política nacional de habitação.
1964	Golpe de Estado que dá origem à ditadura militar que se prolonga até 1979. Criação do BNH (Banco Nacional de Habitação).	Criação do BEMDOC, programa de cooperação com os EUA pelo desenvolvimento comunitário. Os primeiros membros do *Peace Corps* instalam-se em favelas. Primeiro congresso de favelas.	
1965	Negrão de Lima governador do Estado da Guanabara (1966-1970). Crescimento da *máquina chaguista*, coordenada por Chagas Freitas (1965-1975).	Doxiadis Associates remete ao governador da Guanabara Negrão de Lima, um *plano de desenvolvimento urbano*. A Lei Orgânica dos Municípios impõe aos municípios um plano diretor.	
1966		Criação do SERPHAU (Serviço Federal de Habitação e Urbanismo).	Diversos membros do *Peace Corps* apresentam *papers* no 37º Congresso de Americanistas.
1967	O General Costa e Silva toma o poder (1967-1969). Nova Constituição. Criação da FINEP.	Criação da CODESCO em vista de urbanizar as favelas.	Seminário informal no apartamento de Anthony Leeds, reunindo americanos e brasileiros.
1968	Ato Institucional nº 5 — suspensão das garantias políticas instauradas em 1967.	Criação da CHISAM, órgão federal encarregado da remoção dos favelados. Congresso da FAFEG (Federação das Associações de Favelas do Estado da Guanabara).	Arrancada da política nacional de pós-graduação.
1969	General Médici no poder (1969-1974). O Ato Institucional nº 8 suspende todas as eleições. Nova Constituição.		Número 12 da revista *América Latina*, especialmente consagrado à favela. Curso de Anthony Leeds no Museu Nacional.

continua

Ano	Eventos Políticos e Institucionais	Instituições e Políticas Urbanas no Rio de Janeiro	Representações nas Mídias e Publicações
1970	Chagas Freitas eleito governador do Estado da Guanabara (1970-1974).		
1974	General Ernesto Geisel no poder (1974-1978).		
1975	Criação do Estado do Rio de Janeiro por fusão dos estados da Guanabara e do Rio de Janeiro.		
1976		Criação da Pastoral de Favelas.	
1977	Criação da ANPOCS.		
1978	Primeira eleição após a fusão.		
1979	Criação pelo BNH do Programa *Promorar*. Anistia, volta das liberdades fundamentais.	Criação da SMDS (Secretaria Municipal de Desenvolvimento Social). Lançamento do *Projeto Rio* na favela da *Maré*. A Light lança o Programa de Eletrificação nas Favelas. Criação da Fundação RIOPLAN que se tornaria mais tarde o IPLAN-RIO.	O poeta Carlos Drummond de Andrade publica o poema *Favelas*.
1980	Criação do PT. O Papa Paulo VI em visita ao Rio, visita à favela do *Vidigal*.		
1981		Criação do *Cadastro de Favelas* pelo IPLAN-RIO. Reunião da FAFEG.	
1983	Primeiro mandato de Leonel Brizola como governador do Rio (1983-1987).	Criação por Brizola do Programa *Cada Família um Lote* para regularizar a propriedade do solo nas favelas depois de várias invasões coletivas. Criação pela CEDAE do programa de água e saneamento para as favelas.	

continua

Ano	Eventos Políticos e Institucionais	Instituições e Políticas Urbanas no Rio de Janeiro	Representações nas Mídias e Publicações
1984	Campanha política pelo retorno das eleições (*Diretas Já!*).		Primeira campanha contra a violência no Rio pela TV Globo, *O Rio contra o crime.*
1985	Eleição de Tancredo Neves à presidência da República.		
1987	Benedita da Silva (negra e *favelada*) eleita deputada federal pelo Partido dos Trabalhadores.		
1988	Nova Constituição dá autonomia financeira aos municípios. Marcelo Alencar, eleito prefeito do Rio (1988-1992), cria o *Rio-Cidade* e prepara a conferência ECO 92.		
1990	Fernando Collor eleito presidente da República.		
1991	Segundo mandato de Leonel Brizola como governador do Rio (1991-1994).		
1992	*Impeachment* contra Fernando Collor. Conferência Internacional das Nações Unidas — ECO-92 no Rio. César Maia eleito prefeito do Rio (1992-1996).		Início do turismo na favela. A Rocinha passa a fazer parte dos *tours* da cidade.
1993	Massacre promovido pela polícia dentro da favela de *Vigário Geral.* Campanha nacional "contra fome, a miséria e pela vida".	Primeira formulação do Programa *Favela-Bairro* pelo prefeito do Rio.	Criação do movimento *Viva Rio* dirigido pelos líderes das ONGs: IBASE e ISER.

continua

Ano	Eventos Políticos e Institucionais	Instituições e Políticas Urbanas no Rio de Janeiro	Representações nas Mídias e Publicações
1994	Plano Real com objetivo de estabilizar uma economia muito inflacionada.	Criação da *Secretaria Municipal de Habitação*, responsável do Programa *Favela-Bairro*.	Publicação do livro do jornalista Zuenir Ventura, *Cidade partida*.
1995	Fernando Henrique Cardoso eleito presidente da República. O BIRD financia o Programa *Favela-Bairro*. O Programa *Comunidade Solidária* é criado pelo governo federal.	Início das realizações do Programa *Favela-Bairro* em 19 favelas.	Criação da ONG CDI, que cria escolas de informática nas favelas.
1996	Luis Paulo Conde eleito prefeito do Rio (1996-2000).		Michael Jackson realiza um clip no Morro Dona Marta. Criação do Balcão de Direitos (Viva Rio).
1997			Criação da primeira ONG local, o *Centro de Estudos e Ações Solidárias da Maré* (CEASM). A TV a cabo TV ROC se instala na Rocinha, uma iniciativa de empresários argentinos.
1998	A. Garotinho eleito governador do Estado do Rio. O antropólogo Luiz Eduardo Soares é nomeado responsável pela segurança pública.	O IPLAN-RIO torna-se o *Instituto Municipal de Urbanismo Pereira Passos*.	
1999			J. Moreira Salles filma *Notícias de uma guerra particular* no *Morro Dona Marta*. O cineasta brasileiro Carlos Diegues filma uma nova versão de *Orfeu do Carnaval*. Os doutores da favela saem na *Veja Rio*. A TV ROC cria o site *www.rocinha.com*.

continua

Ano	Eventos Políticos e Institucionais	Instituições e Políticas Urbanas no Rio de Janeiro	Representações nas Mídias e Publicações
2000			A CEASM faz um recenseamento no Complexo da Maré antes do Recenseamento Geral do Brasil de 2000.
2001			Criada a Agência de Notícias das Favelas. A partir de 2001 multiplicam-se as iniciativas: Viva Favela, Observatório das Favelas, Favela tem Memória, etc.